本书系2014年安徽省教育厅人文社科重大项目
"美国公立大学的内部治理经验研究"
（SK2014ZD013）的阶段性成果

国外大学研究论丛

美国州立大学治理结构研究

余承海 著

南京师范大学出版社

图书在版编目（CIP）数据

美国州立大学治理结构研究 / 余承海著. ——南京：南京师范大学出版社，2014.12
ISBN 978-7-5651-2019-0
（国外大学研究论丛）

Ⅰ. ①美… Ⅱ. ①余… Ⅲ. ①高等学校－学校管理－研究－美国 Ⅳ. ①G649.712

中国版本图书馆 CIP 数据核字（2014）第 309978 号

书　　名	美国州立大学治理结构研究
作　　者	余承海
责任编辑	崔　兰
出版发行	南京师范大学出版社
地　　址	江苏省南京市宁海路 122 号（邮编：210097）
电　　话	(025)83598919（总编办）　83598412（营销部） 83598297（邮购部）
网　　址	http://www.njnup.com
电子信箱	nspzbb@163.com
印　　刷	南京玉河印刷厂
开　　本	710 毫米×1000 毫米　1/16
印　　张	15.5
字　　数	313 千
版　　次	2014 年 12 月第 1 版　2014 年 12 月第 1 次印刷
书　　号	ISBN 978-7-5651-2019-0
定　　价	43.00 元

出 版 人　彭志斌

南京师大版图书若有印装问题请与销售商调换
版权所有　侵权必究

序

余承海的博士学位论文《美国州立大学治理结构研究》要出版了,我作为其论文的指导教师,原来对于美国州立大学的治理结构也只是停留在一般意义上的了解水平上,伴随着论文的研究过程以及我们持续的交流与思考,也拓展了自己对大学治理问题的认识和了解。在余承海的博士论文出版之际,我在这里既表示对他的祝贺,也为他感到自豪。

大学治理问题的研究现在已经成为一个热点,在余承海选择研究美国州立大学治理结构之时,我们就敏感地意识到大学治理问题是个非常值得研究的课题,对于中国大学治理结构的改善是有借鉴价值的。当然,这个研究课题也是个难题,具有很大的挑战性,不仅存在对治理理论与实践复杂性的认识难题,也存在如何对美国州立大学治理结构进行理解与分析的难题,还存在研究资料搜集的困难,以及对美国州立大学治理现实进行跨文化比较研究的方法论困难。

余承海为这项研究付出了艰苦的学术劳动。他对美国州立大学治理结构的研究,立足于现代大学制度建设的理论基础之上,着眼于思考我国大学治理的行政化问题,其研究是具有明确的问题意识的。这是一个年轻学者应该具有的学术担当和责任。

余承海对美国州立大学治理结构进行了全面的分析,不仅探讨了美国州立大学治理结构的历史演进过程及其历史形成的原因,而且分析了美国州立大学治理的政府角色定位、政府—大学伙伴关系、共同治理的理论与实践,还论述了美国州立大学系统的治理结构以及美国州立大学内部治理结构。本书对美国州立大学治理的共同经验进行了明确的概括,发现美国联邦政府在州立大学治理结构中扮演了资源提供者与条件创造者的角色,州政府在州立大学治理结构中扮演了资源提供者、条件创造者、管理协调者以及顾客支持者的角色,而大学校长在大学治理结构中则具有宏观引领的作用。本书的观点是明确的,研究具有理论性,提出了迈向共同治理的学术"王国"的结论,这一结论虽然具有理想性成分,但对于如何消解中国大学治理的集权化和行政化问题,是能够引起反思的。

余承海是一位勤奋好学的学生,也是一位执着于学业的学生。他在攻读比较教育学博士学位期间,对比较教育管理的理论与方法有了充分的认识,阅读了大量的资料和文献,并以比较教育的视野与眼光观察和研究教育问题,特别是大学治理问题。他能够把比较教育学的理论与方法应用于美国州立大学治理结构的研究中,其严肃认真的学术态度、求真务实的科学研究过程,是值得肯定的。毕业三年来,余承海发表了数篇关于大学治理的论文,其学术研究的水平也有了较大的进步,这是导师所欣慰与高兴的。

程晋宽

2014 年 10 月

于南京师范大学

目 录

序 /001

导 论

一、美国州立大学的治理经验 /002

（一）美国州立大学的外部治理经验：政府助推 /002

（二）美国州立大学的内部治理经验：权力制衡 /003

二、中国省属大学的治理困境 /004

（一）中国省属大学的外部治理困境：
政府干预与大学自治的博弈 /004

（二）中国省属大学的内部治理困境：泛行政化 /005

第一章 美国州立大学的起源与发展

一、美国州立大学的萌芽 /008

（一）功利主义的哲学基础与社会背景 /008

（二）建立州立大学的早期尝试 /008

（三）萌芽时期美国州立大学的波折 /009

二、美国州立大学的正式建立 /010

（一）美国第一所真正的州立大学 /010

（二）托马斯·杰斐逊建立弗吉尼亚大学的目的 /012

三、美国州立大学在西部的发展 /014

（一）美国州立大学在西部发展的推动因素 /014

（二）美国州立大学在西部的发展困境 /015

（三）早期的美国新西部州立大学及其影响 /016

四、美国州立大学的扩张 /018

（一）毛里尔法案的实施 /018

（二）美国社会经济发展的需要 /019

（三）美国公立学校系统的快速扩张　/020

　五、美国州立大学在20世纪晚期以来的发展　/022

　　（一）美国州立大学的财政来源　/022

　　（二）美国州立大学学生构成的变化　/023

　　（三）美国州立大学的教育、研究与服务　/024

　六、州立大学在美国高等教育发展史上的重要地位　/025

　　（一）深度融入地方社会发展的服务精神　/026

　　（二）美国高等教育民主化的利器　/026

　　（三）美国高等教育大众化的重要机构　/028

第二章　美国州立大学的外部治理结构

　一、美国联邦政府与州立大学　/029

　　（一）美国国会立法　/030

　　（二）美国联邦最高法院的判例法　/034

　　（三）美国联邦教育部与州立大学　/035

　二、美国州政府与州立大学　/038

　　（一）美国州立大学的州政府治理模式　/038

　　（二）美国州政府治理州立大学的途径　/043

　三、美国政府与州立大学关系的基本特征　/051

　　（一）政府约束州立大学进行依法治校，搭建政府与大学之间的桥梁　/051

　　（二）中间代理机构的影响　/052

第三章　美国州立大学系统治理结构：以纽约州立大学为例

　一、纽约州立大学系统总校的治理结构　/056

　　（一）纽约州政府、总校、分校之间的关系　/056

　　（二）纽约州立大学系统董事会　/057

　　（三）纽约州立大学系统高层行政管理　/059

　　（四）纽约州立大学系统办公室　/061

　　（五）纽约州立大学系统教师评议会　/067

　二、纽约州立大学系统州管院校的治理结构　/070

　　（一）纽约州立大学系统州管院校的理事会　/070

（二）纽约州立大学系统州管院校的官员与组织　/070

（三）纽约州立大学系统州管院校的教师委员会　/072

（四）纽约州立大学系统的校长理事会　/073

第四章　美国州立大学的内部治理结构

一、美国州立大学的学校治理　/074

（一）美国州立大学系统　/074

（二）美国州立大学董事会　/080

（三）美国州立大学校长办公室　/086

（四）美国州立大学的教师组织　/097

二、美国州立大学的学院治理　/108

（一）美国州立大学治理结构中的学院　/108

（二）美国州立大学的学院院长　/110

三、美国州立大学的学系治理　/112

（一）学系的组织性质　/112

（二）学系的组织功能　/114

（三）系主任　/117

（四）学系的变革与治理　/118

第五章　美国州立大学的治理困境与变革

一、美国州立大学的治理困境　/122

（一）美国州立大学的外部治理困境　/123

（二）美国州立大学系统的治理困境　/126

（三）美国州立大学的内部治理困境　/127

二、美国州立大学的治理变革　/132

（一）改进美国州立大学系统　/132

（二）重构美国州立大学董事会　/134

（三）改进以校长为首的行政领导　/137

（四）教师组织的变革　/143

三、走向共同治理：美国州立大学治理结构的路径选择　/146

（一）美国州立大学共同治理的现状　/147

（二）美国州立大学共同治理结构的变化：

　　　　1970 与 2001 的对比 /165
　　（三）美国州立大学共同治理的展望 /170

第六章　美国州立大学的治理特点

一、美国政府的州立大学治理角色 /175
　　（一）作为资源提供者与宏观立法者的联邦政府 /176
　　（二）作为管理者、协调者与投资者的州政府 /178
二、美国州立大学系统的治理特色 /180
　　（一）项目合作 /180
　　（二）资源共享 /181
　　（三）合作采购 /182
三、美国州立大学校长的治理经验 /182
　　（一）美国州立大学校长的宏观引领 /182
　　（二）美国州立大学校长治理方式的多元化 /185
　　（三）为治理群体的相互作用建立平台 /188
四、美国州立大学行政人员的治理经验 /191
　　（一）责任与权力的平衡 /192
　　（二）在线性思维与非线性思维之间 /193
　　（三）无为而治的治理理念 /197

结论与反思：迈向共同治理的学术"王国"

一、研究结论 /202
　　（一）美国政府对州立大学的实质性行政干预不多 /202
　　（二）美国州立大学内部治理的权力共享与制衡 /202
二、启示与反思 /203
　　（一）中国政府对于省属大学的行政干预依然过多 /203
　　（二）中国省属大学治理的集权与行政化 /203
　　（三）美国州立大学治理的政治化及其启示 /205
　　（四）当代美国大学共同治理的困境、变革与反思 /215

参考文献 /225

后　记 /238

表目录

表 2.1　美国州立大学的州政府治理模式　/039

表 2.2　美国州立大学的州政府治理模式　/040

表 2.3　美国州立大学的州政府治理模式　/042

表 2.4　美国州政府高教治理机构类型　/048

表 2.5　州政府设有统一管理机构的分类　/050

表 2.6　州政府设有协调性管理机构的分类　/051

表 4.1　已经组织了教学助理工会的大学　/101

表 4.2　从学士学位到博士学位在大学注册年数的中位值　/102

表 4.3　公立研究型大学有无助教工会的助教工资、费用与补偿金的比较　/105

表 5.1　共同治理的现状　/148

表 5.2　过去20年权力分布(%)的变化　/149

表 5.3　对过去20年权力分布(%)变化的认识　/151

表 5.4　主要行政官员背景　/151

表 5.5　依据机构类型与年份的终身教师或终身系列任命的百分比　/153

表 5.6　不同地区重要政策与改革的分布　/154

表 5.7　不同群体在决策上的影响力　/155

表 5.8　对不同群体在决策上影响力的认识　/156

表 5.9　不同决策领域教师拥有决策权或联合决策权的百分比　/158

表 5.10　董事会概况　/160

表 5.11　董事会选举方法(%)　/161

表 5.12　公立院校董事会特征(%)　/162

表 5.13　治理中管理者与教师相互作用(%)　/163

表 5.14　教师参与治理的方式　/164

表 5.15　公私立高校的教师治理结构(%)　/165

表 5.16　1970年以来教师参与治理的变化　/166

表 5.17　1970—2001年教师参与治理的对比　/168

导论

一般来说,美国州立大学与中国省属大学在各自国家的高等教育结构中基本上处于同一层级,从这一点来看,美国州立大学与中国省属大学具有一定的可比性,可以通过美国州立大学内外治理结构的研究为中国省属大学的内外治理提供一定借鉴。当然,美国的州立大学也不能完全对等于中国的省属大学,因为毕竟中美两国的政治体制、意识形态及思想文化都有巨大的差异,美国州立大学的经验不能包治中国省属大学所面临的百病,但作为学术组织的大学,两者之间必然存在共通之处,美国州立大学所积累的丰富治理经验总有可供我们学习的地方。

当前,随着中国高等教育改革与发展的不断深入,建立现代大学制度成为高等教育学界与管理工作者共同关注的焦点问题,在这一背景下,大学治理问题日益凸显。2010年7月公布的《国家中长期教育改革与发展规划纲要(2010—2020年)》明确提出了要建设现代学校制度,特别是要完善中国特色现代大学制度,完善大学治理结构。①

美国州立大学治理结构经历了一个复杂的历史演进过程,对大学治理结构的研究和实践起步较早,取得了很多值得我们借鉴的成果,比如政府角色定位、政府—大学伙伴关系、共同治理的理论与实践等。

简·克鲁弗(Jan De Groof)等人认为,"治理"一词来自美国②,美国第一本研究大学治理的专著是科森(J.J.Corson)

---

① http://www.moe.edu.cn/publicfiles/business/htmlfiles/moe/moe_177/index.htm/
② Jan De Groof, Guy Neave. 1998. *Democracy and Governance in Higher Educatuin* [M]. Boston: Kluwer Law International. 8-9.

的《学院与大学治理》一书。① 从治理概念的界定中,我们知道,治理主要强调传统管理方式从"控制"向"协调"的转变。从"管理"向"治理"的转变似乎暗合了张新平提出的现代管理从"管"向"理"的转变。对大学治理结构的研究有助于进一步拓宽我们对大学治理的认识。

阿波图·艾马尔(Alberto Amaral)等人指出:"治理问题是理解高等教育与这些复杂机构和系统发展的核心。"② 维纳·赫斯与鲁克·韦伯(Werner Z. Hirsch & Luc E. Weber)指出,在变革时代,大学治理获得了新的主题与重心,大学治理问题备受关注。彼得·斯科特(Peter Scott)指出,大学规模的日益扩大与使命的不断复杂化、大学治理的灵活性与反应性、信任的侵蚀、预算的重构、大学的重新定位、高等教育系统的多样化、管理主义时尚等将大学治理的重要性提到了前所未有的高度,凸显了大学治理结构研究的重要价值。

一、美国州立大学的治理经验

在美国高等教育史上,美国州立大学颇具特色。自 1825 年美国第一所真正的州立大学,即弗吉尼亚大学开办以来,美国州立大学已有将近 200 年的历史。在这漫长的发展历程中,美国州立大学取得了实实在在的成功。从外部来看,这些成功得益于美国联邦政府、州政府所发挥的关键作用;从内部来看,这些成功得益于参与内部治理的各方力量之间存在着良好的制衡关系。

(一)美国州立大学的外部治理经验:政府助推

美国联邦政府在州立大学发展中所扮演的最主要角色就是资源提供者与条件创造者,而直接的干预较少。美国联邦政府对于州立大学的资助并不仅限于我们通常所说的科研合同资助与学生资助,它广及一些州政府无法触及的空白,如:高校图书馆资助、外国语教育及研究、卫生健康等专业的发展,为学生宿舍、教室以及实验室的建设等方面提供低息贷款与基建费。除了直接资助学生和高校,联邦政府还通过各种税收政策推动州立大学的发展。在联邦所得税法中,大多

---

① Corson, J. J. 1960. *Governance of College and University*[M]. New York:McGraw-Hill.

② Alberto Amaral, Glen A. Jones & Berit Karseth. 2002. *Governing Higher Education: National Perspectives on Institutional Governance*[M]. USA:Kluwer Academic Publishers. 279.

数非营利性中等后教育机构都在国内税收法规下,合法享有免税的优惠。除此之外,联邦政府还通过各种立法与规章制度推动并规范州立大学的发展。

联邦宪法规定,教育是州政府的"保留权力",所以美国州政府是州立大学真正的管理者。但事实上,美国州政府在州立大学发展过程中所扮演的主要角色是资源提供者、条件创造者、管理协调者以及顾客支持者。长期以来,州政府都是州立大学最大的投资者。州政府在州立大学发展中不仅要提供经费,而且要负责协调州立大学与州内其他中等后教育机构之间的关系以及本州中等后教育机构与外州中等后教育机构之间的联系。

(二)美国州立大学的内部治理经验:权力制衡

美国高等教育界颇负盛名的大学校长都不约而同地道出权力制衡在大学治理中的极端重要性。曾任康奈尔大学副校长的罗纳德·埃伦伯格(Ronald G. Ehrenberg)指出,美国"大学管理最出色的部分是它能够在教师、管理人员及董事会层面就最基本的问题与同事分享观点"[1]。德里克·博克(Derek Bok)认为:"不同于军队、公司和其他等级森严的组织,大学是一种社会团体,大学的权力是大家广泛共享的,而不是集中在少数领导者手中。"[2]共同治理实际上就是"在教师、托管人、全体职工和行政人员之间力量不断变化着的一种平衡"[3]。弗莱克斯纳(Abraham Flexner)指出:"学者和科学家应参与大学的治理;校长不应高高在上。"[4]

大学必须被看成是一个多元化的场所,其中治理群体的外部成员、高级学术与行政管理及学术界的声音必须都能够听到。我们不应把大学治理看成是一个分层与等级系统,而最好把它看成是一个通过协商、对话达成新的观点与价值观的过程。大学治理必须是公开与透明的。我们应该避免基于效率的简化、排斥与削减

---

[1] Ronald G. Ehrenberg. 2004. *Governing Academia*[M]. New York:Cornell University Press. preface:Ⅸ.
[2] [美]德里克·博克.走出象牙塔:现代大学的社会责任[M].徐小洲,陈军,译.2001.杭州:浙江教育出版社.97.
[3] [美]詹姆斯·杜德斯达,弗瑞斯·沃马克.美国公立大学的未来[M].刘济良,译.2006.北京:北京大学出版社.147.
[4] [美]弗莱克斯纳.现代大学论:美英德大学研究[M].徐辉,等,译.2001.杭州:浙江教育出版社.191.

行为。①

卡里(Curry)认为,共同治理囊括了不同人群,提高了变革制度化的可能性,并产生了巨大影响。沃克(Walker)指出,它为异议与辩论创造了平台。罗斯基(Rosovsky)发现,它允许政策与学术计划的修改,鼓励承担责任及教师参与。共同治理倡导彻底的讨论,根据具体情况适时修改,因此会使变革更有可能实施。缺少教师的支持与认可,大学的变革一般不会持久,也不会产生重要影响。由于环境在继续变化,大学现在面临更为复杂与激烈的挑战,要求快速行动并以有益于大学的方式实施共同治理的呼声在增加。②

美国州立大学长期以来信奉共同治理的理念,它涉及公众监督、校董事会参与、大学教师管理和有工作经验但通常任期短的行政领导。这种共同治理的体系使不同的利益相关者都能够参与决定学校事务。

二、中国省属大学的治理困境

目前,中国2 000多所高校中除了90所中央部委、国务院侨办及中科院所属高校外,大多数都是地方高校,这些地方高校基本上都是省属高校。如果说几年前中国政府提出的建设世界一流大学的议题与中国省属大学的关系还不是那么紧密的话,那么,建设高等教育强国的宏伟战略与中国省属大学的健康发展就不无关系了。近年来,有关建设高等教育强国的文献数量急剧攀升,这说明,建设高等教育强国已经成为中国政府与人民的强烈愿望和意志。可以说,没有省属大学的发展壮大,很难谈得上中国高等教育强国的建设。

(一)中国省属大学的外部治理困境:政府干预与大学自治的博弈

张应强指出,当前中国大学外部治理结构存在的主要问题包括在政府与大学的关系上,政府行政干预依然过多,我们需要重新探索大学的外部治理结构,包括中国省属大学的外部治理结构。

《国家中长期教育改革和发展规划纲要(2010—2020年)》(以下简称《纲

---

① WernerZ. Hirsch&LucE. Weber. 2001. *Governance in Higher Education:The University in a State of Flux*[M]. London:Economica Ltd. 141.

② Peter D. Eckel. Fall, 2000. The role of Shared Governance in Institutional Hard Decisions:Enabler or Antagonist? [J]. *The Review of Higher Education*,Volume24,No. 1. 16.

要》)在管理体制改革中提出,以简政放权和转变政府职能为重点,深化教育管理体制改革。推进中央向地方放权、政府向学校放权,明确各级政府责任。《纲要》在建设现代学校制度中提出,要落实和扩大学校办学自主权。高等学校按照国家法律法规和宏观政策,自主开展教学活动、科学研究、技术开发和社会服务,自主制定学校规划并组织实施,自主设置教学、科研、行政管理机构,自主确定内部收入分配,自主管理与使用人才,自主管理和使用学校财产及经费。

《纲要》在管理体制改革中提出,完善以省级政府为主的高等教育管理体制,提高管理水平和办学质量。因此,未来中国高等教育体制改革的目标趋近于美国当前的管理体制,因为"以省级政府为主管理高等教育的体制"几近于美国州政府对高等教育承担的主导责任,在美国,州立大学真正的管理者与协调者是州政府而不是联邦政府,这与此前中国省属大学的治理结构存在着巨大差异。

因此可以预见,中国省级政府在未来高等教育治理结构中所占据的位置将越来越重要,虽不能等同于美国州政府在美国高等教育发展中所处的位置及所发挥的作用,但是改革的方向似乎是朝着美国州政府的角色去定位,将来一部分宏观管理、绝大多数中观管理及少量微观管理的重任将落在省级政府的肩上。

(二)中国省属大学的内部治理困境:泛行政化

学术权力不彰,行政权力过度膨胀已是不争的事实,中国的大学不像学府,更像"官府"。这已严重抑制了中国大学的创新与发展,影响到广大教职员工积极性与创造性的发挥,违背了高校以学术为本的本质属性。

大学治理的行政化已经成为"大学最大的毒瘤"[1],演变成少数当权者的食利工具[2],导致大学异质化、核心价值转移、权力错位、学术腐败[3],大学治理的行政化要比学术造假与学术腐败的危害更大。[4] 大学治理的行政化使大学屈从于政府意志,学者屈服于官员权威;使得权力本位取代学术本位,行政逻辑淹没学术逻辑;使对真理的推崇蜕变为对权力的崇拜;使学术权威沦为附庸,行政权威成为主宰,使学术至上沦为口号,权力至上方为"正本";使特立独行蜕变为趋炎

---

[1] 杨玉圣.2010.大学去"行政化"论纲——论大学问题及其治理(之一)[J].社会科学论坛,(7).72.

[2] 文明.2010.我国大学行政化的深层背景与根源探析[J].国家教育行政学院学报,(4).16.

[3] 彭道林.2010.大学行政化的外在表现及其危害[J].高等教育研究,(10).19.

[4] 夏年.2010.大学行政化危害大于学术造假[J].民主与科学,(3).10.

附势,使谦卑、淡定之气日消,骄横、浮躁之风日盛。如此,大学治理的行政化被视为大学诸多乱象之源。① 难怪大学治理的去行政化成为2010年全国"两会"代表热议的话题,正是大学治理的行政化造成了中国大学教育落后与被动挨骂的局面。

因此,中国大学的治理必须存在权力制衡,实施共同治理,而不能借着"党委领导下的校长负责制"大搞实质性的一言堂。权力的垄断与不受约束必然滋生腐败,正如阿克顿所说,"权力趋向腐败,绝对权力绝对腐败"。

《纲要》在建设现代学校制度中提出,在大学治理中,要"克服行政化倾向,取消实际存在的行政级别和行政化管理模式"。充分发挥学术委员会在学科建设、学术评价、学术发展中的重要作用。探索教授治学的有效途径,充分发挥教授在教学、学术研究和学校管理中的作用。加强教职工代表大会、学生代表大会建设,发挥群众团体的作用。尊重学术自由,营造宽松的学术环境。

可以说,《纲要》为中国省属大学的内外部治理指明了发展方向,但如何将国家的政策转化为办学实践,这需要作出进一步探索。带着这些问题,笔者期望能够从美国州立大学的治理结构中挖掘出一些成功经验为"我"所用。

---

① 陈金圣,钟艳君.2010.大学行政化:内涵、生成与矫治[J].山西师大学报(社会科学版),(5).129.

第一章 美国州立大学的起源与发展

美国州立大学的起源可以追溯到18世纪的启蒙运动,尽管直到1819年,托马斯·杰斐逊才在弗吉尼亚的夏洛特镇建立美国第一所真正的州立大学。

美国大学的发展由诸多因素促成,比如:启蒙运动的理性主义与经验主义;美国革命与法国革命的冲击;19世纪德国大学的影响;将新的知识领域融入课程以服务于迅速扩张的社会需求。当大多数现存的学院对这些需求没有做出足够的反应时,一些人着手建立被称作大学的机构。尽管这些大学中的许多仅仅是名义上的,但像1819年建立的弗吉尼亚大学之类的新机构已经开始致力于意义重大的工作。

在早期美国,大学高级教学与研究仅仅作为一种贵族的追求得到保留。州立学院与大学的建立一定程度上改变了这种遗风。美国大学尽管模仿了欧洲大学,但它发展了自己独特的结构。它吸收而不是毁弃了先前的学院。州立大学的创建与发展就是这方面的典范。

在此基础上,随着20世纪的到来,许多大学中心在美国得到发展。尽管在学术组织上它们基本相似,但在支持与控制系统上它们代表了两个主要类型:一类代表了在高级学习领域民主人士的公共行为,以美国州立大学为典型;另一类产生于私人的积极进取和慈善行为,导致大量捐赠机构的产生,即高级学习与研究机构。两种类型都可追溯到18世纪晚期,在19世纪最后25年,两者都在一些力量的驱动下开始扩张,并都在20世纪获得了世界性的重要地位。[1]

---

[1] John S. Brubacher and Willis Rudy. 1997. *Higher Education in Transition: A History of American Colleges and Universities* (4thed) [M]. New Brunswick, N. J.: Transaction, 144.

一、美国州立大学的萌芽

在18世纪晚期,传统英式美国高等教育的概念开始发生变化。欧洲启蒙运动对美国人思想的冲击与美国革命和法国革命是导致美国高等教育观念变革的两个重要因素。美国州立大学的创立有其功利主义哲学基础与特定的社会背景。

(一)功利主义的哲学基础与社会背景

一方面,美国高等教育机构拓展课程以包括新学科的需求产生了,例如,被启蒙运动的哲学家认为极其重要的自然科学。宾夕法尼亚学院及其他殖民地学院已经出现了这些变化:一是当时要求改革的声势越来越大,且更加持续不断;二是功利主义思潮迅速蔓延,它主张积极地应用知识来提高人的生活水平。启蒙运动中的人文主义者极力倡导:知识应被用来解除人类的痛苦与磨难,改革人类机构。无所不包的新教育成为人类追求完美境界的工具。

另一方面,当美国的高等教育机构没有完全满足当时的社会需求时,建立州立大学的事情就被提上了议事日程。这与启蒙运动的主导思想及美国革命密切相关。传统的高级学习除了被视作颓废的经院哲学外什么都不是,其狭窄的视域体现了一种古老的等级概念。在美国独立和共和主义的新时代,越来越多的美国人意识到高等教育应该广为传播,它不应该局限于少数职业里挑选出来的少数人。启蒙思想主张人们应该免于为各宗教派别控制,享有思想自由,人类思想一定不能受到束缚,人类应该享有大胆推理的自由。启蒙思想与美国革命一起推动了人们建立州立大学的步伐。在提高人类幸福的事业中,州立大学的创办发挥了重要作用。

(二)建立州立大学的早期尝试

此间,激进的民主人士试图建立免于宗教主义者控制的州立大学和国立大学,提供平等的教育机会。人们试图将宾夕法尼亚、弗吉尼亚和纽约的私立学院改造为州立大学,但都没有取得成功。美国人建立州政府支撑的教育系统和国立大学的计划停留在纸上,这些努力仅仅留下了乌托邦式的构想,而不是积极的行动。

在18世纪最后20年和19世纪前20年里,美国人在实施州立大学理念上进展缓慢,他们在美国南部建立了许多自称为州立大学的机构,因为这些早期的大学还未真正达到大学水平。这些早期的州立大学是北卡罗来纳大学、乔治大学、佛蒙特大学、俄亥俄大学、田纳西大学、马里兰大学以及南卡罗来纳学院和位于肯塔基州的特兰西瓦尼亚大学。它们中没有一所能够提供真正意义上的高等教育。而且,这些所谓的第一批州立大学几乎都是私立的,因为当时的美国人还没有接受公共教育的理念。

大学宪章将这些早期的州立大学视作私人性质的公司,法院也支持这种解释。于是,1791年佛蒙特大学成立时,其特许状将董事会成员视为私人性质的个体,而非公共官员。直到1810年,立法机构才规定董事会成员需选举,将大学置于公共控制之下。同样,成立于1789年的佐治亚大学拥有永久的董事会成员,同时,佐治亚大学从私人渠道募集的资金保管在州政府手中,直到1876年佐治亚大学的董事会成员由立法机构任命,1881年州政府才直接拨款支持公立大学。[1]

(三)萌芽时期美国州立大学的波折

1774年,国王学院的董事会成员建议制定新的宪章来产生纽约地区大学的董事。这个董事会由教会首脑、纽约州政府的高官及国王学院的托管人组成。依照牛津大学与剑桥大学的治理模式,这些董事拥有监督各学院的合法权力。尽管美国革命阻止了该计划,但建立纽约州立大学的1784年法案却紧随而至。当1784年法案破产之后,纽约州议会于1787年实施了新计划。尽管纽约州在此期间比任何其他州在建立州政府控制的高等教育方面做得更为成功,至少在建立高等教育的中央控制上建立了基本原则,但州政府控制的高等教育比看上去要弱得多,重组的纽约州立大学仍然缺少直接的公共支持与控制,并存在宗教的渗透。

有些州,如佐治亚州限制自己向"州立"大学捐赠,而仅仅让它们通过偶然的特殊拨款或发行彩票募集资金。许多州直到内战结束后才建立对于大学的常规税收支持原则。纽约州立大学是受州政府强力控制的一个早期例子,在1753年和1754年纽约州的公共辩论中,威廉姆·利文斯通(William Livingstone)要求学院的建立要完全置于公共控制之下。然而,这并不意味着美国人接受了公共教育理念,而是宗教斗争的结果。

萌芽时期的州立大学除了缺少直接的公共支持外,还面临以下障碍:

一方面,1800年后,在"反对新教改革"的冲击下,启蒙运动的高潮开始退却,宗教复活者遍布美国学院,宗教人士四处建立使命组织、圣经协会、神学院。

---

[1] John S. Brubacher and Willis Rudy. 1997. *Higher Education in Transition : A History of American Colleges and Universities*. 4thed[M]. New Brunswick,N. J. :Transaction. 146.

州立大学宗教气氛浓厚。威廉玛丽学院在杰斐逊派的影响之下,在北部期刊中被描绘成反宗教的温床。

另一方面,在这种氛围之下,州政府要保持对于州立大学开拓者坚定的公共支持是困难的。恢复活跃的福音主义者迅速宣布这些州立大学为不敬神。宗派主义者重新掌控了按照世俗理念建立的州立大学。长老会很快控制了北卡罗来纳大学董事会。其他南方的州立大学,如佐治亚大学和南卡罗来纳大学从北方招募了它们的第一任校长,雇佣卡尔文教派的教士。事实上,南卡罗来纳大学的长老会对于掌控州立大学是如此满意,以至于他们无不致力于在该州建立基于其教义的高等学府。①

二、美国州立大学的正式建立

19世纪,美国广泛引入由州政府授予特许状的学院与大学,包括1819年弗吉尼亚大学的开办,随后在1862年与1890年两次毛里尔法案的推动下,州立大学广泛建立起来,在19世纪前半期甚至兴起了州立大学运动。②

(一)美国第一所真正的州立大学

托马斯·杰斐逊(Thomas Jefferson)在弗吉尼亚的夏洛特建立的大学是美国第一所真正的州立大学。它是这类大学的真正典范源于以下原因:③第一,办学伊始,其目标就是提供比现存的学院更为高级的教育,允许学生进行专业化学习,并享受选修的自由。1825年开学时所开设的课程比其他学府要宽泛得多。第二,弗吉尼亚大学明确表示它是一个完完全全的公立学府,而非私立或半公立半私立学府。第三,其早期的办学定位明确无误地是世俗性质而非教派性质。第四,这所大学有一个由州长任命的校外董事会。第五,州政府为这所大学的运行提供了启动资金与后续资金。第六,学校章程规定,对于在全州范围挑选的贫穷学生免除学费。

弗吉尼亚大学被描绘为"一个人身影的延伸"。从18世纪70年代后期,杰

---

① John S. Brubacher and Willis Rudy. 1997. *Higher Education in Transition: A History of American Colleges and Universities* (4thed) [M]. New Brunswick, N. J.: Transaction. 147.

② 贺国庆,等. 2003. 外国高等教育史[M]. 北京:人民教育出版社. 269.

③ Ronald G. Ehrenberg. 2004. *Governing Academia* [M]. New York:Cornell University Press. 50–51.

斐逊就计划着建立弗吉尼亚大学。然后,作为弗吉尼亚州立法机构有影响的一员,他帮助起草对于法律的全面"修改",他对建立公立教育系统的计划阐明得如此深刻,以至于它将成为走向真正共和社会的强大动力。他援引弗雷德·赫钦格与格雷丝·赫钦格的话指出:"一个国家如果指望自己在文明中既愚昧无知而又能得到自由,那么,它所指望的东西实乃过去从未有过并且将来也不会有的……我知道社会最终的权力只有存放在人民自己身上才安全;如果我们认为他们的知识不足以形成稳健的判断力来行使他们的控制权,那么补救的办法不是剥夺他们的权力,而是以教育来指导他们的判断。"①在他一生所参与的事务中,这个计划在其心目中的位置极其重要。通过这一计划,他希望卓越的理念能够与普遍的启蒙结合起来;知识将在较大的范围传授给每一个公民,与此同时,真正的天才作为新社会的"自然贵族"将有充足的机会被训练到领导岗位上。这充分体现了杰斐逊教育思想的民主精神。

　　1779年,杰斐逊试图将威廉玛丽学院重建为州立大学。但威廉玛丽学院在引入重要变化后仍无起色。于是,杰斐逊打算建立一所彻彻底底的新大学。从总统的位置上退下之后,他在这个计划上投入了越来越多的时间,最后在1818年,他成功得到了建立大学的立法特许状,实现了其梦想。② 杰斐逊在建立州立大学上倾注了强烈的个人兴趣。除了领导建立公立学校的立法斗争,他还亲自选择校址,设计建筑,规划课程,协调聘请首批教授,施加压力以便获得足够的办学经费。大学开学时,他已年届八十,还骑着马翻山越岭去视察他的校园。他定期邀请学生和教员去他在蒙提塞罗附近的山顶别墅共进晚餐。

　　19世纪早期的弗吉尼亚大学的行政管理与控制特有的公共模式已经写进了弗吉尼亚大学的章程。杰斐逊将其视作基础。弗吉尼亚大学开办伊始就掌控在校外董事会手中,董事直接由州政府首脑任命,经立法机构批准。这些视导董事掌握了通常由信托董事掌握的所有权力。弗吉尼亚州政府斥巨资兴建大学校舍、图书馆及大学设施,并且每年都为学校拨付经费。

　　新建立的弗吉尼亚大学遭到宗教势力的大肆围攻。杰斐逊不反对各个教派

---

　　① [美]弗雷德·赫钦格,格雷丝·赫钦格.2000.美国教育的演进[M].汤新楣,译.北京:美国驻中国大使馆文化处印.3.

　　② John S. Brubacher and Willis Rudy. 1997. *Higher Education in Transition*:*A History of American Colleges and Universities*. 4thed [M]. New Brunswick,N. J.:Transaction. 148.

在校园附近建立朝拜中心,但他强烈反对由教会人事指令教授与董事的选择,如同当时许多其他所谓的州立大学那样。基于同样的原因,他反对大学设立神学教授席位。如他所料,这些政策激起了群蜂般的攻击。强大的教派代表,尤其是长老会,马上予以反驳,认为教授的宗教观点应该列为聘用的主要依据。他们乐意接受圣公会教授,但绝不接受唯一神教教授。各教派在美国南部四处渗透,影响深远。约瑟夫·坎贝尔(Joseph C. Cabell)向杰斐逊指出:"圣经协会(The Bible Societies)在整个大陆处于不断联系之中,几周以后它将传遍整个大陆。通过这些协会,我们发现了蒂克诺(Ticknor)与鲍第齐(Bowditch)的宗教观点。"[①]

更麻烦的是,弗吉尼亚大学的宗派敌人与政客指责弗吉尼亚大学主要造福于富有阶级。为了回应这种指责,弗吉尼亚大学通过一项法案,规定每位州议员的选区,都可以选送一名品学兼优但家境贫寒的学生免费入学。有一段时间,州政府还给领取奖学金的学生付住宿费。通过这项政策,弗吉尼亚立法机构实施了杰斐逊"自然贵族"的基本理念,品德优良的天才均可通过州政府的特别奖学金就读大学。

(二)托马斯·杰斐逊建立弗吉尼亚大学的目的

通过托马斯·杰斐逊与约瑟夫·坎贝尔之间的来往信函,可以深入考察杰斐逊建立弗吉尼亚大学的目的,约瑟夫·坎贝尔是杰斐逊建立大学活动的重要代理人,他帮助学校获得批准与捐赠。

1. 建立一所当时欧洲意义上的真正大学

1816年,帝莫西·德怀特(Timothy Dwight)认为当时美国没有一所欧洲意义上的真正大学,杰斐逊就是希望建立一所学术水平高过美国任一学院的这种大学。1822年12月28日杰斐逊在给约瑟夫·坎贝尔的信中说:"起初,我们的目标就是要在美国建立最杰出的学府,向各州的年轻人提供学习机会……因此,我们拟设的学科性质在欧洲是第一流的,在美国也是首屈一指的;弗吉尼亚大学提供的教授薪水与生活环境堪称一流,它在学校结构与学术准备上极具特色,又具有面向未来的前瞻性,我希望大家共同为此校未来的繁荣奉献心力……它不是一个为了吸引海外注意力的半生不熟的计划。如果我们停止在原处,那就等

[①] John S. Brubacher and Willis Rudy. 1997. *Higher Education in Transition:A History of American Colleges and Universities*. 4thed[M]. New Brunswick, N.J.:Transaction. 149.

于放弃了更高的期望,诉求于哈佛或耶鲁这种二流大学作为我们的榜样。我们辛辛苦苦,难道只能做到汉普顿－悉尼(Hampden Sidney)或莱克星顿(Lexington)的地步吗？缺少外来帮助,就是到此地步,我们也会沉沦。"①

通过该大学经他核准的一流课程,可以明显看出,杰斐逊意在提升弗吉尼亚大学的地位。该大学设有八个教授席位,涵盖古代语言、现代语言、数学、自然哲学、自然史、解剖及医学、道德哲学与法律八个学科领域。学生有充足的机会进行专业化学习,在他喜欢的任一领域从事高级工作。弗吉尼亚大学引进的选修制允许学生选择三个领域或学科作为主修,这与当时传统的全部必修的学院课程形成鲜明对比。

在杰斐逊的许多信件中,他一再提及应聘请外国著名学者来校任教。他指出,仅仅支付当时美国一般教师的薪水,无法吸引一流学者来美。有一段时间,他曾想在蕾丝芒德建立一个类似法国式的"实科学校",礼聘欧洲教授负责其事。他希望把日内瓦大学的所有教师都引荐到美国来,也希望爱丁堡大学的教授都能到新世界来。虽然他的这些构想均未成功,但他深信,没有任何美国学者符合弗吉尼亚大学的要求。然而,美国公众需要的是自己的土著教授。

作为妥协,1820年,他向内斯奈尔·鲍第齐(Nathaniel Bowditch)与乔治·蒂克诺(George Ticknor)提供教授席位,但当他们的任命谈判失败后,他立即选派了一个机构,重点在英国招募海外教员。杰斐逊感到,道德与法律两个教授席位不能安全地托付给外籍教授,这两个席位最终也由美国人充任。他还拟聘世界最顶尖的三位学者到该大学任教,这三名著名学者是英国作家托马斯·库珀(Thomas Cooper),著名学者阿贝·克里(Abbé Correa),法国著名经济学家让·巴蒂斯特·萨伊(Jean Baptiete Say),但未能如愿以偿。

2. 帮助南部与西部在智力上从北部赢得独立

通过杰斐逊的一贯声明,我们可发现杰斐逊建立弗吉尼亚大学的第二个目的,就是希望它能够帮助南部与西部在智力上从北部赢得独立。这一声明就是,他几乎从每一个南部州都收到来信,如马里兰的波多马可、俄亥俄以及密苏里,这里的人们都期待着弗吉尼亚大学建成开放,以解除他们送孩子去北方就读的

---

① John S. Brubacher and Willis Rudy. 1997. *Higher Education in Transition: A History of American Colleges and Universities*. 4thed [M]. New Brunswick, N. J.: Transaction. 149-150.

痛苦。他警告说,弗吉尼亚大学必须得到来自立法机构的所有经费,否则哈佛仍会以其20名教授雄踞弗吉尼亚大学之上。他严肃地补充道:"它现在拥有多少年轻人在学习反密苏里主义的课程,我不知道;不过,新近来自普林斯顿的一个绅士告诉我,他在那里看到了这些学生,且超过一半的人是弗吉尼亚人。毫无疑问,这些人回到家乡时,一定会对我们加入限制贩奴的神圣盟约深有感触。"[1]

三、美国州立大学在西部的发展

在南部以外,美国西部是内战前建立州立大学的唯一地区,除佛蒙特大学是在1791年创办外,内战前创办的著名中西部州立大学有:印第安纳大学(1821)、密歇根大学(1837)、爱荷华大学(1847)、威斯康星大学(1848)及明尼苏达大学(1852)。当然,在南方,州立大学也陆续成立,如特拉华大学(1833)、密苏里大学(1839)、密西西比大学(1844)及路易斯安那大学(1853)。[2]

(一)美国州立大学在西部发展的推动因素

首先,杰斐逊的弗吉尼亚大学所树立的榜样提供了建立西部州立大学的基本动力,在密歇根州,这种影响清晰可见。杰斐逊的弗吉尼亚大学在西部州立大学的发展中发挥了直接的示范与表率作用。

其次,新英格兰移民在建立州立大学上也发挥了作用。比如,在明尼苏达州,约翰·皮斯波利(John S. Pillsbury)领导建立了州立大学。

再次,欧洲教育理念对美国西部州立大学的发展产生了影响。最初,集权的法国教育系统在西部激起了强烈的兴趣。到19世纪中期,德国大学取代了法国大学在美国的影响,最著名的是塔潘(Tappan)主政的密歇根大学。

最后,联邦政府赠地给州政府指定兴建学校是建立州立大学最重要的促动因素。这要追溯到南方联邦时期。1787年,俄亥俄公司拟议购买联邦所属的大块土地时,曼斯·卡特勒(Manasseh Cutler)牧师提出,如能成交,他愿意捐出两个市镇作为兴建大学之用。一开始,国会对此进行了非难。根据1785年的土地律令,联邦政府赠地只供兴建小学之用,并不包括高等学府。双方在此出现分

---

[1] John S. Brubacher and Willis Rudy. 1997. *Higher Education in Transition: A History of American Colleges and Universities*. 4thed [M]. New Brunswick, N. J.: Transaction. 150-151.

[2] 林玉体.2002.美国高等教育之发展[M].台北:高等教育文化事业有限公司.297.

歧，卡特勒准备无果离去之际，联邦政府官员终于首肯他的条件，以联邦赠地创办州立大学出现转机。

联邦政府赠地建立州立大学，由此开了先河。从俄亥俄州开始，1804年该州就从俄亥俄公司手中获取办理大学的捐赠。其后，阿巴拉契亚山以西的新州均获联邦政府赠地，兴建州立大学。但各州必须在州宪法中言明，保证该项土地一定用于教育。到1857年，毛里尔法案首次在国会讨论时，联邦政府早已捐出四百万英亩公地给15个州兴建大学。

国会的早期赠地是西部州立大学成立的一个主要原因。1816年，印第安纳州宪法在给立法机构的特别陈述中说，一旦时机成熟，将立法制定学制，从市镇小学到州立大学，逐步而升，免除学费且入学机会平等。许多早期的州立大学，都公开感谢联邦政府的赠地措施。比如，奥巴马大学的宪章中写道，由于联邦政府的慷慨，该学府才能存在。密歇根大学校长詹姆斯·安吉尔（James B. Angell）欢迎所有反对分裂主义的联邦各地学生。因为该大学之所以成立并永久经营，皆来自美国联邦政府的捐助。①

在上述诸多因素的推动下，州立大学在美国西部各州逐步建立起来，但作为新生事物，早期的美国西部州立大学的发展也面临诸多发展困境。

（二）美国州立大学在西部的发展困境

美国州立大学在西部的发展困境主要有：②

第一，西部州立大学发展所面临的经费短缺。早期的联邦赠地，在经费上实在不足以运营州立大学，它只不过是开个头，并不保证其后办理的成功。只有正规及实质性的州税支持，才能保证州立大学的长盛不衰。但是，州立大学很难赢得美国公众对此项政策的赞同。

第二，西部州立大学还面临私立大学院校的嫉妒，以及宗教的敌视，这些问题都阻滞了西部州立大学的成长。西部边疆的教派大学院校不喜欢作为竞争对手的州立大学。在早期的南部，教育权保卫战已经开始，一方是支持公立大学或

---

① John S. Brubacher and Willis Rudy. 1997. *Higher Education in Transition: A History of American Colleges and Universities*. 4thed [M]. New Brunswick, N. J.: Transaction. 153-154.

② John S. Brubacher and Willis Rudy. 1997. *Higher Education in Transition: A History of American Colleges and Universities*. 4thed [M]. New Brunswick, N. J.: Transaction. 154-155.

非属教派的学府,另一方则是支持与教会有关的大学院校。

伊利诺伊州的教派势力非常强大,致使多年来州立大学无法成立。俄亥俄的教会人士经常被选为州立学府的校长,1880—1890年,公立学校师生必须上教堂。密歇根州的教派人士早就纠结在一起,通过董事会掌控州立大学。在印第安纳州,长老会教派掌控的维斯尼斯大学与美伊美教会掌控的德波大学之间激烈的争夺导致1850年的印第安纳州宪法只字不提州立大学。

1850—1860年时,密歇根州是州立大学和教派大学厮杀的著名战场。当亨利·塔潘(Henry P. Tappan)取得州立大学的控制权并试图隔离教会势力的影响时,双方终于公开叫阵。校长强有力地争取到全州的学位授予权只限定于安阿博所享有。于是,教会势力取消州立大学所有的州补助。密歇根大学的经费只剩下土地捐献所得。

第三,反智论在美国新西部的泛滥。除了面临经费之困与教派的敌意之外,新西部州立大学还面临甚为嚣张的反智论。辛勤劳作的西部垦殖人士很不愿意交税作公务之用,比如高等教育,因为这与他们的重要利益无涉。公众对于用公款办理高等教育皆有疑虑,怀疑此举是一种贵族建构,与大众利益作对。地方人士一致同意把公款用于小学。大学教育的支持者认为,公款办理大学不仅不会伤及小学,还能加强小学的力量。在垦荒的现实环境面前,这种说法的确缺少说服力。印第安纳大学遭遇强大的挑战,他们不得不把部分赠地的款额拨给小学,才以少数票之差没被击败。

(三)早期的美国新西部州立大学及其影响

这些早期的西部州立"大学"其实只不过是一些学院而已,入学人数少,教师与设备有限,少有甚至没有专业性的研究所。这些州立大学的教学水平与欧洲大学相比还差得很远。由于整个西部缺少足够的中学,许多大学不得不附设预备机构,选修预科的学生比常规学制的大学生还要多。1850—1860年间,威斯康星大学的入学人数只有两次达到300人,晚至1865年时,该大学331名的注册生中也只有41人能够攻读课程,其余读预科。[①]

即便如此,在未必大有可为的情况下,西部各州却奠定了一个先例,即以公

---

① John S. Brubacher and Willis Rudy. 1997. *Higher Education in Transition: A History of American Colleges and Universities*. 4thed [M]. New Brunswick, N. J.: Transaction. 156.

款资助且为州政府控制的州立大学建立起来。在19世纪后期,州立大学越来越成功。从一开始,这些州立大学就是作为一个整体,代表地方社区的需要而与私立大学区别开来。相对于东部私立大学而言,这些州立大学倾向于对新的教育需求做出充分的反应。

在这些早期的西部州立大学中,影响力最大的是密歇根大学,就像南北战争前南部的弗吉尼亚大学一样。密歇根大学是最完整体现杰斐逊高等教育理念的西部州立大学;在亨利·塔潘主政之下,密歇根大学比其他西部学府更能展现其雄心壮志,全心全意地推动该学府成为名副其实的大学。结果,它在西部取得了支配性影响,一如位于夏洛特的弗吉尼亚大学在南部的支配力一样。1837年的密歇根大学章程,几乎是一字不差地照抄明尼苏达大学章程。它似乎对1848年成立的威斯康星大学起草设校特许状也产生了重要影响。

奠定早期密歇根大学领导地位的因素有两个。第一,一个强有力的中央集权传统在密歇根得以建立,并形成州税支持的教育系统。第二,后来有能力的领导都有效地延续了此传统。结果教派与私立学院的势力在密歇根州要比南北战争前阿勒格尼山以西的任何其他州都更为弱小。

密歇根公共教育的集权化理念可以上溯到1817年伍德沃德(Woodward)法官所提的"大学术殿堂"[①]计划。伍德沃德在起草这个计划时与杰斐逊过从甚密。这位法官迷恋于法国1789年革命后所建立的中央集权式学制。这个计划虽未实施,但却产生了影响。以至于1821年的土地法案再次肯定这一计划。遵循这一计划的原则,经多年努力,密歇根州议会以稳定的多数票拒绝同意教派大学授予大学学位。

当1837年伊塞克·克莱雷(Isaac E. Crary)和约翰·皮尔斯(John D. Pierce)为密歇根州起草一般性的教育规章时,将上述理念又往前推进了一步。这两位领导人都对模仿普鲁士中央集权的教育体系有着深厚的兴趣。他们随后构建了一个教育金字塔,位于塔尖的是州立大学,中间是公立中等教育,塔基是广大的国民学校。

基于这一论点,密歇根立法机构不仅多年来一直拒绝私立学府授予高等教育学位,而且只允许密歇根大学垄断全州学生入大学的渠道。教派团体死力抗争,1855年获得少许成就,私立学院在密歇根州合法化。即便如此,这项法律对其限制也比其他地方多得多。针对批准建立的教派中学与学院,州法律对于其

[①] 林玉体.2002.美国高等教育之发展[M].台北:高等教育文化事业有限公司.301.

捐赠的最低额度做出了特别说明,规定宗教测验不能作为入学考试。教派学院每年要向州教育行政主管机关提出报告。基于此,州议会没有准许任何私立学府改名为大学。

四、美国州立大学的扩张

内战后,美国建立大学运动进入全盛期。这一时期,州立大学扮演了领导角色。1900年,美国8所号称入学人数超过2 500人的大学中有4所是州立大学。杰斐逊与塔潘原先的构想已经实现。[1]

1865年后新学府陆续建立。一方面,联邦政府通过1862年与1890年两个毛里尔法案所提供的财政支持为州立大学的发展提供了重要的刺激。另一方面,美国社会与经济结构也发生了实质性的变化,各行各业朝着专精化的方向发展。于是,公众对于各领域高级训练的需求产生了,在这方面,州立大学处于比较有利的位置。推动美国州立大学扩张的因素主要有以下三个方面。

(一) 毛里尔法案的实施

毛里尔法案是美国联邦政府在整个19世纪的高等教育领域所采取的最重要的行动。1862年毛里尔法案通过时,效果不够理想。实际上直到1890年,第二个毛里尔法案付诸实施时,才催生了州政府实质性的资助。1890年以前,根据该法案而成立的赠地学院,都只依赖1862年毛里尔法案的捐赠来经营。通过1890年法案,联邦政府为公立院校提供年度联邦拨款,鼓励了州政府提供类似的财政资助。后续措施进一步强化了赠地院校的地位,如1907年的内森修正案(Nelson Amendment)和1935年的琼斯法案(Bankhead—Jones Act)都增加了联邦政府对赠地院校的年度拨款。

州立大学最重要的发展源于联邦政府的赠地基金拨给既有的州立大学使用。比如在威斯康星、明尼苏达、佐治亚大学以及北卡来罗纳。若把该基金分配给许多学府,或另创一所新学府,来重复既有州立大学所做的工作,则效益最低。爱荷华、堪萨斯、华盛顿及奥尔良就是如此,入学标准低,经费竞争激烈,州议会内部充斥着狼狈为奸、相互标榜、暗中交易等不良行为。20多个州建立了农工

---

[1] John S. Brubacher and Willis Rudy. 1997. *Higher Education in Transition:A History of American Colleges and Universities*. 4thed[M]. New Brunswick,N. J.:Transaction.158.

学院与州立大学竞争。1900年俄亥俄州政府同时支持三个相互竞争的州立大学，许多州发展了公立师范学院及初级学院，分属不同的董事会掌控，这更加助长了高等教育行政与控制的多元化。

在一部分州，强力领导阻止了对公共资金的这种瓜分。明尼苏达州州长约翰·皮斯波利(John Sargent Pillsbury)指出，一所好大学要比两三所劣质大学强得多，后者很难达到三流学院的水平。在纽约州，康奈尔大学的怀特(Andrew Dickson White)校长是瓜分毛里尔基金的强力反对者。怀特认为，这种对经费的稀释是造成美国高等教育落后的主要原因。他主张裁减大部分现存的小型学院，因为这些学院只够中学水平，类似于德国文科中学。它们可以充作全国不超过30所大学的基础。为了在他自己的州实施这一计划，1884年，他提议将纽约州立大学摄政委员会变成真正的考试及学位授予机构。至于东部各州，公款及私款资助，都集中在少数既有基础最雄厚的院校上；西部则可把资助全部放在州立大学里，但要在文理科及工业教学上。

州税公款是否可用于资助州立院校是所有问题中一个至关重要的问题。毛里尔法案通过后，这已成为关键问题。即便是在强势的密歇根大学，直到1867年前也没有得到州政府的直接补助。1873年，密歇根大学的经济基础比较稳固，州议会决定将州税中一项的5%作为大学预算，这一项就是全州所有可以征收财产税的磨坊。一些人口稠密的富裕州，如加利福尼亚、伊利诺伊及威斯康星都援引密歇根的先例。到1908年，这些州每年都能向州立大学拨款上百万美元，甚至更多。然而，在其他一些州，类似努力遭遇到顽强抵抗，比如肯塔基州与密苏里州。1878年，密歇根大学教授查尔斯·艾德姆斯(Charles K. Adams)写信给怀特说："国内一群白痴除了赞成基础教育外，反对州税支持高等教育及任何其他教育。这帮人的领头者是一些教育家，如埃利奥特校长、安德森校长、摩根校长以及安德鲁校长。"[①]晚至1898年，这些人攻击对于州立大学的公共支持，他们是教派利益者或自由放任政策者。这些批评很长一段时间指控州立大学流于社会主义色彩。

（二）美国社会经济发展的需要

19世纪是美国社会发展的关键时期，19世纪前半期，"第三次产业革命"的

---

① John S. Brubacher and Willis Rudy. 1997. *Higher Education in Transition: A History of American Colleges and Universities*. 4thed [M]. New Brunswick, N. J.: Transaction. 160.

推行,大规模的西进运动,极大地刺激了美国社会经济的发展,美国资本主义经济开始起飞,美国进入由农业社会向工业社会过渡时期,社会工业化、城市化、现代化快速发展,对将新的科学知识有效地运用于国家资源的开发有了越来越强烈的需求。州立大学是加速这一进程的理想机制。

约翰·布鲁巴赫与威利斯·卢迪认为,促进美国州立大学发展的第二个重要因素是科学革命与工业革命。第二次世界大战后,世界科学技术发生了一场空前的革命。原子能、空间技术及电子计算机的发明和应用,引发了一系列新兴工业的诞生和新能源的开发,科学技术的各个领域得到全面发展,对世界经济产生了深远影响。这场革命被称为"第三次产业革命"。在这场科技革命中,美国是最先开始的,而且也始终处于领先的地位。[①]

二战以后,美国在研究和开发上的投入强度高、总量大,且仅仅围绕并服务于国家利益。二战结束至1957年,国家全面干预科技发展并取得了重大成就,1950年设立的国家科学基金会加强了基础研究,研究与开发投入占国内生产总值(GDP)的比例约为1%。1957年至1970年,由于冷战特别是对空间科技优势的激烈争夺,科技投入快速增加,研究与开发的投入占国内生产总值(GDP)的比例从1960年起超过了2%,1964年达到历史最高点的2.87%。[②]

当然,来自传统的反对声依然存在。在加利福尼亚州,反对势力强大到足以使吉尔曼(Daniel C. Gilman)校长离开加利福尼亚而接掌霍普金斯大学。在明尼苏达州,顽固势力迫使弗威尔(William Watts Folwell)离开校长职位。但州立大学的发展势头强劲,为各行各业提供全方位课程。

(三)美国公立学校系统的快速扩张

州立大学成长中的另一个重要因素是美国公立学校系统的快速扩张。1870年,美国只有1 026所公立中学,计72 158名学生,到了1900年,公立中学的数量已经攀升到6 005,在校生达519 251人。这些公立中学为大量想要进入州立大学的学生提供了机会。许多大学领导人认识到,教育机会在中等教育阶段的民主化,高等教育机会在高等教育阶段的民主化,使二者成比例地增加。密歇根大学校长安吉尔(James Burrill Angell)说:"第一,我已尽力使每一个公民都成

---

① 黄敏兰.1984.美国在战后世界科技革命中始终领先的原因[J].科研管理,(1).72.
② 王钟伟.2005.国家干预与社会发展——以二战后美国的科技投入为视角的分析[J].山东大学学报(哲社版),(1).152.

为本大学的股东,这些人对于帮助本大学为其子女及其邻居的孩子尽最大的服务拥有真正的兴趣。第二,我也试图使本州的所有学校及教师了解,他们及本大学是整体制度的一部分,即使是本州最偏远的学校,我们也鼓励年轻学子,从他家通往本大学的道路是敞开的。"①

到 1900 年之前,各州建起了一批独立的公立师范学院。这批师范学院最初称师范学校,担任小学教师的培养。到 20 世纪初,这类师范学校获得了授予学士学位的权力。它们开始担负起培养中学教师与行政人员的任务,遂改名师范学院。在两次世界大战期间,许多师范学院超出师范教育的范围,发展为公立综合性学院,其本科生的教学范围几乎同大学一样广泛,只不过学术性专业少一些,而职业性专业多一些罢了。这些州立学院中有许多都演变成了今天的州立学院或州立大学。②

由上可见,美国州立大学的发展实际上经历了以下三个重要阶段:③

(1) 独立后:以 1785 年兴建的佐治亚大学为代表,标志着理性时代的来临,以及国家主义的形成。

(2) 西部拓荒运动时期:宪法规定,联邦赠予新州两个城镇作为学习场所。1787 年,国会与俄亥俄公司签下契约,马萨诸塞牧师曼斯·卡特勒(Manasseh Cutler)在国会陈言,如给予各州两个城镇来设立大学,则可吸引新英格兰人向西移民,这是俄亥俄州立大学成立的原因。当初这种构想,是缘于土地价格的提升,而非有意于兴建州立大学。俄亥俄土地的大量出售,造成了 1809 年缅因大学的成立。两校都是赠地学院的典型。在这之后,新州并入内战的北方联邦时,均获得两个城镇,约有四万六千英亩土地来兴建高等学府。但有三个州拒收赠地,这三个州是德克萨斯州、缅因州及西弗吉尼亚州,其实联邦政府在这三个州也无地可赠。

(3) 内战后:由密歇根大学、明尼苏达大学及威斯康星大学带头,办出州立

---

① John S. Brubacher and Willis Rudy. 1997. *Higher Education in Transition: A History of American Colleges and Universities*. 4thed [M]. New Brunswick, N. J.: Transaction.160.

② [加]约翰·范德格拉夫,等.学术权力:七国高等教育管理体制比较[M].王承绪,等,译. 2001.杭州:浙江教育出版社.110.

③ 林玉体.2002.美国高等教育之发展[M].台北:高等教育文化事业有限公司.303-304.

大学的特色来。它们以实用为主,与州政府密切配合,以培养共和国公民为志业,以全民为对象。州立大学以造就为国服务人才为宗旨,以密歇根大学为例,1898年美国国务卿、美国战时动员助理秘书,以及参议院外交委员会主席,都是密歇根大学的毕业生。

五、美国州立大学在20世纪晚期以来的发展

20世纪晚期以来,美国州立大学取得了较快的发展,也出现了一些重要变化,如财政来源、学生构成、教学、研究及服务等方面都出现了一些新特征。

美国现有州立大学652所左右,分布于美国各地。这些院校,虽然作为一种类型被称为"州立学院、州立大学",实际上其中的绝大多数都已发展为综合性大学,成为名副其实的大学。州立大学可分为两种互有重叠的类型:一类是主要为地区服务的院校,但它们所服务的地区自然要比社区学院所服务的地区大得多;另一类是为全国服务的院校,但它们仍然是州立大学。① 后一类州立大学,一般规模大,除教学与服务外,更加强调研究。各州一般都有若干所分属上述两种类型的州立大学。州立大学的规模差别很大,最小的只有1 000余名学生,最大的有100 000余名学生,州立学院与州立大学的学生数略超过300万,占全美四年制公立高校学生总数的56%,约占美国高校学生总数的1/3。②

（一）美国州立大学的财政来源

州政府拨款是美国州立大学的主要资金来源。有时候,州政府直接将资金拨付给州立大学。更多时候,州政府将资金拨付给一个由多所分校组成的总校董事会,再由董事会将款项分拨给各分校。分拨款项的原则主要考虑各校学分课程注册学生数,同时也考虑各校的具体任务、规模、组织结构的复杂程度、设备、设施以及教学成本等因素。

学费收入是州立大学第二重要的资金来源。学费标准各州不一,一般来说,州立大学的学费高于社区学院而低于有博士学位授予权的大学和研究型大学。州立大学的学费收入占学校总收入的比例还在上升,近来,不景气的经济状况又加剧了学费继续攀升的势头。为了维持合理的收支水平,州立大学不得不提高学费并

---

① 葛守勤.1993.美国州立大学与地方经济发展[M].西安:西北大学出版社.24-25.
② http://www.aascu.org/association/members/index.htm

增加杂费。不过,各州对学费的上升都严加控制,所以,学费上升是有限度的。

过去,州立大学获得的研究与服务资助仅占学校资金来源的很小一部分。近年来,这种状况正在发生改变,学校与外界对研究与服务的资助都在增加。研究在大多数州立大学正变得越来越重要并被认为是办学的主要目标之一。在研究生多的州立大学里,这种情况更为明显。但是,州立大学用于研究与服务的资金占全部资金的比例仍然较小。

大多数州立大学都从校友、合股公司、基金会及本地赞助者等方面获得资助和捐赠。这方面的收入占州立大学总预算的比例不大,但却很重要。因为私人捐款不像州政府与联邦政府拨款那样受政府控制,所以学校能够较灵活地支配这部分款项。私人捐款往往能弥补政府拨款的不足而发挥其最佳作用。

州立大学提供的非教学性服务主要靠用户付费支持。许多州立大学的食宿设施的基本建设和运作费用由用户交费支付。校内书店通常由私人企业与学校签订合同在校内开办,其全部开支由顾客支付。学生所交杂费加上用户交费支付了儿童日托中心、卫生中心以及学生活动中心等设施的开支。校际体育比赛的经费来源于学生交的杂费、比赛门票收入、私人捐款以及州财政的专项拨款。由于州立大学的财政压力日趋增大,州财政对于上述这类非教学性活动的资助,已受到学校教师、州立法官员以及州高等教育决策人员更加严格的审查与控制。

(二)美国州立大学学生构成的变化

州立大学的学生年龄差异日益增大,民族、种族成分也日益增多。现在,州立大学的走读生越来越多。与此同时,"非传统年龄"组的学生数也发展很快,其中有许多人就是走读生。这些成人学生,有些是为了职业发展或工作晋升的需要而接受继续教育,有些是为了变更职业而学习新专业。"非传统年龄"学生在全部大学生中所占的比例已经高达80%,[1]这种情况在州立大学中尤为显著。州立大学的一项重要功能就是提供继续教育或职业教育,帮助中年人转换职业或就业,随着在职半读的成人学生数量的日益增加,各州立大学都相应扩大了课程时间表,开设了下午后半段、晚上及周末的课程。

从学生的区域特征看,州立大学基本上是地区性学校,实行相对开放的入学制度,从周围地区吸收学习程度与能力差别较大的各类学生。州立大学虽然也

---

[1] Philiph G. Altbach, Patricia J. Gumport, D. Bruce Johnstone. 2001. *In Defense of American Higher Education*[M]. Baltimore: The Johns Hopkins University Press. 44.

招收一些邻州的学生和外国学生,但主要招收本州学生。这种招生模式在一定程度上也是经济原因促成的,因为外州学生和外国学生的学费要比本州学生的学费高得多。因此,州立大学的学生构成反映了学校所在地区的社会文化特征。由于州立大学是全国高校中实行最开放招生制度的本科院校,所以,这类院校的目标就是要使他们所招收的学生成分同该地区人民的种族与民族成分保持相成关系。在全球化日益推进的今天,受高等教育国际化影响,这个目标虽未完全达到,但是州立大学的这种地域特色一直得以保留。

(三)美国州立大学的教育、研究与服务

州立大学的主要任务是开展本科生教育工作。各州立大学一般都开设有各类学士学位专业,包括文理科各类传统专业以及范围广泛的职业专业,包括教育、商业行政管理、会计、公共行政管理、刑事司法、社会工作、护理、家政、大众通讯、工程与工程技术、计算机科学等。州立大学所开设的许多职业学位专业都针对获得执照所必须的要求,进行对口培训。

文理学科仍然是州立大学专业设置的核心部分。然而,近年来,这些学科的作用与功能已经发生了变化。由于学生越来越多地转向职业专业,所以,主修文理科的学生数已不断下降。文理学科失去了原有教学资源,失去了在学校中的重要性。与职业学科相比,文理学科已变得相形见绌。因此,文理科教学的功能也越来越集中于为所有学生开设普通课程和专业基础课程。

由于高层学位在人们职业生涯中的重要性日益增长,所以,州立大学的研究生教育也获得了迅速发展。州立大学的研究生教育一般倾向于适应职业的需要,注意掌握有关领域中的新资料以及应用新知识的能力,而不强调基础研究及开发新知识。州立大学的研究生教育规模不一。其中一个重要部分是培养教育人才。几乎所有的州立大学都设有教育学硕士专业。

随着学校规模的扩大,州立大学的硕士专业及其他高层学位专业的数量与范围也日益增大,一些州立大学还开设了高于硕士学位的专家学位专业,主要是教育学专家学位专业。一部分州立大学设有博士学位专业。大型州立大学的研究生专业通常包括文理科中大多数基础学科以及多种职业领域的硕士学位专业。最常见的硕士学位有:教育学硕士(EDM)、工商管理硕士(MBA)、公共行政管理硕士(MPA)以及艺术硕士(MFA)。州立大学所授的专家学位和博士学位一般是在教育学以及其他一些职业领域。

现在,科学研究在美国州立大学越来越受到重视。尽管教师本人一般不能减少教学工作量去从事研究工作,但学校又希望教师从事研究以作为其职业活动的一部分,同时,还希望教师能达到教研究生的水平。州立大学教师虽然受到经费不足和教学工作量大的局限,他们仍然成为全美学术界一支主要力量和相关领域学术文献的重要撰稿人。

弗莱克斯纳(Flexner)指出:"州立大学不得不使自己显得'有用'——或者它们认为自己的确有用——以向平民大众证明它们有理由存在,因为他们的收入取决于州立法机关的拨款。"①几乎所有州立大学都认为服务工作对于学校以及学校所在社区和地区很重要。虽然服务工作所得到的资金很少,而且其重要性远不及教学,但服务仍然是学校工作的重要组成部分。

随着州立大学越来越注意适应本地区的社会、文化、经济发展的需要,学校的服务功能也变得越来越重要。学校最重要的服务是为在职人员开办继续教育。继续教育项目包括为学校、医院或社会服务机构的专业人员举办短期在职培训以及介绍有关的研究新成果及法律新规定的延伸课程。州立大学继续教育的最主要对象是本地区的中小学教师和行政管理人员。州立大学开展服务工作的主要机构是应用研究机构与服务机构——诊所、各类中心、营业所、研究所等。州立大学还为本地区提供文化服务。

六、州立大学在美国高等教育发展史上的重要地位

美国州立大学取得了实实在在的成功,赢得了声誉,特别是自 1865 年以来,它提高了整个西部地区的文化水准。为提高大学预备的水准,它开创性地引入了高中认可制度。它为男女同校教育燃起了一盏明灯,为大学推广教育开拓了一条康庄大道,为直接服务社区打开了一扇大门。其早期开展的自由选修实验与埃利奥特在哈佛大学的工作分不开,接受德国大学的影响之余,在文理两科开设了高级学位课程,既训练纯学术人员,也开展应用研究、文科与科学。②

---

① [美]弗莱克斯纳.现代大学论:美英德大学研究[M].徐辉,等,译.2001.杭州:浙江教育出版社.111.

② John S. Brubacher and Willis Rudy. 1997. *Higher Education in Transition: A History of American Colleges and Universities*. 4thed [M]. New Brunswick, N. J.: Transaction. 170 - 171.

(一) 深度融入地方社会发展的服务精神

正如帕特丽夏·J. 冈普奥特(Patricia J. Gumport)所言,美国公立高等教育"诞生于服务"。服务的优良传统确立于19世纪末,自那以后,政府及州立大学便一再重申这一重要使命。它具有实用主义倾向,即大学应教给未来的公民实用科目,开展有益于当地、州、区域和国家需要的研究工作。① 罗伯特·M. 赫钦斯指出:"一所州立大学必须帮助农民照看他们的牛群。"② 洛特斯·D. 科夫曼指出:"州立大学相信自己所提供的任何一项服务都不会损害其尊严。"③ 因此,服务被赋予了广泛的涵义,并根植于研究和教学中。

美国州立大学的共同特点是为本州服务,从学校的发展方向、办学思想和目的、办学规模,到专业设置、教学思想和方法、学制和学位授予到毕业生就业,都要着眼于本州当前和长远发展的需要。美国州立大学已经彻底融入了地方社会经济的发展,与地方形成了休戚与共的共生关系。州立大学被视为一种地区、州和全国资源,州立大学也只有在促进当地社会发展中才能求得自身的发展。

最重要的是,州立大学为学生提供了最宽泛的课程,也提供了广泛的公共服务。这样,它们反映了对美国大学发展最重要的两个外国影响因素,即法国的启蒙运动与德国的学术研究。第一个因素促使了美国大学实用课程的发展。第二个因素推进了美国大学理论的深入研究,并使之做出系统的努力向纯知识领域的前沿推进。美国州立大学于同一时间在这两个方面都做出了英雄式的努力,或许这些努力并不总是能够如愿以偿地获得成功,但至少留下了一个开放的问题,即上述两项工作是否内在地相互冲突。

(二) 美国高等教育民主化的利器

在研究美国州立大学意义的外国学者中,英国史学家布里斯(Viscount James Bryce)在其《美国共和政府》中所做的分析最透彻,他认识到州立大学在维护民主体制及机会均等上的重要性。他指出,州立大学是美国的荣耀,如同德

---

① Philiph G. Altbach, Patricia J. Gumport, D. Bruce Johnstone. 2001. *In Defense of American Higher Education*[M]. Baltimore: The Johns Hopkins University Press. 86.

② [美]罗伯特·M. 赫钦斯. 美国高等教育[M]. 汪利兵,译. 2001. 杭州: 浙江教育出版社. 4.

③ Lotus D. Coffman. 1934. *The State University: Its Work and Problems*[M]. Minneapolis: University of Minnesota Press. 205.

国和英格兰大学一样,向所有阶层的民众自由开放,在美国,大受主顾欢迎的是教学自由与管理自由。而德国大学很受欢迎但不自由,英国大学很自由但不受欢迎,美国大学既自由又受欢迎……欧洲观察家震惊于美国大学生程度参差不齐,许多学生还显得粗鲁不逊,却也感受到美国大学里到处散发出的生命气息、蓬勃的精神及进步感。[1]

1932年,明尼苏达大学校长总结了州立大学的基本精神:"在州立大学,没有一种智力上的服务,因不具备传统尊严而无法开展。无论何时,我们都能够提升任何阶级或群体的知识水平,也增强任一阶级或群体开发智力的机会。"[2]福斯特(Foerster)、弗莱克斯纳(Flexner)及赫钦斯(Hutchins)认为,这种"服务站"式的机构同时提供自由教育和职业教育,造成了混乱,对两者均有害。他们指控,在州立大学的教室里,由于盛行着平等的气氛,美国社会里天才的训练因此被埋没。

著名"拓疆理论"家、美国历史学家特纳(Frederick Jackson Turner)深信威斯康星理念将会取得成功。北美大陆最后边界开发完之后,特纳进一步深思,应如何采取有力措施来确保民主社会的继续。他的结论就是,美国中西部州立大学所开拓的事业可以在新的工业资本主义时代挽救民主于不坠。因为州立大学提供了大量训练有素、富有责任感的各行各业的领导人,如怀特、弗威尔及安吉尔等,他们深信科学可以拓疆,而大学培养了拓疆的精英人物。

美国州立大学负有将前卫的理念与美国民主结合起来的重任。为此,特纳强调,必须制止社会大众的平庸化倾向;必须看清,顺从社区需求是一个深渊,因为州立大学的建立是提升理想与信念,奉献新思路,而不是顺从。州立大学使走在时代前列的民主理念可以在物质丰富、产业茂盛的社会中存活下来。特纳的结论是,作为瞭望塔的州立大学可以照亮每一个州,直到美国的民主灯光灿烂,以更高、更宽泛的理念为各州人民及人类提供服务,指明哪些是有价值的,哪些是值得奖赏与鼓励的。由此可见,特纳的思想即便是在今天仍然有其独到的现实意义。那就是,大学必须具备一定的独立性,与政治、社会保持一定的距离,高等教育的政治化与市场化一定要有一个起码的限度,它需要脱俗,而不是一味地媚俗。否则,它就难以充分发挥引领社会继续向前发展的功能,丧失作为整个社

---

[1] 林玉体.2002.美国高等教育之发展[M].台北:高等教育文化事业有限公司.323.

[2] John S. Brubacher and Willis Rudy. 1997. *Higher Education in Transition:A History of American Colleges and Universities*. 4thed [M]. New Brunswick,N. J.:Transaction.171.

会灯塔的崇高地位。简言之,"面对外部社会,高等教育应该有自己的选择判断和表达方式"①。

(三) 美国高等教育大众化的重要机构

州立大学承担了美国高等教育大众化的繁重任务,但为此也遭到一些人的攻击。弗莱克斯纳等人严厉攻击的成人教育及通讯课程是纳税人向他们的州立大学索求的最有用也是最重要的服务。② 由于纳税人是州立大学重要的财政资助者,它为纳税人提供此类课程也是情理之中。至于实用科目是否真正导致了对于人文课程的忽视,要视具体的情况而定。在一定的条件下,实用科目并不必然导致对于人文课程的忽视,这要看具体的办学者如何较为合理地平衡实用科目与人文课程。

多年后,在一次演讲中,当英国史学家布里斯提到高等教育大众化时,美国州立大学已经完成了前所未有的使命。它们引导了各个阶层的民众对大学教育的价值深信不疑,并使得广大民众渴望接受高等教育。对于他来说,这也反映了政府功能的一个新理念,这个新理念只在美国出现。政府在造福人类当中,过去常把高等教育的办理交由私人团体,如今则成为自身责无旁贷的重任。

本章结语

在功利主义的哲学基础上以及特定的社会背景下,在激进民主人士的不懈努力下,18 世纪晚期,美国州立大学建立起来。州立大学的建立改变了传统英式美国高等教育的遗风。在西部拓荒时期,在弗吉尼亚大学的影响下,在联邦赠地的刺激下,美国州立大学获得了较大的发展。内战后,在两个毛里尔法案的推动下,在美国社会经济发展与公立学校系统扩张的背景下,美国州立大学进入快速扩张期。进入 21 世纪初,美国州立大学在财政来源、学生构成、教学、研究及服务等方面出现了一些新特征。美国州立大学为美国高等教育定下了服务于本州人民的基调;作为高等教育民主化利器的美国州立大学也备受诸多教育史学家的赞誉;在美国高等教育发展的重要关口,又勇敢地承担起高等教育大众化的历史重任。

---

① 曾伟.2011.高等教育研究者应强化独立思考意识[J].北京大学教育评论,(3).182.
② [美]亚伯拉罕·弗莱克斯纳.现代大学论:美英德大学研究[M].徐辉,陈晓菲,等,译.2001.杭州:浙江教育出版社.49.

第二章 美国州立大学的外部治理结构

在 20 世纪上半期,政府与大学的关系就引起了最大的关注。1940 年,美国大学教授协会通过了其有影响的《学术自由与终身教职原则》。这份文件引发了一系列法庭判决,为保护学术自由,反对恶意侵犯学术自由铺平了道路。但二战后,美国出现大量公共资助的高等教育机构。这种扩张为政府对大学事务提出要求提供了借口,这些事务远远超过了宗教或意识形态问题。这些借口直接与公共资金的大量注入有关,尽管政府提出了大量要求,但它们主要还是责任与保护大学效益的混合。

从那时起,政府与大学关系达到了一个新阶段,关注的重心稍稍从学术自由转向机构自治。于是,问题从个体的自由转向"在不担心被高一层次推翻的情况下作出决策"的集体自由。二战后,这个问题在美国引起了越来越多的关注。1947 年,美国总统任命的高等教育委员会出版了一系列报告,其中,委员会建议加强教育部门,建立强大的更加协调的州范围的高等教育机构,最好是在州教育部门或州高等教育委员会领导之下。[①]

一、美国联邦政府与州立大学

地方分权制并不意味着美国联邦政府对教育的发展不管不问,实质上它并没有放弃对于高等教育的引导、资助和影响,即便是在没有设置联邦教育部的情况下也是如此。虽然美国高等教育的发展属于各州的责任和义务,但通过立法"以

---

① Olaf C. McDaniel. 1996. The Paradigms of Governance in Higher Education Systems [J]. *Higher Education Policy*, Vol. 9, No. 2. 139.

赠与的方式,联邦政府对美国教育政策的引导作用得到了极大的提升"①。国会在制定有关高等教育法律时,便常常以高等教育与国家利益和公共福利相联系为理由,提出具体、明晰的目标来引导各州高等教育事业的发展方向。

尽管在处理与州立大学的关系时,政府相当反复无常和易变,常常片面地采取行动,州立大学从来不能完全依靠它,它有时慷慨,有时漫不经心,有时十分冷淡,有时毫不在乎。但政府毕竟是一位长期的,也许甚至是永久的赞助者。②

伴随着联邦的支持,联邦政府也因此插手州立大学的内部事务,州立大学被迫成立庞大的行政官僚机构来处理与华盛顿各部门的关系。联邦法规已深入到州立大学的各个角落,从职业安全到有害物的控制、卫生保健条款、账目要求和校园犯罪报告等。而且,华盛顿政策不可预见的变化常常殃及州立大学。

万尼瓦尔·布什(Vannevar Bush)在其《科学:没有边界》的报告中为政府定下的基调是:政府必须保护自由调查的权利,政府必须认识到科学进步来源于"自由的知识分子的自由研究,他们研究自己选择的课题,并受认识未知事物的好奇心驱使"③。美国联邦政府在处理与州立大学的关系时,也基本上遵循了这一原则与传统。但是美国"联邦政府在加强干预的时候,无论多么小心,多么珍视高等学校的自治,都无可避免地会削弱这种自治,增强大学对联邦政府经费的依赖"④。

美国联邦政府主要通过以下途径影响州立大学的治理与发展。

(一)美国国会立法

美国联邦政府调控州立大学主要通过法律途径,1785年以来,美国国会通过了近60余部高等教育法律法规。王英杰指出:"美国素有高校自治和教育领导地方分权的传统,但在苏联卫星的冲击下,联邦政府率先行动起来。在不到一年的时间里,国会议员们就以疯狂的热情提出了近一千五百个涉及教育的议案,并且至少通过了几十个涉及教育的法令。"⑤联邦法律触及学校规章制度的方方

---

① Yell, Mitchell L. 1998. *The Law and Special Education* [M]. N.J.: Merrill. 2.
② [美]伯顿·克拉克.探究的场所——现代大学的科研和研究生教育[M].王承绪,译.2001.杭州:浙江教育出版社.178.
③ [美]詹姆斯·杜德斯达,弗瑞斯·沃马克.美国公立大学的未来[M].刘济良,译.2006.北京:北京大学出版社.44.
④ 王英杰.2001.美国高等教育的发展与改革[M].北京:人民教育出版社.199.
⑤ 王英杰.2001.美国高等教育的发展与改革[M].北京:人民教育出版社.35.

面面，从学生入学，到财政核算，再到环境影响。其中绝大多数法律涉及州立大学，为州立大学的建立与发展创造了良好的外部条件，也深刻地影响了州立大学的发展方向。

美国国会的高等教育立法一般对州和地方教育机构不具有强制性，各州和地方高等教育机构可以拒绝接受联邦政府的资助经费和补助经费。但如果想要接受联邦的补助经费，各州和地方教育机构必须提出申请，而一旦申请被批准，双方都必须依照法律所规定的来执行。

从最初国会以赠地发展高等教育，到后来的分类资助高等教育，国会所传达的联邦政府对州教育的作用都是辅助性的。由于多年来州接受了联邦的资助，使得联邦政府对教育的引导作用日益凸显。结果，虽然说联邦政府对教育的作用是间接的和第二位的，但资助中无数的限制和条件深深地影响到各州的高等教育。国会通过的法案广泛影响到州立大学的发展目标、课程、教学设施、资助、学生贷款、就业、教育科学研究、国际合作等诸多领域。

1. 美国宪法在高等教育发展中的基础性与规范性作用

美国联邦宪法的生效对美国高等教育的影响巨大而深远。突出表现在：第一，宪法虽无一字提及教育，但条文规定国会有为公共福利课税等权力，为以后联邦对美国高等教育立法留下了空间。第二，宪法对联邦和州的立法权限作出规定，为联邦和州划分高等教育的立法权提供了宪法依据，也为美国联邦政府不直接干涉地方高等教育事务的分权制管理模式打下了基础。联邦宪法对高等教育发展的意义是基础性和规范性的。

2. 美国州立大学发展史上有影响的国会立法

美国高等教育史上具有世界影响力的国会立法有：1785年的《土地法令》，始创联邦资助州立教育事业发展的先例；1862年的《莫里尔法》，开创了联邦通过赠地以发展各州农工学院的先河，而一部分农工学院就演变成了今天的州立大学；《1944年军人再适应法》拉开了美国大规模进行高等教育结构性改革的序幕，并提前为"二战"期间的退伍军人安排生存的后路，稳定了社会的发展；《1958年国防教育法》首次扫清了联邦发展教育的宪法性障碍，对学生进行了大范围、高强度、多方位的资助；《1963年高等教育设施法案》，开始了联邦以专项资助方式大规模武装高等教育设施，极大地扩充和改善了包括州立大学在内的高校教学与科研设施；《1965年高等教育法》，则是联邦第一次针对整个高等教育颁布的单项法令,促使了高等教育的跨越式发展,为美国高等教育的普及奠定了基础。

3. 国会和州议会在高等教育立法权限上的划分与配合

根据联邦和州所颁布的多种有关高等教育发展的成文法以及判例法,确立了联邦高等教育立法权限主要集中在支持州立大学发展方面,更多的是具有资助性质的单项法规。而州的高等教育立法权限主要是授权建立州立大学并规制州立大学的运行。联邦和州的这种立法权限的划分与配合,不仅通过立法使美国州立大学得到了大发展,而且确立了各自在州立大学发展中的基本职责和义务。

美国联邦宪法第十修正案是美国州立大学治理结构的法律基础与依据,依据联邦宪法第十修正案,联邦和州都认为,相对于州履行的权力而言,联邦对高等教育的控制权是第二位的。联邦政府仅能通过三种方式辅助和间接地介入高等教育:"一是州以协议的方式接受国会以公共福利条款形式提供的联邦基金;二是通过国会已在商业条款中批准的标准和规章;三是通过法院执行宪法中保护公民权利与自由的条款来约束资助行为。"①

从联邦和州在高等教育发展中发挥的不同作用可以看出,立法权在联邦与州之间也存在着分立与制衡。一般而言,联邦发挥的作用是间接的,而州发挥的作用是直接的。多年来,联邦政府一直停留在发挥间接支持教育的作用上,从不直接插手教育事务。但国会总是持积极、肯定的态度。不时地调整教育政策以应对所认识的国家利益。

4. 国会最近通过的有关州立大学的议案

最近,奥巴马总统签署了国会通过的第 4872 号 H.R. 法令,即 2010 年卫生保健与教育协调法案。这项法令将终止联邦家庭教育贷款计划,要求通过直接贷款计划启动所有联邦贷款。贷款周转中结余的费用将用于资助佩尔助学金计划,投资服务于少数群体的高等教育机构,提高基于收入的偿还计划,资助额外的机会以挑战助学金。

第一,扩大佩尔助学金对低收入学生群体的资助额度。2010 年 2 月,总统签署了国会通过的 2009 年度财政预算法案,从 2009 学年开始,将佩尔助学金的

---

① Alexaander, Kern & Alexander, M. David. 1992. *American Public School Law*[M]. MN: West Publishing Company. 53.

上限从 5 231 美元上调到 5 350 美元,增加了 119 美元。

在 2010 年总统财政年度的提案中,有将佩尔助学金的上限在 2010 学年提高到 5 550 美元的提议。提议从 2011 学年开始,根据消费物价指数每年增加 1% 的预算。白宫众议院介绍并通过了学生资助与财政责任法案(SAFRA),这项法案的其中一项条款规定,通过拨款程序,在前一年佩尔助学金上限的基础上,依据消费物价指数,强制性增加 1% 的预算,使佩尔助学金的资助额度翻一番。在奥巴马总统 2011 财政年度预算中,他再次提议通过强制性花费,使佩尔助学金的上限预计达到 5 710 美元,以全额资助佩尔助学金计划。①

第二,实施联邦税收抵免政策以抵消高等教育支出。在总统任期内,他建议实施一项普遍的税收退还抵免政策,为多数美国人提供首批 4 000 美元资助接受高等教育的费用。这项抵免计划将覆盖州立大学平均学费成本的三分之二,并免除大多数社区学院学生的全部学费。总统建议抵免在下一年的税收返还之时生效。抵免的受益者要求在这一学年或夏季从事 100 个小时的社区服务。

为此,2009 年 2 月,奥巴马签署了《2009 美国复苏与再投资法案》,其中有高达 2 500 美元的包括学费、课程资料及其他费用的税收抵免条款。其中 40%(1 000 美元)能够重新资助,意味着那些没有兑欠其税收的家庭还可以折扣的形式得到抵免。税收抵免政策从 2009 到 2011 财政年度都是有效的。总统已经表达了在未来的立法中修改并使税收抵免政策永久化的意向。此外,总统预算将税收抵免扩大到四年。现行的税收抵免仅适用于中等后教育的两年合法支出。

第三,扩大帕金斯贷款计划。奥巴马建议在其 2010 年财政年度的预算内,变革帕金斯贷款计划。当前,每年总共约有 1 亿美元的贷款通过这一计划提供给学生,共涉及大约 1 800 个参与机构。总统建议每年将这一项资助增加到 6 亿美元,约有 4 400 家学院与大学机构参与其中。众议院通过的学生资助与财政责任法案(SAFRA)包括扩大帕金斯贷款计划以囊括更多的学院与大学。在 2011 年的财政年度预算中,奥巴马总统再次建议以 6 亿美元资助帕金斯贷款计划重申其 2010 财政年度预算。②

第四,阻止在公立教育资助上的重要削减。奥巴马政府支持国会预留资金以阻止州层面在高等教育方面的重要削减。包括在《美国复苏与再投资法案》中

---

① http://www.congressweb.com/aascu/obama_higher_ed.htm.
② http://www.congressweb.com/aascu/obama_higher_ed.htm.

的州财政稳定基金直接为州提供资金以弥补不景气的经济状况所导致的开支削减,尤其是教育,包括中等后教育。在2009、2010、2011年度财政,将有约48.6亿美元的资金可为州长支配使用,以帮助恢复财政枯竭的州支持高等教育、初等教育及中等教育。这些资金将以人口为基础的公式进行分配。通过州财政稳定基金提供给高等教育机构的资金可用于校园现代化、校园维修、校园建筑的翻新。①

(二)美国联邦最高法院的判例法

美国联邦法院作为美国最高司法机构,也是联邦政府调控美国州立大学的主渠道之一。在美国高等教育的发展过程中,联邦政府除了通过国会颁布的成文法来介入高等教育之外,还通过联邦法院对涉及高等教育案件的处理所形成的无数高等教育判例法介入高等教育的发展。

比如1819年著名的达特茅斯案成为公私立高等教育发展的分水岭,首席法官沃伦代表联邦最高法院多数人说:"对我们的学院与大学的理智领袖横加任何束缚都会葬送我们国家的未来。"②沃伦代表联邦最高法院坚决捍卫了大学的学术自由。

"伊利案"是确立州立大学学术自由里程碑意义的高等教育案例,是美国联邦法院介入州立大学学术事务的著名案例。"伊利案"是关于威斯康星大学经济学教授伊利博士在1893年发表了关于劳工问题的文章,被校方指控煽动公众闹事。学校董事会组成的一个委员会奉命进行调查。后根据美国宪法依法判定伊利无罪,并发表了称赞威斯康星大学学术自由的声明。

在1981年的"维德马诉维森特"一案中,密苏里州州立大学拒绝给100人以上的注册学生提供进行宗教礼拜和宗教讨论的场所。法院质疑:"州立大学对一般注册的学生提供活动场所,是否可对急切希望用设施开展宗教礼拜和宗教讨论的注册学生加以拒绝。"③如果是肯定的,那么这是否有悖于联邦宪法中人人有信仰自由、人人生而平等的规定呢?

---

① http://www.congressweb.com/aascu/obama_higher_ed.htm.
② [美]布鲁贝克.高等教育哲学[M].郑继伟,等,译.2001.杭州:浙江教育出版社.47-48.
③ Jr. Reutter, E. Edmund Jr. 1982. *The Supreme Court's Impact on Public Education* [R]. USA:Phi Delta Kappa and National Organization on Legal Problems. 52.

在"布伦尔德诉艾尔柏大学行政管理人员"一案中,①法庭说明亚利桑那州能够对一名加拿大大学副校长有诉讼管辖权。该副校长曾接到了亚利桑那州立大学一位行政管理人员的两个电话及一封复信。电话和信是询问本案中原告在工作方面的信息,原告曾是加拿大大学的教授,他目前正申请就职于亚利桑那州立大学。原告举证该副校长对他的评论是一种诽谤。法庭还发现了该副校长故意直接与亚利桑那州立大学联系,这些证据证明副校长对原告的诽谤发生在亚利桑那州,而且该州法律规定有权保护它的公民在本州免受民事侵权的伤害。因此,法庭断言依照州"鞭长可及"的法律对该加拿大副校长有人身管辖权。

美国联邦法院所形成的各种判例广泛涉及州立大学的管理、教师待遇、合同签订、学生管理,甚至是教学内容等,成为美国各大学必须遵从的先例,并无时不在警醒着美国州立大学的运作。当今对美国联邦法院高等教育判例研究有着突出贡献并多次获得学会奖励的美国学者凯普林教授(William A. Kaplin)在其代表作《高等教育法:行政决定制定所涉法律问题的综合指南》②中指出,美国联邦最高法院从1964年到1993年形成了90余项高等教育判例。

(三) 美国联邦教育部与州立大学

美国教育曾经是而且将仍然是各州的责任,但美国教育部的发展演变表明:教育在美国国民意识中已经成为需要接受联邦支持和领导的一个重要领域。③

1. 美国联邦教育部的建立及其职能的演变

卡特总统在1979年10月17日签署了《教育部组织法》的议案,从而最终结束了近150年关于建立教育部的斗争。④ 美国联邦教育部自建立以来,历经坎坷、几经周折,名称变动较多,隶属关系及地位变动较大,但其基本职权始终依旧。根据《教育部法》对教育部设立目的的规定,国会设立教育部是基于公共利益,以促进合众国的公共福利,协调确保教育问题受到联邦政府的适当处理,并

---

① Kaplin, William A. 1995. *The Law of Higher Education: A Comprehensive Guide to Legal Implications of Administrative Decision Making* [M]. San Francisco: Jossey-Bass Publishers. 76 – 140.

② Kaplin, William A. 1995. *The Law of Higher Education: A Comprehensive Guide to Legal Implications of Administrative Decision Making* [M]. San Francisco: Jossey-Bass Publishers. 24.

③ 程晋宽,吴景松. 2004. 美国教育部及其教育政策的变化[J]. 比较教育研究,(5). 62 – 63.

④ 程晋宽,吴景松. 2004. 美国教育部及其教育政策的变化[J]. 比较教育研究,(5). 59.

使联邦政府更有效地协调其教育活动。

设立联邦教育部的目的,具体而言是通过联邦确保人人接受教育机会均等;补充各州、地方教育机关、州其他机构、私人团体、公私立教育机构、社区组织、家长和学生资助方面的不足,以提高教育水平;鼓励民众、家长及学生参与和支持联邦的教育工作;协助各州对教育研究和评价、教育信息的分享;改进联邦教育计划的协调,提高教育管理的效率,尤其是改进联邦对各州教育经费资助的分配;通过提升联邦教育工作的成效,加强对总统、国会及民众所负的绩效责任。

从这些规定可知,联邦教育部对美国州立大学的发展无管理指挥权,而是通过服务、经费资助、信息分享和协调社会力量来为州立大学的发展创造条件。这是由于联邦宪法把教育视为各州保留权的原因,联邦缺少监督指挥权。另外,该法案为教育部以后的发展定下了基调,教育部的职能始终能够在法律规定的范围内得到有力保障和切实实施。

1979年国会通过的《教育部组织法》规定:"国会设置教育部,旨在保障州政府、地方政府及公私立教育机构在制定教育政策及行政管理上的权力,并改进它们对自身教育工作及政策的控制。教育部的设立并不增加联邦政府对教育的权力,也不减少州、地方及州其他机关所保留的教育职责。除非经本法律授权,教育部长和其他官员所提供的教育计划,不应被视为该部已获授权从事对课程、教学、行政、教育人员、任课机构或协会、图书资料的选择及内容、教科书或其他教材的指挥、监督或控制"。[①]《教育部组织法》进一步明确了教育部的职权,将它限定为三个方面:经费补助、教育研究及教育报道。

2. 美国联邦教育部对州立大学的影响

20世纪晚期以来,美国联邦教育部主要是通过颁布针对教育或高等教育的宏观法律法规对州立大学产生影响。

1998年2月17日,时任美国联邦教育部部长的赖利在其题为"教育优先,创造美国未来"的第五次教育国情咨文中强调了在各种层次的教育之间建立有机的联系。他特别指出要重视师资的培养和培训,认为师范教育不应成为高等教育中被遗忘的角落,培训教师应成为大学的重要任务。赖利还要求采取各种

---

① 谢文全.1996.比较教育行政[M].台北:五南图书出版公司.37.

措施,吸收更多的少数民族学生接受高等教育。① 美国州立大学作为美国高等教育大众化的重要机构与高等教育民主化的利器,在确保美国公民接受终身教育方面发挥了重要作用。美国不少州立大学素有师范教育的优良传统,所以,赖利的讲话无疑会对州立大学产生重要影响,使得不少州立大学得以重塑师范教育的良好形象。

联邦教育部在其2009年的年度报告中指出,教育部与国家教育统计中心合作研究出一种综合衡量高等教育证书含金量的方法,这一衡量标准将作为度量总统2020年实现"拥有世界上教育程度最高、最具有竞争力的劳动人口"的目标进程的一个组成部分。这一衡量标准对州立大学也会产生影响。②

据美国《高等教育评论》2006年12月5日报道,美国教育部专门的认证委员会——全美院校质量与整合顾问委员会星期一召开了为期三天的委员会专门会议。这是教育部长玛格丽特·斯佩林斯(Margaret Spellings)和她的高等教育未来委员会的报告将认证改革列为改革议程的事项以来,首次加大认证机构和大学的压力,要求他们提供大学教育学生成就的确实证据。近一两年来,全美院校质量与整合顾问委员会一直致力于推行大学在学生学习结果上的更多问责制度,星期一的会议表明这个趋势要加速。但会议上,西部院校协会大学院校认证委员会的重要成员坚决反对这种加强问责的趋势。经过一些讨论之后,双方一致同意了一项妥协措施。星期二的会议将会引发更多关于教育部对认证机构在测量学生学习结果上进行改革的讨论和辩论。③

2007年9月28日,美国联邦教育部部长斯佩林斯宣布,将拨款245万美元给美国大学协会、美国州立大学协会、全国州立和赠地大学协会三个高等教育组织,用于进行为期18个月的大学生学习成果评价研究。作为教育部"高中后成绩与机构表现试验项目"的一部分,245万美元拨款将资助三个协会与部分大学联合开展对学生学习成果进行测量、评价的方法和技术,以及如何将这些评价结果公之于众等课题的研究。研究将主要集中在以下三个方面:制定可靠和准确的本科生评价指标体系;研究现有标准化考试的可靠性;开发新的教学方法和手

---

① 诸梅峤.1998.教育优先:创造美国未来——美国教育部长赖利发表国情咨文[J].上海高教研究,(9).70.
② 美国改进教育管理体系,推动教育重回发展轨道——美国教育部2009年度报告(节选)[J].乔兴,蔚蓝,译.2010.中国教育技术装备,(5).117.
③ 蒋桂仙.2007.美国教育部加大学问责力度[J].比较教育研究,(1).93.

段,提高学生的学习成绩。①

二、美国州政府与州立大学

在将财政资助集中于州立大学的同时,州政府开始将其注意力转向如何治理并控制州立大学的问题上来,在整个19世纪晚期和20世纪早期,州政府开始通过发展全州或整个系统的管理董事会,通过颁布特别针对高等教育的法律规章,有时候还通过去除宪法赋予的高等教育机构的自治权对公立高等教育机构实施管制。② 克拉克·克尔指出:"在州立大学非专业人员委员会之上的是州财政部和州长以及州立法议会,他们倾向于日益细致地进行检查。"③

尤金·李与弗兰克·鲍恩(Eugene C. Lee & Frank Bowen)指出,州政府不可避免地卷入了高等教育治理,州长是州立大学治理中的关键人物,尽管州政府1998年的拨款在整个预算中所占的份额大不如前,但州政府的重要性却一点都没有降低,甚至还在上升。④ 弗吉尼亚大学的前任教务长彼得·劳(Peter Low)指出:"问题是州里只提供收入的一小部分,却想得到100%的控制权。"⑤不过,伯恩鲍姆认为,整体来看,"尽管州的驾驭机制有时可以高度侵入院校事务,多数州的高等教育政策看来好像主要集中在财政的责任,而不是意识形态或社会政策。"⑥

(一)美国州立大学的州政府治理模式

在美国,教育原则上是州的事情。联邦宪法第十修正案在联邦与州政府之间做了权力划分。《教育部法》第103款禁止"任何对课程、教育计划、行政、或任何教

---

① 查卫平.2008.美国联邦教育部资助教育协会研究大学生学习成果评价方案[J].世界教育信息,(5).38.
② Ronald G. Ehrenberg. 2004. *Governing Academia*. New York:Cornell University Press.52.
③ [美]克拉克·克尔.大学之用[M].高銛,等,译.2008.北京:大学出版社.14.
④ [美]杰拉德·盖泽尔.美国多校园大学系统:实践与前景[M].沈红,等,译.2004.北京:教育科学出版社.序言:3-4.
⑤ [美]大卫·科伯.高等教育市场化的底线[M].晓征,译.2008.北京:北京大学出版社.141.
⑥ [荷兰]范富格特.国际高等教育政策比较研究[M].王承绪,译.2001.杭州:浙江教育出版社.7-8.

育机构的人力资源进行指导、监督或控制"。① 这意味着每一个州的情况决定了其形式与权力,于是州的影响相当重要。卡耐基高等教育政策研究委员会说到了三千种形式的高等教育,更准确地说是由五十个州政府决定的五十种形式。美国高等教育有五十种不同的治理方式,而没有典型的治理方式。联邦规章与州政策之间的权力平衡是慎重设计的。任何引入联邦计划的努力都要克服重要的反对意见,联邦政府对州政府或州立大学自治的影响都会受到仔细的监督。

在美国,州政策是由州立法人员、州长与作为中介群体发挥功能的委员会决定的。今天,几乎所有的州都有这种群体。研究表明,②州政策的影响范围是广泛的,从去集权化到集权化主导,各州对于什么应该由政府控制,什么应该留给机构都有明确的说法。主要分去集权化、去集权化主导、中介群体、分权主导四种情况,具体情况见表2.1。去集权化的州主要有密歇根州、缅因州、宾夕法尼亚州、特拉华州、新墨西哥州、波多黎各州等。去集权化主导的州主要有弗吉尼亚州、马里兰州、亚利桑那州、南卡罗莱纳州、德克萨斯州等。以中介群体控制为主的州有康涅狄格州、俄勒冈州、西弗吉尼亚州、堪萨斯州、科罗拉多州等。分权主导的州有路易斯安那州、内华达州和密西西比州。

表2.1 美国州立大学的州政府治理模式

去集权化	去集权化主导	中介群体	分权主导
密歇根州	弗吉尼亚州	康涅狄格州	路易斯安那州
缅因州	马里兰州	俄勒冈州	内华达州
宾夕法尼亚州	亚利桑那州	西弗吉尼亚州	密西西比州
特拉华州	南卡罗莱纳州	堪萨斯州	
新墨西哥州	德克萨斯州	科罗拉多州	
波多黎各州	肯塔基州	福罗里达州	
阿拉巴马州	威斯康星州	阿肯色州	
密苏里州	阿拉斯加州	明尼苏达州	
加利福尼亚州	北卡罗莱纳州	爱达荷州	

---

① Olaf C. McDaniel. 1996. The Paradigms of Governance in Higher Education Systems[J]. *Higher Education Policy*,Vol. 9,No. 2. 148 – 149.

② Olaf C. McDaniel. 1996. The Paradigms of Governance in Higher Education Systems [J]. *Higher Education Policy*,Vol. 9,No. 2. 149.

续表

去集权化	去集权化主导	中介群体	分权主导
南达科塔州	纽约州		
夏威夷州	俄亥俄州		
印第安纳州	北达科塔州		
华盛顿州	沃克拉河马州		

Source：Olaf C. McDaniel. 1996. The Paradigms of Governance in Higher Education Systems. *Higher Education Policy*，Vol. 9，No. 2. 151.

迪特麦·布朗(Dietmar Braun)基于美国州立大学的发展史，结合两种不同性质的大学自治，归纳了美国州立大学的四种州政府治理模式。州政府的介入更适用于程序性的一面，以推进更为灵活的关于"如何"的管理，同时保持州政府对实质性自治的一般监管。在某种意义上，州政府的介入能够在以下的矩阵中得以描述。见表2.2。州治理模式在相当广泛的意义上可以归纳为，从学院式，通过官僚模式、公司化模式，一直到今天初见端倪的创业型模式。①

表 2.2　美国州立大学的州政府治理模式

州政府治理模式的演进			
程序性自治	松散	实质性自治	紧固
松散	学院式		创业型模式
紧固	官僚模式		公司化模式

Source：Dietmar Braun and Francois-Xavier Merrien. 1999. *Towards a New Model of Governance for University*? London：Jessica Kingsley Pubishers，p. 68.

在早期，州立大学接受的学生相当有限，那时成本较低，学院教学与研究对州和国家经济的影响尚不明显与重要，州政府很少侵入校园治理，大学与学院在松散的情况下运行，决定他们的目标以及选择什么样的方式追求他们的目标，因此，是学院式的治理。

后来，当更多的学生开始入学，当知识基础和研究开始扩展，州的成本开始上涨，州最初的反应是增加更多的程序性控制。因此是官僚式的治理。

---

① Dietmar Braun&Francois-Xavier Merrien. 1999. *Towards a New Model of Governance for University*？[M]. London：Jessica Kingsley Pubishers. 68－69.

当大众化高等教育转型发生的时候,成本不仅持续不断地快速上涨,高等教育对于州和国家经济的重要性也在日益增加,使得实质性自治与程序性自治一样重要。于是,州政府对程序性和实质性自治施加了紧紧的控制,因此是公司化的治理。

最后,鉴于苏联的解体,国家与高等教育的关系在美国已经出现了重要的变化,从国家与州层面上的"政府再造"到"私营化",到尽可能赋予接近运行层面的强大力量。这种"去规则化运动"已经同时在州政府中出现,特别是正在试验的许多新模式方面,包括少量但日益使用的财政激励,甚至扩展到基于州基金表现的测量。因此,这种更大的程序性自由加上州政府对实质性结果的监督,被称作创业型模式。

彼得·斯科特(Peter Scott)在《作为组织的大学及其治理》一文中从大学治理的历史演变归纳了五种高等教育治理模式:[1]学术自我控制模式(以牛津与剑桥为代表,缺少效率并参与政府);外部董事会模式,以美国私立大学与学院为代表;外部人员与学术成员联合模式或"平衡结构",其中权力影响是明确划分的;政治指派模式,以州范围的系统代理机构与由州政府任命的董事会成员控制为代表;国家官僚模式,其中大学是国家行政机关的组成部分(以欧洲大陆为典型代表)。

美国州立大学的治理是典型的政治指派模式。董事会成员由州长任命,有时在立法机构的参与下,有时不需要立法机构的参与。然而,任命的期限可能较长,以减少短期政治变革的影响。在州范围的系统层面,由协调董事会实施治理;多校园机构常常由摄政董事会治理;在个别大学,责任在于控制董事会。政治化的程度可能没有人们想象的那么严重。许多被任命者将自己看做是任命他们的政治家的同事,而不是他们的代表,这是缘于他们在政治运动中有重要的捐赠。也有政治任命的董事来到家乡捍卫大学,反对不合法的政治干预。教师在大学治理中的影响力随大学的声望有所变化;在重要的研究型大学,教师的影响力极其重要。不过,部分是由于州立大学是在政治环境中运行的,部分是由于它们是典型的大型复杂组织,州立大学的治理常常由校长和其行政驱动。[2]

---

[1] WernerZ. Hirsch&LucE. Weber. 2001. *Governance in Higher Education:The University in a State of Flux*[M]. London:Economica Ltd. 135.

[2] WernerZ. Hirsch&LucE. Weber. 2001. *Governance inHigher Education:The University in a State of Flux*[M]. London:Economica Ltd. 136-137.

在 2002 年的一份报告里,①联邦教育委员会回顾了全美 50 个州与哥伦比亚特区中等后教育治理结构状况。这篇文献的附录提供了各州治理结构的详细资料。有 3 个州没有全州范围的中等后教育治理机构;25 个州具有协调委员会;8 个州具有计划委员会;15 个州具有治理委员会。绝大多数的委员会成员由州长任命,许多都有立法机构的正式批准。这些委员会的规模从 7 人到 32 人不等,平均规模为 13 个成员。各个机构的治理在各州都不一样,像阿拉斯加州、乔治亚州和缅因州只有一个系统来管理所有的公立高等教育机构,而德克萨斯州却有各个不同的治理委员会管理各个不同的机构。

2011 年,玛丽·富尔顿(Mary Fulton)在托德·杰巴兹(Todd Ziebarth)的研究基础上,对于州立大学的州政府治理模式做出进一步的更新与补充。② 具体见表 2.3。

表 2.3 美国州立大学的州政府治理模式

第一类	州长任命教育委员会成员,教育委员会任命教育厅长	阿拉斯加、阿肯萨斯、康乃狄克、佛罗里达、伊利诺伊、肯塔基、马里兰、马萨诸塞、密苏里、罗得岛、佛蒙特、西弗吉尼亚
第二类	人民选出教育委员会成员,教育委员会任命教育厅长	阿拉巴马、科罗拉多、夏威夷、堪萨斯、密西根、内布拉斯加、内华达、犹他
第三类	州长任命教育委员会成员,人民选出教育厅长(董事会成员)	亚利桑那、加利福尼亚、乔治亚、爱达荷、印第安纳、蒙大拿、北卡罗来纳、北达科他、俄克拉何马、俄勒冈、怀俄明
第四类	州长任命教育委员会成员和教育厅长	特拉华、爱荷华、缅因、新罕布什尔、新泽西、宾夕法尼亚、南达科他、田纳西、弗吉尼亚

21 世纪初,美国公立高等教育处于变革之中,有些州通过强化州政府权威来提升高等教育领域的质量与效率,而其他一些州则试图通过向各个学校或系统委员会下放权利取得同样的目标。③

---

① Ronald G. Ehrenberg. 2004. *Governing Academia*[M]. New York:Cornell University Press. 52-53.

② Mary Fulton. 2011. *State Education Governance Models* [R]. Denver:Education Commission of the States.

③ Ronald G. Ehrenberg. 2004. *Governing Academia*[M]. New York:Cornell University Press. 53.

(二)美国州政府治理州立大学的途径

州政府通常试图建立能够促进州目标实现的治理与资助机制,并不管它们被如何界定。而州立大学通常试图在州政府的框架内最大化它们自己的目标,从而可能偏离州政府宽泛的目标。美国州政府主要通过州议会、州法院及州政府高教管理机构对州立大学实施治理。

1. 州议会立法

州议会作为美国州政府调控州立大学的重要渠道之一,在美国这样一个法制国度里,对于州政府介入州立大学发挥着至关重要的作用。比如,布鲁贝克指出,"州立法机关在出现危机的时候,常常强迫教授作忠诚宣誓"①。

相对于美国国会的间接作用而言,州议会作为州立法机关,对州立大学产生的影响更为直接与具体。国会对高等教育的立法权主要依据宪法。它对高等教育发展的影响主要通过资助、引导和管理来实现;而高等教育发展的职责在州,州议会享有较为充分的高等教育立法权,可以从宏观上和微观上就高等教育发展的管理体制、教师聘用与解聘、学生注册与毕业、学术标准与评估体系等多方面、多层次进行立法。

在有些州,如密歇根和加利福尼亚,州宪法明文规定州立大学特有的管理权和控制权,以使它们免受州行政和立法官员的影响。在有些州,大学自治权是通过立法条款和政策措施来保证的,这种形式的保障效果就差多了。而且,宪法或法规所规定的自治,通常仅仅是指大学治理董事会特有的治理权限之内的事务。一些立法机关的特权(如拨专款的权力)或行政部门的特权(如州长的预算提案和否决权)很大,甚至可以对宪法规定有自治权的大学施加影响。如关于工作场所安全或集体谈判的州法令,州立大学要遵守。州立大学还受到州审计和管理机构的监管,它们无视宪法或法令赋予州立大学的合法自治权。《阳光法案》已经扩展到能使州立大学的正常工作陷于瘫痪的地步。②

在很多高等教育案件中都少不了州议会的介入,比如达特茅斯案中新罕布什尔州议会的作为。1815 年达特茅斯学院新院长约翰·惠洛克(John

---

① [美]布鲁贝克.高等教育哲学[M].郑继伟,等,译.2001.杭州:浙江教育出版社.54.
② [美]詹姆斯·杜德斯达,弗瑞斯·沃马克.美国公立大学的未来[M].刘济良,译. 2006.北京:北京大学出版社.14.

Wheelock)向新罕布什尔州议会提出控告,诉学院董事会挪用学院基金去捐助乡村的传教活动、浪费学校公款、影响教学方法等。州议会在听完约翰·惠洛克的控诉以及校董事会的辩护后,认为学校董事会反映的情况不实,于是成立案件调查组亲临学院深入了解情况。但是,在调查组的调查报告送达州议会之前,州议会就于 1816 年 6 月 27 日通过一项法律,撤销了英国国王颁发给达特茅斯学院的特许状。州议会一面下令该院停办,解除院长约翰·惠洛克的职务;一面修改特许状,将该"学院"改成"大学",并置于以州长为首的州政府的掌控之中。

在《莫里尔法》的立法过程中,就有伊利诺伊州议会的积极运作。特纳(Jonathan Baldwin Turner,1805—1899)是《莫里尔法》议案最早的倡导者,他倡导通过联邦资助州立大学来满足社会发展对农、商、工等实用性人才的需要。1853 年,伊利诺伊州多次开会宣传特纳的计划,州立法机关给予支持,州议会正式向国会提出议案,"要求联邦政府拨地给各州,成立一所工业大学,各校的数额不得少于 50 万美元"[①]。这项议案被称为《平民教育权力法案》。

联邦的教育法与州的教育法在性质上有所不同。联邦的教育法是非强制性的,它只在州和学校接受联邦经费时才具有强制性,而州制定的教育法具有强制性;联邦的教育法通常只是针对某一问题制定的,并非全面系统的具体规定,而州的教育法则是对州内具体问题的全面系统的规定;联邦教育法主要提供经费,州的教育法则主要规定标准。耶尔与米切尔(Yell&Mitchell L)指出,"州宪法比美国宪法规定更具体些。通常,州宪法确立州政府日常的行为及保证全州公民的权利。州政府不能否认美国宪法赋予个人的所有权利,但它们可以赋予美国宪法没有给予个人的其他权利。也就是说,州政府只能附加权利而不能减少权利。联邦宪法中没有关于教育的专门条款,因此,美国宪法中没有授予教育权。所以,州政府就有权为全州公民提供受教育权。事实上,所有 50 个州在它们的宪法中都对公民受教育权作了法律规定。"[②]

20 世纪 60 年代至 70 年代,州议会增强了对于包括州立大学在内的公立大学的影响力度。绩效审计是州议会评估各州立大学业绩表现的主要手段。州议会的审计包括预前审计、过程审计和终期审计,分别针对将要使用的经费及其使用计划、实施过程中的项目情况以及项目结果与预期目标的关系等进行审计。

[①] 林玉体.1984.西洋教育史专题研究论文集[M].台北:文景出版社.48.
[②] Yell, Mitchell L. 1998. *The Law and Special Education*[M]. N.J.:Merrill.4

不过,已有学者指出,绩效审计不但无益于学校目标的达成,反而限制了学校自治权。①

州政府不断增加对州立大学的控制,削弱州立大学的自治权,很多州立大学陷于州的法规、条文和官僚机构编制的罗网中。州制度和协调机构对州立大学实现了更大的权力。比如,为实施绩效资助而采用的一套量化指标常常是由州立法机构制定的,与一个项目的质量基本无关。②扩大州政府在影响高等教育进程中的作用从而减少大学的机构自治在近年来已成为一种趋势。但是,布鲁贝克认为:"尽管高等教育可以容忍立法机关对学术自治的轻微侵犯……但是立法机关不得限制大学的理智自由。"③

2. 州法院的介入

州法院作为美国州政府的司法机关,也是美国州政府介入高等教育的强力工具之一,在州立大学的发展中扮演着极其重要的角色。在斯特林对密歇根大学董事会诉讼案中,州最高法院认为州立大学不受州立法机关的控制。布鲁贝克发现:"近年来,州法院会毫不犹豫地复审侵犯学生公民权利的教师行为。"④

在著名的达特茅斯案中,达特茅斯学院董事会为了索还侵占物件,向新罕布什尔州各级法院控告原达特茅斯学院秘书兼财务员的伍德沃德(Woodward)非法侵占学院财物,连带控告新罕布什尔州议会擅自制定法律,破坏具有契约性质的特许状,要求州法院取消州议会于1816年6月27日通过的法律。诉讼理由是州议会撤销该院董事会的特许状权力,并扣押学校印章以及文件等物,显然已构成毁约和侵占行为。

但是新罕布什尔州各级法院均判达特茅斯学院败诉。新罕布什尔州初审法院认为,达特茅斯学院并非私人财产,而是具有公共性质的机构,即使该院是董事会出钱办的,董事会也不得只为私人利益打算。该院既然属于公共性质,民意代表机构的州议会就有权将它改为州立大学,州议会既有权核发特许状,也有权收回特许状,并拒绝命令伍德沃德将校印和学院文件等交还院董事会。后来,新

---

① Dressel, Paul. 1980. *The Autonomy of Public Colleges, New Directions for Institutional Research* (No. 26)[M]. San Francisco: Jassey-Bass. 52.

② [美]詹姆斯·杜德斯达,弗瑞斯·沃马克.美国公立大学的未来[M].刘济良,译.2006.北京:北京大学出版社.127.

③ [美]布鲁贝克.高等教育哲学[M].郑继伟,等,译.2001.杭州:浙江教育出版社.34.

④ [美]布鲁贝克.高等教育哲学[M].郑继伟,等,译.2001.杭州:浙江教育出版社.33.

罕布什尔州终审法院也维持州初审法院的判决。达特茅斯学院不服新罕布什尔州各级法院,于1818年3月向联邦最高法院上诉,在辩护律师丹尼尔·韦伯斯特(Daniel Webster)的慷慨陈词下,终于胜诉。①

3. 美国州政府州立大学治理机构

一般来说,各州议会至少指定一个州级机构来治理本州的州立大学。这些治理机构在全美没有统一的名称,一般被称为高等教育管理董事会、高等教育协调董事会、教育财政委员会、管理者董事会等。有的州这类机构由州议会以法令形式建立,有的州则以宪法的形式建立。以宪法形式建立的州级董事会具有较高的自治权和自主性,比如佐治亚大学系统董事会就具有极高的自治性,其州政府和州议会除了扮演高教资源提供者角色外,很难干涉系统内部事务。而以法令形式建立的州级董事会往往受到州议会或州长的干涉与控制。这类州立大学治理机构具有计划、项目评估及审批、预算草案拟订以及信息管理等方面的职能。

(1)美国州政府高教治理机构的建立及其职能的发展演变。美国州政府高教治理机构形成于20世纪70年代。1972年,47个州都建立了州立高等教育董事会来统领或协调全州的高教治理事务。② 1972年的高教修正法案要求州立高教治理机构具备更强的监督协调能力以及承担综合规划本州高等教育的责任。

到了20世纪80年代,州立高等教育董事会的角色发生变化,开始涉及州立大学内部的教学质量问题。州立高教治理机构的传统角色主要在计划、预算评估、项目评估及管理等方面发挥协调功能,从未企图影响到州立大学的内部机制,特别是州立大学的学术自治权。然而,到了80年代,州政府及州议会希望州立高等教育董事会在州立大学的发展改革中有更大的作为,充分利用各种政策工具影响州立大学的发展方向,从外部推动州立大学内部的教学与管理效率的改革。

1992年的高教修正法案中,联邦政府要求各州建立中等后教育评估机构

---

① Christopher J. Lucas. 1994. *American Higher Education:A History*[M]. New York:St. Martin's Press. 114-116.

② Aims C. Mcguinness. 1997. *The Changing Structure of State Higher Education Leadership*,*Public Policy and Higher Education*[M]. Goodchild,Simon & Schuster Custom Publishing. 23.

(SPRE,State Postsecondary Review Entities),加强州政府对州立大学的监督、控制功能。许多州直接指定州立高等教育董事会为 SPRE 机构,承担收集高校信息、分析和评估信息以及评估各州立大学办学绩效的责任。

随着历史的发展,州立高等教育董事会的职能越来越丰富,对州立大学的影响日增。在未来一段时间,州政府高教治理机构将面临更大挑战,需要发挥更大的协调功能来构建桥梁,沟通日益扩大的社会需求与高等教育的供给能力、社会高期望与高等教育的意愿之间的鸿沟。当前,州高等教育治理机构处境更为不利。一方面是公众对政府机构的信任度越来越低,另一方面是人们对于高等教育为谁服务的问题争论不休。这些问题损害了州政府功能的发挥。对于州政府来说,最大的挑战是如何构建新型机制和制定政策,使政府与高等教育之间建立起建设性伙伴关系。

目前,美国州高教治理机构的职能一般包括五个方面:①直接管理和审批学校、学科以及对外办学等。对多数州来讲,公立大学的布局调整和私立大学的创办、学位授予等均须得到所在州的批准,公立大学校董会成员也是由州政府任命的。②确立经费分配方案和本州高校发展规划,提出对公立高等院校划拨经费的增长幅度和分配方案,依据选民意愿提出州内高校发展规划,由州议会讨论后批准实施。③进行项目管理。由州政府制定和组织实施教育研究项目、学生助学等项目的计划,并对所设立的项目进行监督和检查。④负责收集、整理和提供高等教育信息。⑤负责协调处理本州高校之间以及高校与社会各方面的关系。州高等教育行政部门与各高校之间有各种类型的中间管理层,如行业协会团体等。各州教育行政部门往往通过此类组织进行协调,体现出州高等教育行政部门管理的宏观性。① 具体来说,州政府高教治理机构主要通过履行治理职能来对州立大学进行治理,如任命州立大学的校长或州立大学系统的首脑、制订州立大学的发展政策、审批与州立大学教师或其他人事相关的文件、确保州立大学的财政运转正常、实施各种政策及管理措施等。

(2)美国州政府高教治理机构的分类。弗兰克·博文(Frank M. Bowen)和凯西·布拉科(Kathy Reeves Bracco)等人在其 1997 年的研究报告《州级高等教育的治理架构》(State Structures for The Governance of Higher Education)中,根据管

---

① 符华兴,王建武.2010.世界主要国家高等教育发展研究[M].长沙:湖南人民出版社.61-63.

理的系统与机制划分,将各州高教治理机构划分为四种类型:①联邦型管理系统、统一型管理系统、同盟型管理系统和同盟型院校。(详见表2.4)。

表2.4 美国州政府高教治理机构类型

机构类型	代表州	基本特征
联邦型管理系统 (Federal Systems)	伊利诺伊州 德克萨斯州	州级管理机构既非政府部门,亦非高等教育所属,而是两者之中介,无直接管辖权。院校(系统)拥有自身的独立董事会
统一型管理系统 (Unified Systems)	佐治亚州	州设有统一的管理机构,负责管辖州内所有授予学位的院校
同盟型管理系统 (Confederated Systems)	加利福尼亚州 佛罗里达州	州设有规划或协调机构,依法拥有信息管理、预算审核、规划制定等咨询和顾问权限,但院校管理权仍归属于院校(系统)的董事会
同盟型院校 (Confederated Institutions)	密歇根州	院校管理权由院校(系统)董事会行使,缺乏州级协调机构

1999年,理查森(Richard C. Richardson)等人进一步将州高教系统的治理结构概括为三大类:分割式、统一式和联邦式②。

在有些州,仅设一种州高教治理机构,在另一些州,可能有两类或三类机构并存,各自发挥不同功能。一般来说,在分割式治理系统中,会有多个州级高教治理董事会并存,州政府中不存在统率全州高教事务的统一机构,但可能存在一些州级协调机构。州政府只是决定每年每所高校的州政府拨款数额。州立大学有其单独的管理董事会及其指认的行政官员代表其利益,直接参与到州政府的预算决策过程中;在统一式治理系统中,仅设置一个州级高教治理董事会负责治理包括州立大学在内的全州高教事务,同时,可能设置一些协调或规划机构;在联邦式治理系统中,仅设置一个州级协调董事会负责协调全州高教事务,管理权属于各高校或高校系统,州立大学有其单独的系统董事会或校园董事会。

---

① Frank M. Bowen, etc. 1997. *State Structures for the Governance of Higher Education: A Comparative Study*[R]. San Jose: The California Higher Education Policy Center. 1-7.

② Richard C. Richardson, Jr. Kathy Reeves Bracco, Patrick M. Callan and Joni E. Finney. 1999. *Designing State Higher Education Systems for a New Century*, American Council on Education[M]. Oryx Press. 184.

加利福尼亚州高等教育系统采取分割式管理模式,州政府在高等教育系统中扮演资金提供者和管理协调者的角色。1960年的加州高等教育总体规划确认了三大公立高等教育机构:加州大学(University of California)、加州州立大学(California State University,CSU)和加州社区学院(California Community Colleges)。各系统拥有不同的服务对象、学术项目及权利。加州州立大学没有宪法授予的自治权,受州政府的控制和影响较大。加州州立大学由州长任命任期8年的董事会成员组成的董事会管理,董事会主要负责聘任及评估本系统的管理人员,包括各校的校长及其高层管理者。加州州立大学行政会议由各校园校长及总校长组成,每年召开10次会议,为大学董事会草拟议程。在1974年成立的加州中等后教育委员会17名委员中,加州州立大学董事会代表是仅次于加州大学董事会的一名重要成员,在委员会中为加州州立大学的利益代言。在协调其内部校园及学校关系的功能方面,加州州立大学是三个系统中能够发挥最佳协调功能的系统。

佐治亚州高等教育系统采取统一式治理模式,全州公立高等教育机构由一个统一的管理董事会负责管理,州宪法赋予该董事会极高的自治权。1931年佐治亚州议会建立佐治亚大学系统管理董事会(Board of Regents of the University System of Georgia),把州内所有公立高校都纳入董事会的监管之下,并在1941年颁布了一个修正案,赋予董事会宪法权力管理和控制大学系统。因为大学系统享有宪法赋予的自治权,州政府和州议会在州公立高等教育中拥有的真正权力只是决定州政府对高等教育的拨款数,在高等教育中仅仅扮演着资源提供者角色。佐治亚州13所州立大学包含在佐治亚大学系统中。佐治亚大学系统董事会由4个分支董事会构成,即研究型大学董事会、地方大学董事会、州立大学和学院董事会以及两年制社区学院董事会。

德克萨斯州高等教育系统采取联邦式治理模式(federal system)。州政府在州高等教育中扮演调节者的角色。德州高等教育领导权主要掌握在州议会和副州长手中。州宪法仅赋予州长极少的高等教育权力,州高等教育政策更多地受政治力量的影响。州议会创设协调董事会的目的,是为了让其发挥协调功能,平衡高等教育系统内部的矛盾和纠纷。州议会通过各种法案来影响州高等教育,通过低学费政策维持学费的可承受性水平,扩大公立高校的入学机会。德州高等教育协调董事会(Texas Higher Education Coordinating Board,THECB)是州高等教育治理机构,起着联系州政府和高等教育之间关系的中介作用。在德州高等教育协调董事会中,德州州立大学系统是4个大型高校系统之一,由北德州州立大学董事会、南德州州立大学董事会、东德州州立大学董事会以及西德州州立大学董事会构成。

佛罗里达州长与立法机构最近批准了一项旨在改变其州立大学治理的计划,①该计划以单个校园的独立董事会取代全州公立大学系统董事会。在佛罗里达州,州立大学的所有董事会成员都由州长任命。

2000年,卡洛恩·沃勒(Carolyn Waller)等人将统一设置州高教管理机构的情况做进一步细分,②具体情况见表2.5。

表2.5 州政府设有统一管理机构的分类

仅有一个高教管理机构管理所有两年制和四年制院校的州	阿拉斯加州、佐治亚州、夏威夷州、爱达荷州、堪萨斯州、蒙大拿州、内华达州、北达科他州、罗德岛、南达科他州、犹他州
设有一个管理机构管理四年制院校;另一个协调或治理委员会管辖社区学院和/或技术学院的州	亚利桑那州、佛罗里达州、衣阿华州、缅因州、密西西比州、新罕布什尔州、北卡罗来纳州、俄勒冈州、威斯康星洲、怀俄明州
设有一个管理研究型大学的机构,其他的四年制和两年制高校由另一个机构管理的州	明尼苏达州、佛蒙特州、西弗吉尼亚州

2000年,卡洛恩·沃勒(Carolyn Waller)等人同时将设置协调性州高教管理机构的情况做进一步细分,③具体情况见表2.6。

---

① Ronald G. Ehrenberg. 2004. *Governing Academia*[M]. New York:Cornell University Press. 1 - 2.

② Carolyn Waller, Ran Coble, Joanne Scharer, and Susan Giamportone. 2000. *Governance and Coordination of Public Higher Education in All 50 States*[R]. Raleigh:the North Carolina Center for Public Policy Research,Inc. 11 - 31.

③ Carolyn Waller, Ran Coble, Joanne Scharer, and Susan Giamportone. 2000. *Governance and Coordination of Public Higher Education in All 50 States*[R]. Raleigh:the North Carolina Center for Public Policy Research,Inc. 11 - 31.

表 2.6　州政府设有协调性管理机构的分类

院校治理委员会开展治理的州	肯塔基州、新泽西州、新墨西哥州、俄亥俄州、南卡罗来纳州、弗吉尼亚州
由两个或更多的多校园治理委员会治理的州	加利福尼亚州、康涅狄格州、路易斯安那州、马萨诸塞州、内布拉斯加州、纽约州、田纳西州
多校园治理委员会和院校治理委员会共同治理的州	阿拉巴马州、阿肯色州、科罗拉多州、伊利诺斯州、印第安纳州、马里兰州、密苏里州、俄克拉荷马州、宾夕法尼亚州、德克萨斯州、华盛顿州

三、美国政府与州立大学关系的基本特征

二战后，政府与大学关系问题在美国引起了越来越多的关注。美国政府与州立大学的关系是州立大学治理结构中的重要力量。通过上面的分析可以看出，美国政府与州立大学关系的基本特征主要体现在以下两个方面：

（一）政府约束州立大学进行依法治校，搭建政府与大学之间的桥梁

州立大学在许多方面与其他公共或私营团体一样受到美国政府立法的规制。在美国这样一个法制国度里，法律成为调控政府与州立大学关系的重要手段。不管是美国联邦政府，还是州政府，它们都通过法律途径处理与州立大学的关系。1785 年以来，美国国会通过了 60 余部高等教育法律法规。在美国，除了几所联邦军事院校外，所有公私立院校都必须在州法律的背景下运行。

纽曼列出了一系列影响公私立高等教育机构运行的立法，但这些立法对于学术自由与机构自治没有实质性影响。比如集体谈判，平等支付女性工资，实验室安全规章等。海因斯（Hines）区分了四个重要领域：社会立法、雇佣政策、职业安全、健康关注。这些领域有些被批评为是对学术事务的侵犯。默克奈尔（McConnell）强调了作为现代政府活动范例的 DNA 规则。博克与海因斯（Bok & Hines）在这种政府行动中发现了不断增长的危险。①

1975 年，美国联邦政府开始介入许多前沿领域，以让学术政策与国家需要保持一致的方式规制学术政策。许多新规章不断接近学术程序的核心。现在州

---

① Olaf C. McDaniel. 1996. The Paradigms of Governance in Higher Education Systems [J]. *Higher Education Policy*, Vol. 9, No. 2. 140.

立大学需臣服于有关劳动的立法与司法,以及薪水的年度公布,还有反信任立法。这对美国州立大学的治理产生了重要影响。

（二）中间代理机构的影响

政府权力的缺少并不必然意味着州立大学拥有全部的权力。在政府缺位或退出的领域,常常为其他社会力量所填充。在美国州立大学的治理中,存在着大量贯彻高等教育政策的中间代理机构与工具。美国政府使用中间代理机构或组织对高等教育政策施加影响的方式有：教育资助、研究资助、学生注册的决策及质量控制、法庭的角色与影响。这些社会力量包括各种外部组织、社团和机构,从体育联合会、校友会到雇主协会、工会(或者是类似工会的有组织的教师团体)。根据弗雷德·F. 哈克莱罗德与朱迪斯·S. 伊顿（Fred F. Harcleroad & Judith S. Eaton）的研究,这些自愿性的中间代理机构主要有四种：[①]

1. 高等院校协会

这类自愿组织数目庞大。其中影响较大的全国性组织有美国教育理事会、美国高等院校协会、美国社区学院协会、美国州立高等院校协会、美国大学协会、全国独立高等院校协会、美国州立大学与赠地学院协会等。1961 年成立的美国州立高等院校协会拥有 430 所成员校,这些校园遍布全美、关岛、波多黎各及维尔京群岛。美国州立高等院校协会成员校注册学生超过 300 万,占公立四年制学生总数的 56%。[②] 美国州立高等院校协会对州立大学产生了重要影响,如协会的联邦项目办公室监督联邦的经费计划及优先顺序,提升了州立大学在经费来源方面的参与；协会的政府关系及政策分析办公室分析待通过的法律议案,为全国性重要议题准备证词,监督影响公共高等教育的州级议题,开展调查,研究发展趋势并将结果及时通知会员机构。

2. 自愿认证协会

地区性与专业性的认证群体在学术领域施加了重要影响。美国没有负责评估与认证国家高等教育机构的政府机构,但它有发达的地区性民间认证机构,如

[①] Philip G. Altbach, Robert O. Berdahl, and Patricia J. Gumport. 2005. *American Higher Education in Twenty-First Century*[M]. Baltimore: The Johns Hopkins University Press. 256-280.

[②] http://www.aascu.org/association/members/index.htm

负责评估与认证全国非营利性公私立高等教育机构的八大地区性认证机构：中部各州学院与学校协会高等教育委员会、新英格兰学院与学校协会高等院校委员会、新英格兰学院与学校协会职业技术院校委员会、中北部学院与学校协会高等教育委员会、西北部学院与大学委员会、南方学院与学校协会学院委员会、西部学院与学校协会社区和初级学院委员会、西部学院与学校协会高级学院和大学认证委员会等。四个宗教信仰类高等教育认证机构负责认证与评估宗教信仰类非营利性院校，两个职业类高等教育认证机构负责认证职业类高等教育机构。① 近百个专业认证机构负责对各院校的专业课程进行质量评估。这些外部专业协会对州立大学产生了直接的影响，包括课程模式、教师、学位授予、教学方法、教辅人员模式及经费分配决策等。州立大学是否有资格得到政府的资助，现在越来越与其是否是自愿认证协会的会员有密切关系。

3. 自愿联盟

由中学后教育机构之间的双向及多向合作所组成的自愿联盟，至今已经运作了数十年。2003年的《高等教育备忘录》记录了106家这样的组织实体。其中影响较大的有俄亥俄州学院协会、加利福尼亚州的克拉蒙特学院、佐治亚州的亚特兰大大学中心、全国学生交流中心、马萨诸塞州高等教育联盟、弗吉尼亚高等教育海岸联盟等。这些自愿性联盟能够对政府对州立大学治理的干涉进行有效地抵制。在各种正式的层次上，目前各种类型的高等院校都采用了联盟这种形式，以应对不断变化的课程和经费方面的需求。当政府的控制持续增强，影响大学自治和学术自由时，自愿联盟提供了另外一种针对未来运作及课程发展进行独立规划的方式。

4. 区域契约组织

虽然区域契约组织属于非营利私人组织，但它却具有准政府机构的特征。州政府部门创建了这类组织，提供基本经费，并通过它们签订服务合同。区域契约组织的运作与私人组织相似，并从其他渠道获得巨大的经费支持，包括私人基金会的资助。这些契约组织所开展的研究、研讨会、专题讨论会及政策研究等，直接影响了所在地的州立大学。影响较大的这类组织有南部区域教育董事会、

---

① 高潇怡，张永军.2009.试析美国高等教育认证机构的院校认证标准[J].外国教育研究,(3).66-67.

西部州际高等教育理事会、新英格兰高等教育理事会、中西部高等教育委员会。目前设立的4个高等教育州际契约组织几乎涵盖了全美所有的州。

这些中间代理机构对于州立大学的影响多是积极的、支持性的且受欢迎的。但是提供经费的团体能够通过决定学术课程和研究成果的类型来影响院校的发展趋势和方向。在以控制为导向的联邦政府、州政府与州立大学之间,这些自愿协会越来越扮演着一种中间角色。当政府不愿意与大学内部事务保持一定距离的时候,培育支持性的、有益的私人外部团体变得更加重要。

本章结语

尽管美国政府已经放弃了近几十年的克制态度,不愿意再继续与大学内部事务保持一定距离,并对州立大学的干预呈增多的趋势,但直接的实质性干预仍然不多,也没有威胁到州立大学的实质性自治领域。美国政府大体上还是理性地尊重学术自由与机构自治的重要领域,诸如课程内容、评价方法、研究行为、教职任命、观点与意见的自由表达等方面,州立大学享有最基本的自由。美国政府在州立大学发展史上所扮演的主要角色是资源提供者、条件创造者、管理协调者以及顾客支持者。

第三章 美国州立大学系统治理结构：以纽约州立大学为例

1816年，纽约州立大学始建于纽约波茨坦，是美国最大也是最具综合性的州立大学系统。① 纽约州立大学最初代表29个独立机构的联合，包括11所师范学院。所有这些具有独特历史与背景的学院为了一个共同的目标联合起来：服务于纽约州。自1948年以来，纽约州立大学已经成为一个包括64个学院与大学的州立大学系统，这些学院与大学要么先前是独立的机构，要么由纽约州立大学直接建立。

如今的64个校园中，有29个州管理的校区，30个社区学院和5个合同学院，5个合同学院是设立在私立大学中的学院。② 64个校园中有13所博士学位授予机构，13所大学学院，8所技术学院和30所社区学院。根据纽约州立大学校长办公室的分类，64个校园由4个大学中心、13个大学学院、2个健康科学中心、5所技术学院、5所专业学院、5所合同学院、30所社区学院构成。

今天，纽约州立大学的64个校园实质上在可以走读的范围内为所有纽约人提供教育机会，构成美国最大也最具综合性的公立高等教育系统。依据教育使命、可获得的学术机会类型、提供的学位类型，纽约州立大学系统的64个校园可分为四类。大学中心（博士学位授予机构）、州立学院、社区学院、合同学院。4个大学中心（Albany，Binghamton，University at Buffalo，Stony Brook）优先提供本科生教学科研和研究生学习及专业学习。这些分校提供了大量的学士、硕士、博士学位课程和专业化课程，本科生入学人数从少于1万人到超过1.6万

---

① http://www.suny.edu/student/university_suny_history.cfm
② 袁东.2002.纽约州立大学的发展和管理[J].国家教育行政学院学报，(4).95.

人不等。5 所合同学院(Ceramics at Alfred University, Agriculture & Life Sciences at Cornell University, Human Ecology at Cornell, Veterinary Medicine at Cornell (graduate studies only), Industrial & Labor Relations at Cornell)也提供学士、硕士、博士课程,这些学院建立在私立大学中,州政府只提供一小部分资助,由纽约州立大学大学董事会和所在大学的董事会共同管理。

纽约州立大学为学生提供相当多样化的教育,包括短期的职业技术课程、证书课程、副学士学位课程、学士学位课程、研究生学位课程及博士后研究。纽约州立大学通过 7351 种学位与证书计划在系统范围内为几乎每一个学术领域或职业领域提供学习机会。

纽约州立大学的学生代表其周边的社会。2009 年 11 月,20.8% 的注册学生为少数族群,由于纽约州立大学学生主要是纽约州居民,覆盖了州内 62 个县。它们也吸引其他州居民、哥伦比亚特区、四个美国地区及 160 个国家的学子。1/3 纽约州高中毕业生选择纽约州立大学,将近 46.5 万全日制与部分时间制的注册总数代表了 37% 的纽约州高等教育学生总数。纽约州立大学的校友数逾 250 万,遍布纽约州与全世界。教职员工达 8.8 万人。

纽约州立大学吸引了一流的学者、科学家、艺术家及专业人士,所有重要学科的教师都享有国内与国际声誉,教师通常都是杰出奖项与荣誉的获得者。纽约州立学院与大学拥有从世界著名的社区学院,如怀森技术学院,到一流的研究生院与国家顶尖的兽医学院。

一、纽约州立大学系统总校的治理结构

(一)纽约州政府、总校、分校之间的关系

州政府表面上不直接管理纽约州立大学,但却很好地控制与影响了纽约州立大学的发展。它主要通过两个渠道发挥控制与影响:一是州长掌握着学校拨款权和董事会成员以及校院长的任命权;二是执政党通过州长和议会表明其教育政策。据介绍,纽约州立大学历史上几个重要报告、计划或相关法案,都是在共和党或民主党的相关政策影响下形成的。

纽约州立大学总校与 64 个校区的管理关系基本上分三类[①]:第一类是 29 所

---

① 袁东.2002.纽约州立大学的发展和管理[J].国家教育行政学院学报,(4).95-96.

州管院校,他们只有理事会,未设董事会,总校管得较多,是三类学校中州政府投入资金最多的学校;第二类是5所建在私立大学中的合同学院,他们由总校和所在大学共管,是三类学校中州政府投入资金最少的学校;第三类是30所社区学院,他们有自己的董事会,总校管得较少,州政府投入社区学院的资金少于州管院校,但多于合同院校。三类学校不同的经费来源是形成管理关系的主要原因。

纽约州立大学的行政管理与治理机构有董事会、高级行政管理机构、分校校长、系统办公室、教师议会、教师委员会、大学范围的政策程序、纽约州立大学行动指南。

(二) 纽约州立大学系统董事会

董事会是纽约州立大学系统的治理群体,由17名成员组成,15名由州长任命,包括董事会主席与副主席,得到纽约州议会的同意。学生会主席作为投票成员服务于董事会,教师评议会主席作为非投票成员服务于董事会。在董事会中有8名董事获准就纽约州立大学各个方面进行详细的讨论与管理。纽约州立大学董事担负的诸多责任包括任命与批准大学领导以及总校校长、董事会官员、系统高级职员及分校校长。系统总校还负责为分校设定学费与其他费用标准,课程标准,以及其他有关分校运行与管理的事务;批准纽约州立大学每年授予的上千个学位证书、毕业证书、及荣誉学位;建立新的分校;设定入学标准,描述进一步学习所需要的资格。董事会成员任期7年。①

董事会几乎每月都召开会议,所有会议均网上直播,以便世界上任一对纽约州立大学感兴趣者都能够收听并能亲眼目睹纽约州立大学的运行,人们可以在纽约州许多地方亲自参加纽约州立大学的董事会,假如错过了希望观看或参加的会议,人们还能够通过会议档案了解会议。每2年1次,董事会举行公众论坛,以便各方人士与董事会进行互动。2010年纽约州立大学董事会启动了一项新的战略规划——纽约州立大学的力量——将以此前人们没有见过的方式将64个校园团结在一起,在提高纽约州居民生活质量的同时,推动纽约州经济的振兴。②

纽约州立大学系统董事会下辖8个委员会③,即执行委员会,审计委员会,学术事务委员会,研究与经济发展委员会,财政与管理委员会,学术医学中心与医院委员会,教育、学院准备与成功委员会,交流与外部事务委员会。董事会的

---

① http://www.suny.edu/Board_of_Trustees/index.cfm
② http://www.suny.edu/Board_of_Trustees/index.cfm
③ http://www.suny.edu/Board_of_Trustees/BOTCommittees.cfm

各个委员会根据需要还可以建立下一层级的委员会。

(1) 执行委员会。当时的执行委员会主席是卡尔·海登(Carl Hayden),委员共 7 人,分别是居里·贡德尔(Julie Gondar),斯蒂芬·亨特(Stephen Hunt),卡尔·迈克尔(H. Carl McCall),约翰·穆拉德(John Murad),卡尔·斯皮沃格(Carl Spielvogel),卡里·斯泰勒(Cary Staller),格里·梅里克(Gerri Warren-Merrick)。联络员是南希·瑞姆(Nancy L. Zimpher)。执行委员会的职责是在董事会闭会期间代表董事会处理事务;董事会治理事务,包括总校校长及官员的评估与补偿;分校校长评估与补偿;董事的运作与成员事务;战略规划"纽约州立大学的力量"的实施。

(2) 审计委员会。当时的审计委员会主席是斯蒂芬·亨特(Stephen Hunt),委员共 3 人,分别是尤尼斯·勒温(Eunice Lewin),约瑟夫·贝拉克(Joseph Belluck),哈维·沃彻斯曼(Harvey Wachsman)。联络员是莫妮卡·李麦(Monica Rimai)。审计委员会的职责是大学审计、守法与危机评估;道德伦理审视。

(3) 学术事务委员会。当时的学术事务委员会主席是格里·梅里克(Gerri Warren-Merrick),委员共 7 人,分别是罗·埃伦伯格(Ron Ehrenberg),约翰·穆拉德(John Murad),肯·奥布莱恩(Ken O'Brien),卡里·斯泰勒(Cary Staller),佩德罗·诺格拉(Pedro Noguera),居里·贡德尔(Julie Gondar),马歇尔·里斯曼(Marshall Lichtman)。联络员是大卫·莱维里(David K. Lavallee)。学术事务委员会的职责是学术计划与评估,包括学位批准;硕士计划;批准荣誉学位;教师奖励与认可;学生流动;注册计划;多样性与教育公平;全球事务/纽约州立大学与世界;图书馆与远程学习;体育运动;大学部门之间的协调与合作;学生事务;教师评议会与教师委员会。

(4) 研究与经济发展委员会。当时的研究与经济发展委员会主席是琳达·桑福德(Linda Sanford),委员会共 4 人,分别是罗·埃伦伯格(Ron Ehrenberg),卡里·斯泰勒(Cary Staller),马歇尔·里斯曼(Marshall Lichtman),约瑟夫·贝拉克(Joseph Belluck)。联络员是约翰·奥康纳(John J. O'Connor)。研究与经济发展委员会的职责是研究与创新;创业世纪;技术转化;经济发展与创新;校内计划与实习;公私伙伴关系;研究基金协调。

(5) 财政与管理委员会。当时的财政与管理委员会主席是卡尔·迈克尔(H. Carl McCall),委员共 7 人,分别是卡里·斯泰勒(Cary Staller),约翰·穆拉德(John Murad)，约瑟夫·贝拉克(Joseph Belluck)，马歇尔·里斯曼(Marshall Lichtman)，居里·贡德尔(Julie Gondar)，琳达·桑福德(Linda Sanford)，罗纳德·埃伦伯格(Ronald G. Ehrenberg)。联络员是莫妮卡·李麦(Monica Rimai)。财政与管理委员会的职责是大学预算；大学行政管理；大学法律事务；信息技术；机构研究；资本设施；投资；活力纽约。

(6) 学术医学中心与医院委员会。当时的学术医学中心与医院委员会主席是约翰·穆拉德(John Murad)，委员共5人，分别是卡里·斯泰勒(Cary Staller)，马歇尔·里斯曼(Marshall Lichtman)，斯蒂芬·亨特(Stephen Hunt)，哈维·沃彻斯曼(Harvey Wachsman)，琳达·桑福德(Linda Sanford)。联络员是莫妮卡·李麦(Monica Rimai)与凯西·普里斯顿(Kathy Preston)。学术医学中心与医院委员会的职责是医院；更加健康的纽约；质量评估；强奸紧急援助与咨询中心。

(7) 教育、学院准备与成功委员会。当时的教育、学院准备与成功委员会主席是佩德罗·诺格拉(Pedro Noguera)，委员共5人，分别是斯蒂芬·亨特(Stephen Hunt)，卡尔·斯皮沃格(Carl Spielvogel)，尤尼斯·勒温(Eunice Lewin)，居里·贡德尔(Julie Gondar)，肯·奥布莱恩(Ken O'Brien)，联络员是乔哈纳·波特(Johanna Duncan—Poitier)。教育、学院准备与成功委员会的职责是教育机会；终身学习；特许学校；教师教育；与摄政董事协调。

(8) 交流与外部事务委员会。当时的交流与外部事务委员会主席是卡尔·斯皮沃格(Carl Spielvogel)，委员共7人，分别是卡尔·迈克尔(H. Carl McCall)，格里·梅里克(Gerri Warren—Merrick)，居里·贡德尔(Julie Gondar)，肯·奥布莱恩(Ken O'Brien)，尤尼斯·勒温(Eunice Lewin)，罗·埃伦伯格(Ron Ehrenberg)，约瑟夫·贝拉克(Joseph Belluck)。联络员是约翰·奥康纳(John J. O'Connor)。交流与外部事务委员会的职责是交流；市场与品牌；与州关系；与联邦关系；慈善事业；校友关系；充满生气的社区。

(三) 纽约州立大学系统高层行政管理

纽约州立大学系统高层行政管理设置的高级官员有总校校长南希·瑞姆(Nancy L. Zimpher)，主要运行官员兼高级副校长莫妮卡·李麦(Monica Rimai)，主管学术事务的高级副校长兼教务长大卫·莱维里(David K. Lavallee)，主管研究与创新的高级副校长兼纽约州立大学主管研究基金的校长秘书约翰·奥康纳(John J. O'Connor)，教育机会代理校长兼主管社区学院副校长乔哈纳·波特(Johanna Duncan-Poitier)，大学顾问马蒂·埃勒曼(Marti Anne Ellermann,临时)，主管学术计划与评估副校长兼副教务长伊丽莎白·布林斯捷德(Elizabeth L. Bringsjord)，主管资本设施副校长兼建设基金总经理菲利普·伍德(Philip W. Wood)，主管财政服务与健康事务副校长凯瑟琳·普里斯顿(Kathleen Preston,临时)，主管全球事务副校长米奇·莱文斯(Mitch Leventhal)，主管政府关系副校长米歇尔·川资(Michael Trunzo)，主管人力资源的副校长柯蒂斯·路德(Curtis L. Lloyd)，政策与规划副校长兼代理教务长詹姆斯·凯特勒(James Ketterer)。[①]

　　总校校长由董事会任命并服务于董事会，在任期内，董事会可以随时评价总校校长的服务，总校校长作为大学的首席执行官，要执行和推动由大学董事会确定的政策和履行董事会规定的职责。总校校长任命除系统中心办公室学校官员以外的所有雇员。总校校长可在大学官员、教师及职员之间分配大学的权力、职责与义务，就如这些政策所赋予他们的特殊权力、职责与义务一样，他们也必须在其自身的行为方面向总校校长与董事会负责。当总校校长认为大学管理过程中有必要建立一些特别委员会帮助他制定具体的计划和政策时，则可以建立这些机构，任命成员。总校校长是这些委员会的当然成员。总校校长还要提交年度报告。每年的12月1日或之前，总校校长要向大学董事会提交有关上一年的年度报告，涉及大学事务和有关建议。

　　纽约州立大学秘书由董事会任命并效力于董事会。纽约州立大学秘书作为董事会及其成员的秘书，负责董事会所有活动过程的记录，并将这些过程记录分别提供给董事会及其成员。秘书是纽约州立大学印章的管理者，保存董事会及其成员所有报告的完整文档，秘书将履行由总校校长指定的与董事会规定的义务不一致的其他权利与义务。

　　纽约州立大学顾问由董事会在总校校长推荐的基础上任命，并效力于董事会。纽约州立大学顾问是大学法定的建议者。顾问就有关大学的事情向董事会和大学官员提供法律建议与选择。当董事会或总校校长向顾问征询意见时，顾问将为大学拟定建议条款并准备法律文件，以法定程序向大学递呈。

　　执行副总校长由董事会在总校校长推荐的基础上任命，并效力于董事会。执

---

　　① http://www.suny.edu/System_Administration/index.cfm?navLevel=2

行副总校长在总校校长不在的情况下履行总校校长的职责,并拥有总校校长办公室的所有权力。执行副总校长不时地履行由董事会或总校校长指派的其他义务。

高级副校长由董事会在总校校长推荐的基础上任命,并效力于董事会。高级副校长负责大学系统财政管理方面的发展与维持,拥有其他权利与义务,包括负有董事会或总校校长指派的考虑大学捐赠资金的义务。

其他官员与专业职员在得到董事会同意的情况下由总校校长任命。总校副校长、副校长助理、总校校长助理及其他同层次官员在总校校长推荐的基础上由董事会任命。这些官员效力于董事会。所有其他的执行与管理官员都由总校校长任命并效力于总校校长或任命者。执行与管理官员拥有董事会或总校校长所赋予的权力与义务。

其他不属于协议组织的专业职员依照纽约州立大学中心管理中民间服务法第14款规定录用,而不像执行与管理官员那样由总校校长或任命者任命并效力于他们。中心管理部门的雇员由总校校长或任命者任命,为与本规定第六款的相关规定协调一致,总校校长或任命者还负责管理这些雇员的服务期限与条件。[①]

(四)纽约州立大学系统办公室

纽约州立大学系统办公室设置的机构有:

(1)利益保障办公室。利益保障办公室负责相关新闻与事件的发布;介绍福利概论,包括医疗、理事会、雇员健康保险等;发布退休信息;雇用援助计划;牙齿保险;健康保险;视力保险;长期中枢神经失常;学院节余计划;退休健康保险;退休服务军团等。[②]

(2)交流办公室。交流办公室的媒体工具箱包括校园媒体接触、校园地图、信息快速通道、社区学院统计表、治理与法律等;公共关系;市场与品牌;相关链接等。[③]

(3)社区学院办公室。社区学院办公室,负责发布有关社区学院的一般信息与事实,校园链接,学术与申请信息,继续教育,职业与员工发展,行政管理,协会与组织等。[④]

(4)雇佣关系办公室。雇佣关系办公室在处理它与教师和职员工会的关系上

---

① http://www.suny.edu/Board_of_Trustees/PDF/Policies.Pdf,p.4.
② http://www.suny.edu/benefits/index.cfm
③ http://www.suny.edu/communications/index.cfm
④ http://www.suny.edu/CommunityColleges/

代表纽约州立大学。在发展雇员关系的政策与实践上服务于29个校园与系统行政办公室。办公室成员代表大学在州范围内进行磋商、协调卷入谈判过程的大学校园,在涉及各校园的权力与义务时,在集体谈判协议、相关法规与判例法的框架内与各校园进行日常沟通。依照这些协定,在倾听对惩罚与契约的不满时,雇佣关系办公室代表校长,在公共雇佣关系委员会前面协调针对实践中不当指控的辩护,雇佣关系办公室帮助各分校解释与贯彻实施董事会有关雇用的政策,包括持续和永久任命,评价,智力资源,医院运行。办公室成员在下列事项上服务于劳动管理委员会,诸如专业发展、技术、雇用、多样化与安全。①

纽约州公共部门雇佣关系结构。② 纽约州于1967年赋予公共部门集体谈判权力,当时制定了泰勒法律,即公共雇员平等雇用法律。这项法律建立了集体谈判的结构和调节劳动与管理之间关系的一种手段。泰勒法律建立了公共雇佣关系委员会来监督与贯彻实施各方的权力与义务。公共雇佣关系委员会是大学在雇佣关系领域需要打交道的两个主要机构之一。另一个是州长的雇佣关系办公室。

大约25年前,公共雇佣关系委员会建立了第一个集体谈判组织,包括州立大学专业服务组织。1993年,研究生雇员组织也建立起来,当联合决定高度一致时,研究生集体谈判不常发生。现在,纽约州立大学与公共雇佣关系委员会的主要接触发生在公共雇佣关系委员会举行的不正当行为听证会。不正当行为指控可以由工会或雇员个人提出,指出大学当局触犯了泰勒法律的某些方面。最常见的抱怨是校园在没有协商的情况下变更雇用期限与条件,或者在保护工会活动中遭受歧视。纽约州立大学雇员关系办公室协调大学与这些指控,在州长的雇员关系办公室面前代表各校园。

在过去几年里,州长雇员关系办公室的谈判者就大学所关注的范围广泛的劳动与管理问题做出了反应。这包括谈判组织的设计,决定谈判各方是否真诚,解决谈判纷争,制定政策约束不恰当劳动行为。

各谈判组织及其在纽约州立大学的代表:③

在公共雇员公平雇用法案中,出于集体谈判的目的,纽约州与纽约州立大学的雇员被公共雇佣关系委员会分成各种各样的谈判组织。在州与代表公共雇员

---

① http://www.suny.edu/er/
② http://www.suny.edu/ER/StatutoryStructureER.cfm
③ http://www.suny.edu/ER/BargainingUnitsandtheirRepsER.cfm

的工会之间发生纷争的时候,公共雇佣关系委员会作为判决主体服务于二者,并决定不正当行为与表现的索赔。在公共雇佣关系委员会看来,就雇用期限与雇用条件而言,每一个谈判组织都共享一个"社区利益"名称。在分类服务中,工会不仅代表纽约州立大学的雇员,也代表州政府雇员。一直以来州政府倾向于更大州范围的谈判组织,而反对按照机构与行业切块。以下是每一个工会及其成员的简介,附带介绍工会所代表的每一个谈判组织。

(1) 大学职业联盟。大学职业联盟专门代表纽约州立大学雇员。其成员包括教师、图书管理员及那些非教师专业人员,此外还有支撑教育或学术管理的管理人员与机要人员。这一群体包括这样一些雇员:助理院长、计算机中心全体人员、非管理性监督者,比如房屋门卫、咨询人员、学生服务人员,还有一大批卷入技术与支持领域,名为教育职员助理与副手。大学职业联盟可能是纽约州立大学工会中最有影响的谈判组织,因为教师是大学使命达成的核心部分,与州范围的其他工会相比,它相当小,但它却代表了将近3.3万雇员。大学职业联盟分别隶属于纽约州教师联合会、州层面与国家层面的美国教师联合会。

(2) 民间服务雇员协会。纽约州立大学雇员第二大群体就是民间服务雇员协会(CSEA),与大学职业联盟不同,它代表了所有州机构的分类雇员,是纽约州最大的公共雇员代表。其全州成员达8.3万人,其中纽约州立大学的雇员将近1.3万人。三个独立的州范围的谈判组织积聚在民间服务雇员协会的保护伞下。它们是行政服务组织、运行服务组织和公共机构服务组织。纽约州立大学最大的团体是行政服务组织,由秘书和办事员组成。运行服务组织由木匠、门卫、电工、车库服务人员与固定工程师组成。公共机构服务组织在纽约州立大学相对较小,其成员包括获得认可的实习护士、地面保洁、实验室动物护理员、医院服务人员、房屋操作技工。三个组织的每一个都有独立的集体谈判协定,不过,这些协定在许多方面都相同,不同之处通常与工作性能和工作的特殊需求极其相关。

(3) 公共雇员联盟。它代表州专业及科技谈判组织,这是一个在纽约州立大学外部有着较大影响力的团体,有将近5万成员,纽约州立大学的成员约3 900人,纽约州立大学的成员主要来自健康科学中心的护理领域,不过,为学生健康服务的医生也包括在内。

(4) 纽约州法律实施官员联盟。该联盟代表法律实施服务代理组织,于2002年建立,是一个包括公园、娱乐及环境保持等行业官员在内的州范围的法律官员组织。这是纽约州立大学最新的谈判组织。2 000成员中有将近520名纽约州立大学雇员,包括大学警官Ⅰ与Ⅱ,大学警察调查人员Ⅰ与Ⅱ。这些人员先前在安全服务组织与安全督察者组织里。当公共安全功能在大学存在许多年以后,最近重点已经转向了警察功能,这个组织被从由纠错官员组成的最大谈判组织中去除了。

(5)纽约州纠错官员与警务援助协会。少数安全服务助手,主要作为建筑物的保安发挥作用,遍及全州,主要由纠错官员,即监狱里的警卫人员组成。

(6)研究生雇员工会。1993年公共雇佣关系委员会认可了大学的研究生谈判组织,这个组织由将近4 500名研究生和纽约州立大学的助教构成。这个组织的绝大多数成员分布在4个大学中心,少量分布在其他具有研究生水平的校园。在全国范围内,它隶属于美国工人通讯。它当前的名称是美国工人通讯。这个工会的独特之处在于纽约州立大学研究生雇员为州和美国工人通讯/研究生雇员工会之间的协议所覆盖,不过,在一个母工会之内,主要代表私立部门电话工人。由于这个工会早期领导的频繁变动,协议包括一个特殊条款,借此日常管理会收到通知,纽约州立大学的每一个校园由谁代表这个工会。

(7)管理机要。纽约建立公共雇员谈判权力的法律没有为身为管理秘密性质事务,如管理、财政与集体谈判管理,一般来说,在保密服务中大约有55个管理或机要岗位,在大学的专业服务领域大约有1 400个管理或机要岗位。这些岗位包括校长、副校长、副院长、人力资源与预算官员以及与政策制定相关的机要秘书。

(8)财政治理办公室。财政管理办公室负责纽约州立大学的财政事务,具体包括:①预算、会计与财政管理、现金管理、内部控制、大学捐赠资金管理、人力资源管理、商业服务、大学范围的计算机环境。这个办公室还负责纽约州立大学位于奥尔巴尼的系统行政办公室的商业事务、职员运营与计划管理服务。这个办公室还负责发布近两年的财政报告和近两年协调后的年度财政报告。

(9)政府关系办公室。② 政府关系办公室负有范围广泛的涉及联邦政府、州政府及地方政府的义务。办公室的主要目标是提出纽约州立大学系统立法人员的议事日程;就涉及纽约州立大学所有政策事宜,维持与下列机构有效的交流渠道:州长办公室、州立法机关、国会议员及相关州与联邦机构;协调纽约州立大学

---

① http://www.suny.edu/FinanceandBusiness/index.cfm
② http://www.suny.edu/govtRelations/index.cfm

各校园得到支持的各种努力,以确保信息的一致与连贯;帮助以校园为基础的各选民群体与组织,确保各层次的州政府与联邦政府能够听见他们的想法、议程与观点。这个办公室也帮助各校园在当地社区发展政府间关系。

纽约州立大学联邦政府关系办公室是政府关系办公室的重要组成部分,负责在国会与联邦政府面前代表纽约州立大学系统及其64个分校,协调纽约州立大学对于联邦立法机构、联邦政府财政事务、涉及纽约州立大学利益的政策反应。这个办公室也与各科学组织、国家层面的协会及其他高等教育机构紧密合作以促进国家目标的实现与公立学院和大学优先事项的考虑。

(10) 纽约州立大学人力资源办公室。[①] 纽约州立大学在其29个分校雇用了5万余雇员。人力资源办公室负责为其雇员提供了解现行政策与程序的途径与机会,以促进雇员在责任与义务方面的卓越表现,为促进个人与职业的成长与发展服务。大学范围的人力资源在以下领域为大学行政管理与人力资源运行提供支持:实施董事会政策;管理工会合同;就纽约州控制办公室、纽约州预算分类、州长雇员关系办公室、民间服务、纽约州道德委员会的政策问题向分校提供建议;维护总校人力资源管理系统;就大学范围福利计划的管理,负责联络纽约州立大学分校与州机构;确保校园工资名单准确;确保所有校园工资名单的增长、变更与消除的准确记录;维护更新雇员岗位与头衔系统;提供大学范围的数据信息与分析。

(11) 内部控制办公室。[②] 内部控制办公室是以高效、负责的方式帮助各组织实现其目标,达到其目的的机构。15年来,纽约州立大学为实施纽约州内部控制法案,一直在实施其内部控制计划。为执行纽约州立大学及纽约州的管理政策和最高的道德标准,系统行政管理内部控制计划的有效性取决于每一个雇员为纽约州立大学的内外部顾客提供的最好服务。商业事务主管充任系统行政管理内部控制官员。

(12) 国际计划办公室。[③] 人们可以利用国际计划办公室提供的便利了解双方与联合学位计划,了解纽约州立大学与土耳其、俄国、墨西哥、魁北克、法国及其他国家进行的教师与学者的交流,国际课程发展及其他学术合作。可以通过

---

① http://www.suny.edu/hr/index.cfm
② http://www.suny.edu/InternalControls/
③ http://www.suny.edu/InternationalPrograms/

访问 64 个校园以进一步了解各校园所开展的国际计划,可以通过留学纽约州立大学,学习纽约州立大学提供的 50 多个国家的学习计划,或参与国外合作大学提供的国际教师交流、会议及项目发展。

(13) 图书馆与信息服务办公室。① 这个办公室为需要纽约州立大学图书馆自动化技术图书资源的用户提供服务。纽约州立大学图书馆与信息服务办公室与纽约州立大学 64 个校园相互链接,以共享纽约州立大学收集的信息与服务。

(14) 教务长办公室。② 教务长办公室是一个承担广泛与多样化任务的多功能组织,从政策与学术计划评估的发展到数据收集、技术的实施及更多的事务。重要的是集中关注,提高纽约州立大学的学术形象与声誉。这个办公室的使命是通过提供高水平学术与学生成功所需的必要领导而致力于提高州立大学的学术形象。教务长办公室寻求与各分校的紧密合作,通过以下途径为各分校的学术事业增添价值:推动学术、研究与创造活动的开展;支持高质量的教学;为保持与各校园和部门使命与精神的一致,确保学生在教育机会上的成功。教务长办公室将通过协调纽约州立大学各机构,以使其与全国的高等教育机构保持一致;通过培育高水平的学术标准文化;保证在纽约州立大学彻底的机会均等而实现上述使命。

(15) 纽约州立大学网络技术服务办公室。③ 这个办公室负责设计、实施与运行网络工作服务,以帮助纽约州立大学的分校与学术计划提供者作为一个多样化、合作性的大学系统发挥功能。其职责包括局域网、互联网、非 IP 指定客户、电视会议、万维网广播。

(16) 大学审计办公室。④ 大学审计办公室的使命是通过提供针对纽约州立大学财政、运行及控制活动独立客观的评价帮助纽约州立大学董事会和大学管理者说明他们的职责。办公室报告送达总校校长和董事会审计委员会。这些报告关系到确保独立,推动全面审计覆盖范围,确保对审计建议的慎重考虑。办公室审计人员,在履行审计职责时,获准对纽约州立大学所有的运行、记录、有形资产、电子媒体及雇员有充分的查看权,办公室对于受到评价的运行或活动没有直接的义务,也没有任何权力。为了充分实现其使命,办公室的目标包括以下方

---

① http://www.sunyconnect.suny.edu/
② http://www.suny.edu/provost/
③ http://www.suny.edu/sunynet/
④ http://www.suny.edu/UniversityAuditor/

面:评估行政管理、财政控制的有效性及其申请书,数据的可靠性;评价遵守纽约州立大学的政策与程序及相宜法律与常规的情况;调查对于纽约州立大学资产保护的充分控制,恰当的时候可以验证这些资产的存在;调查政府财政支持的不当使用;协调审计规划与纽约州、联邦及独立审计员的活动。审计活动按照内部审计者协会所公布的内部审计专业实践的国际标准进行。

(17) 用户服务办公室。① 用户服务办公室为纽约州立大学系统行政管理计算机运行环境的桌面提供支持。最近,用户服务办公室提供了多种多样的咨询服务,包括但不局限于下列各项:需求评估;局域网铺设;硬件建设,包括特别的分类信息;启动、测试、安装及更新个人电脑、打印机及软件;软件支持;提供并/或协调软件与硬件问题的决定与解决。用户服务咨询台为与上述所列相关的任何电脑问题提供最初的方案。咨询台设有各种各样与电脑桌面相关的问题,从"如何"以及"为什么我的个人电脑不能工作"到局域网和控制板/网际协议相关的问题。

(五)纽约州立大学系统教师评议会

1. 教师评议会的建立与目的

早在1953年10月8日,纽约州立大学董事会就批准了教师评议会的建立。关于其建立目的,纽约州立大学董事会政策的第7款指明:"评议会是纽约州立大学官方机构,借此纽约州立大学的教师参与大学的治理。评议会将关注有效的教育政策及其他大学内部的专业事务。"②

2. 评议会成员

(1) 成员构成。纽约州立大学评议会成员包括总校校长、两个大学代表,以及每一个州运营的单位与合同学院的代表,后者代表的学院有33所纽约州立大学学院。这使得教师评议会成为国家最大的教师治理组织。

(2) 代表名额的确定依据。每一个单位都有1名代表,而不管其专业职员的规模。额外的代表须根据下列规定在全职专业职员数量的基础上得到所在单位的授权:拥有第二个代表的单位其全职专业职员须大于或等于600人,少于1 100人;拥有第三个代表的单位其全职专业职员须大于或等于1 100人,少于1 600人;拥有第四个代表的单位其全职专业职员须大于或等于1 600人。

---

① http://www.suny.edu/UserServices/
② http://www.suny.edu/Board_of_Trustees/PDF/Policies.Pdf, p.4.

(3) 代表的选举与任命。大学的总校校长任命 2 名大学代表与 2 名大学替补代表,这些代表负有大学范围的义务。每一个州管单位与合同学院的专业职员,通过秘密投票与公开投票的主渠道以所在单位教师章程具体规定的方式选举他们的代表与替补代表,规定替补代表作为代理正式代表的代表,履行与正式代表一样的任期。替补代表在正式代表不在或不能出席的情况下代替正式代表,那时,替补代表将拥有他们所代替的正式代表的所有权力与义务。

(4) 任期。大学代表的任期以总校校长的意思而定。每一个州管学院或合同学院的代表任期 3 年;另外规定,这些代表作为教师评议会的成员在所在单位的雇用期满后,所在单位的代表已经选出时,便终止在教师评议会的任期。

(5) 重新选举。一个选举的服务了 3 年或履行大部分任期的代表有连任 3 年的资格。他们上一个任期期满结束 1 年后,这些代表才有资格连任。只服务了一个任期一小部分的代表可以额外连任两个任期。

(6) 空缺。如果出现请假空缺或其他原因致使一个议员或替补议员在一个学年或更长的时间里不能履行办公室义务时,将宣布这个岗位空缺,将需要举行新的选举以填补未履行完的任期,处于服务期的替补议员可以参与以这种方式腾出的空缺议员席位的竞选。在议员与替补议员在一个学年里连续 4 个月同时不能代表校园出席会议时,两个岗位被宣布空缺,未到期的任期将由新的选举充任。

3. 评议会官员

(1) 评议会主席。在每一个奇数年的 7 月 1 日前,评议会将从其当选的成员中选出一位主席,任期 2 年。当选评议会主席后,他或她要空出在评议会的代表席位,评议会主席将主持评议会所有会议,并履行本款与评议会章程对评议会主席规定的权利与义务。评议会主席是评议会各委员会的当然成员。评议会主席可以连任第二任,但不能连任三任。

(2) 评议会副主席。在每一个偶数年的 7 月 1 日前,评议会从其当选成员中选出一名副主席或秘书,任期 2 年。副主席或秘书负责记录并保持评议会的活动,并履行评议会依据本章程规定所委任的权力与义务。副主席或秘书在主席不在或不能出席的情况下代理评议会主席。任一评议会成员在任期 3 年后都有资格作为副主席或秘书服务 1 年。在这种情况下,副主席或秘书将成为评议会不具投票权的成员,所在单位将由当选的继任者代表。

(3) 空缺。评议会主席或副主席/秘书未到期的空缺将以最初选举的同样方式充任，在出现空缺的下一次评议会上选举。在此期间，执行委员会将选出其一名成员履行空缺职能直到空缺被填补。

4. 组织

评议会每年至少举行两次会议，会议时间与地点由执行委员会确定。评议会的特别会议可以根据评议会章程的规定召开。评议会认为必要时可以建立这类重要的委员会，并规定这样的委员会职能。这种委员会其中之一便是执行委员会。重要委员会的主席与成员由执行委员会任命，任期从每年的7月1日开始起1年。成员如够格可以重新任命。

5. 章程

评议会认为必要的时候可以采用、修改或废除这样的章程，为符合本章程的第7款，监督其活动与程序。

6. 修改

修改建议可由评议会的大多数人向董事会推荐。总校校长在他人推荐的基础上可以将修改建议转达给董事会。以这种形式得到董事会批准的修改如果得到州管单位的大多数专业职员的批准，得到合同学院在不超过董事会规定的1年时间内，通过秘密投票的方式得以批准后生效。

教师评议会作为大学治理的一项资源而存在。它作为一个有关教育政策方面的审议群体而服务于纽约州立大学系统。它就预算、学术计划的修订、寻求分校校长等方面发行出版物，如手册、指南、报告等。2010年的教师评议会于10月21—23日在阿尔弗雷德，由阿尔弗雷德州立学院与陶瓷工艺学院共同主办，这次召开了三个主题会议，即行政委员会会议，校园治理领导人会议，物色新的议员会议。

教师评议会下设的委员会有学术计划与奖励委员会，行政委员会，治理委员会，研究生与研究委员会，运行委员会，学生生活委员会，大学生委员会，道德委员会，多样性委员会。[1]

纽约州立大学有关治理的政策与程序有4个主题：董事会政策与程序；学院委员会的政策与程序；教师评议会的政策与程序；学生会政策与程序。[2]

---

[1] http://www.suny.edu/facultySenate/

[2] http://www.suny.edu/SUNYPP/documents.cfm?cat_id=44&directory=pol_proc&clear=y

二、纽约州立大学系统州管院校的治理结构

29所州管院校是纽约州立大学系统的重要组成部分,包括4个大学中心、13个大学学院、2个健康科学中心、5所技术学院以及5所专业学院。由于本书主要研究州立四年制学院与大学,所以,这里以纽约州立大学系统所属的29所州管院校的治理结构为例探讨分校园的治理结构。

(一)纽约州立大学系统州管院校的理事会

根据教育法(Education Law)规定,每一所州管院校都有一个理事会,在州立大学环境科学与森林学院建立独立的董事会。这些理事会与州立大学环境科学与森林学院的董事会拥有教育法规定的如下权力:负责一般管理、监督、控制及批准并符合纽约州立大学董事会建立的规则。与这些理事会的法定义务相一致,它们负责发展和培育其机构与地方社区强大的关系,并增进校园与大学的利益。理事会与州立大学环境科学与森林学院董事会需邀请教师代表和校友代表参加它们的例会。[①]

(二)纽约州立大学系统州管院校的官员与组织

1. 首席行政官的任命与职责

(1)首席行政官的任命。纽约州立大学的每一所州管院校都要指定一位首席行政官作为分校校长。分校校长由总校董事会在校园理事会(环境科学与森林学院董事会)与总校校长建议的基础上任命,并效力于总校董事会。在做出推荐建议前,校园理事会主席会就此指派目的向校长物色委员会征求意见,征求对象由各类校园选民构成,包括教师、学生、专业雇员、管理人员、校友及理事会成员。教师有望在学术治理中扮演重要角色,在非理事会选民的物色委员会中,教师居于支配地位。总校校长或指派的代表在做出推荐建议前会征求校园理事会主席或理事会指定的代表意见。在任命期间的任何时候,董事会或总校校长都可以评价校园首席行政官的服务。首席行政官一经任命,就会被总校校长任命到具有学术头衔的大学教师岗位上以继续任命。

(2)首席行政官的职责。每一个院校的首席行政官都对总校校长与董事会

---

① http://www.suny.edu/Board_of_Trustees/PDF/Policies.Pdf,p.6.

负责,并管理其所服务的院校,推动院校的发展并提升其运行效率。首席行政官监督院校专业成员与非学术职员,任命或向总校校长与董事会推荐院校专业职员的任命人选。首席行政官负责准备并上报院校的年度财政请求,并就总校校长、董事会、院校理事会所关心的院校运行、计划及发展事宜向上述人员作报告并提出建议。首席行政官负责任命院校所有州民间服务分类中的雇员职位。①

首席行政官负责院校守则的制订与出版,并呈总校校长批准。这种守则应包括院校的行政组织图、行政职责陈述、教师章程、地方政策及他/她认为有必要让院校所有学术成员都知道的有关该院校的其他信息。在每年的9月1日或之前,每一所院校的首席行政官都要就前1年事关院校的事情及相关建议向董事会、总校校长、理事会及教师做报告。

2. 其他院校官员

(1) 院校行政官。每一所院校都有由院校首席行政官任命的院校行政官,并得到总校校长的批准。所有院校行政官员及依照民间服务法第14款建立的、非协议组织的专业职员都由院校首席行政官任命;这样的任命需要向总校校长报告。学术官员的任命,比如学术副校长,学术院校长及其他具有类似责任的官员须征得教师的同意后方可任命。在院校行政官员及依照民间服务法第14款建立的非协议组织专业职员的任命过程中,除首席行政官外,都须按照上述任命程序任命。依照这一条得到任命的人员须效力于对其任命的官员或团体。院校行政官员享有院校首席行政官指定的权力并承担相应的义务。②

(2) 系主任与部门领导。照管这种院校系或部门的院校学术成员被指派为这种系或部门的主任,这是他们学术头衔之外的指派。在征得包括相关系或部门适宜的教师同意后,院校首席行政官可以任命与再次任命院校的系主任与部门领导。这样的指派任期3年,可以重新指派。不过,院校的首席行政官可以随时解除系主任的任命职责。如果院校的系主任或部门领导被免去职位,学术成员凭借其学术头衔依然保留相应的权力与特权。院校的系主任或部门领导在征得其教师同意的情况下,就其所服务的系或部门人员及教育计划的监管对院校的首席行政官负责。他们还拥有院校首席执行官所指定的类似其他权利与义务。

---

① http://www.suny.edu/Board_of_Trustees/PDF/Policies.Pdf, p.7.
② http://www.suny.edu/Board_of_Trustees/PDF/Policies.Pdf, p.7-8.

3. 院校行政组织与行政大会

（1）院校行政组织。院校首席行政官准备院校的组织结构图，同时描述行政管理官员、各系主任或部门领导的权力、义务与责任，并报总校校长批准。

（2）院校行政大会。每个院校都召开包括总校校长、院校首席行政官及被院校首席行政官任命的其他相关人员在内的院校行政大会。如果总校校长不在，院校首席行政官将是院校行政大会的主持人。每个院校的行政大会都作为一个院校首席行政官的建议与咨询群体存在，它负责考虑会议主持者向它提出的一些事情。行政会议在院校首席行政官的召集下召开。①

（三）纽约州立大学系统州管院校的教师委员会

（1）构成。每一个院校教师委员会包括总校校长、院校首席行政官、院校其他的具有投票权力的教师，院校其他的学术成员及依据院校章程由院校教师委员会任命的这些不具投票权力的行政官员与专业职员。院校的首席行政官是每一个院校教师委员会的主席，每一个院校教师委员会负责以院校教师委员会章程特别规定的方式选举其会议主持官员。总校校长与院校首席行政官被赋予召集院校教师会议或院校教师治理群体会议及其执行委员会。这些群体每一次会议的议程都须优先为总校校长与院校首席行政官提供在会议上作报告的机会。

每一个院校具有投票权力的教师由下列成员构成：总校校长与每一个院校的首席行政官；具有学术头衔的每一位院校学术人员及有任期的任命人员或继续任命人员；依据院校教师章程特别规定的院校此类其他行政官员与职员。

（2）院校章程。每一个院校都准备与使用包含以下内容的章程：委员会及其职责规定；教师会议召集、举行及选举的程序；履行他们的职责所必须的其他事情的组织与程序的规定。院校章程须得到董事会的同意，并符合纽约州立大学董事会政策、纽约州法律、依据民间服务法第14款规定建立的资质雇员组织与纽约州之间的协议等方面的规定。涉及征求教师意见的章程条款须报院校首席行政官批准。章程规定的所有活动都可以征求总校校长与院校首席行政官的意见。②

---

① http://www.suny.edu/Board_of_Trustees/PDF/Policies.Pdf, p.8.
② http://www.suny.edu/Board_of_Trustees/PDF/Policies.Pdf, p.9.

（四）纽约州立大学系统的校长理事会

纽约州立大学系统的校长理事会就大学范围的政策与校园之间的计划为总校校长提供建议。理事会成员须联络大学其他校长，就总校校长所关注的事情带来他们的观点与判断，以加强大学政策的发展。①

校长理事会成员包括纽约州立大学下列 16 个机构的成员：具有博士授予权校园的 3 名成员；纽约州立大学学院的 4 名成员；1 名来自布鲁克林健康科学中心或西亚库斯健康科学中心的成员；1 名来自合同学院的成员；2 名来自技术学院或农技学院的成员；5 名来自社区学院的成员。大学每一个机构的主席与首席行政官都是大学校长理事会的合法成员。大学机构的每一个成员代表都由所在机构主席或首席行政官通过选举或指定的方式挑选。社区学院的 3 名成员每隔 1 年进行挑选，2 名成员在间隔的那年挑选。健康科学中心的成员 2 年挑选一次。大学其他机构的成员每年重新挑选其中的一半。大学校长理事会成员任期 2 年，届时将挑选新的继任者。大学校长理事会应总校校长的召集在例行的间隔时间内召开。②

本章结语

作为美国最大的也是最具综合性的州立大学系统，它既有博士授予机构，也有四年制学院，还有两年制社区学院。州立大学系统所有高级官员以及分校首席行政官员都由系统董事会任命并对其负责。在纽约州立大学系统，29 所州管院校由总校直接管理，5 所合同学院由总校和所在学校共同管理，30 所社区学院有自己的董事会，总校管理较少。总校与分校的治理都有健全的规章制度，职责分明。

---

① http://www.suny.edu/Board_of_Trustees/PDF/Policies.Pdf, p.47.
② http://www.suny.edu/Board_of_Trustees/PDF/Policies.Pdf, p.47.

第四章 美国州立大学的内部治理结构

与联邦政府和州政府对州立大学的外部治理一样,在州立大学的内部治理中,"责任"和"绩效"渐渐取代了以往的"权力"和"机会",成为治理过程中的关键词。州立大学不断增加的复杂性,财政压力及政府、媒体、公众要求的责任制,比以往任何时候都更呼唤有力的大学治理。但不断强化的官僚主义腐蚀着权力和学术领导的吸引力。伴随着董事会的无政府主义和统一决策,决策制定和领导受到官僚政策、程序和实际的阻碍。州立大学教师感到被大学、同事和官僚主义所限制。州立大学需要一种制度,这种制度在充分发挥教师创造力的同时能够加强责任领导人的权威。[①]

一、美国州立大学的学校治理

根据约翰·范德格拉夫的研究,美国大学组织的最低一级标准单位是系,美国大学结构中由上至下的第二级是学院,美国大学组织结构中的第三级是作为整体的学校。[②] 二战后,在单个校园的基础上,又出现了第四级的多校园州立大学系统。这里由上至下依次考察美国州立大学的内部治理结构。

(一)美国州立大学系统

为了适应对高级专门人才的不同需要,州立大学建立了多校园系统(Multicampus System),如加州州立大学系统包括了 23 个校区、41 万学生、4.3 万教职员工,加州州立大学系统是全美最大的高等教育系统(不含社区大学)。在加州,

---

① [美]詹姆斯·杜德斯达,弗瑞斯·沃马克.美国公立大学的未来[M].刘济良,译.2006.北京:北京大学出版社.135.

② [加]约翰·范德格拉夫.学术权力——七国高等教育管理体制比较[M].王承绪,等,译.2001.杭州:浙江教育出版社.113-116.

有60%的教师和40%的工程人才出自加州州立大学系统,加州每年有一半的大学毕业生和三分之一的硕士毕业生出自加州州立大学系统。①

系统层面治理的核心问题是州与州立大学之间关系的性质,但是在多校园系统,这一层权力常常还包括对于不同部分或院校类型的不同规制与系统组成部分之间的相关机制。州立大学与州关系的变化已经导致了系统层面治理重要的甚至是革命性的变革。系统层面治理的变革不仅仅是大学与州之间关系的变革,它们同时意味着传统大学与社会关系的重要调整。②

1. 美国多校园大学系统的建立、发展及其基本功能

院校分类对于所有的公立高等教育系统来说都是重要的(Clark,1983)。一段时间以来,高等教育系统的多样化功能必须以有效的方式在院校之间进行分配。尽管每一个高等教育系统在某些方面是独特的,但所有高等教育系统都有三个组成部分:③提供所有学位并专注于研究的大学系统;提供学士与硕士学位并专注于教学的综合性院校系统;提供副学士学位与培训证书,专注于职业教育和学士学位教育转学的社区学院系统。

如加州就建立了三个层次的高教系统(CSU):一是以培养研究生为主的加州大学系统;二是以本科生教育为主,同时也培养硕士研究生的加州州立大学系统;三是以高级职业技术教育为主的社区学院系统。三个系统各有董事会和总校长,各司其职,努力办出各自的特色。

美国的多校园大学系统是在二战后真正形成和发展起来的。虽然它们在战前已经出现,但其成长和发展的根基还得归因于战后诸多因素,招生规模逐渐扩大、资源日益丰富、大学校园逐渐增多,还有别的一些因素,都在很大程度上改变了美国高等教育系统。美国州立大学系统的形成主要有三种途径:④在原有赠地大学的基础上经过拓展而自然形成的系统,如加州大学系统;由原来的教师学

---

① http://www.calstate.edu/
② Alberto Amaral, Glen A. Jones & Berit Karseth. 2002. *Governing Higher Education: National Perspectives on Institutional Governance* [M]. USA: Kluwer Academic Publishers. 279-285.
③ Michael N. Bastedo. Winter, 2009. Convergent Institutional Logics in Public Hjgher Education: State Policymaking and Governing Board Activism [J]. *The Review of Higher Education*, Volume32, No.2. 217.
④ 陈运超.2002.略论多校区大学管理的理论研究——兼论美国多校园大学系统与中国多校区大学的管理[J].清华大学教育研究,(4).60.

院等逐步演变和新建立的大学逐步组合形成的系统,如加州州立大学系统、宾州州立高等教育系统;以及后来各地区、各城市建立的社区、地区性学院组合建立起来的系统,比如休斯敦大学系统、纽约城市大学系统。

州立大学通常是多校园大学系统的旗舰和支柱。今天,多校园大学已经成了美国州立大学最显著的组织形式,现已成立了多校园大学系统领导人协会。多校园大学系统的基本原理是:在协同的前提下实行劳动分工,采用多种方法促进跨校园教育的专门化、多样性和协调性。

到 20 世纪末,在美国公立两年制学院和四年制大学就读的学生约 80% 在多校园大学系统中学习。与大型企业相比,多校园大学系统一直在分权与集权之间寻找着平衡,因为这种教育组织中积聚着许多受过良好教育的知识型工作者和委托人。这种大学系统能够更好地保护教育机构,使其不受外界压力的影响,也能够储存和获得更多教育资源,以便更高效地提供服务,还能实现规模经济带来的利润和效益。这一新模式涵盖了美国的大众高等教育,促进了美国高等教育的民主化,也使美国将其决定性资源由劳动力变成当前的知识。

根据布鲁斯·约翰斯通的研究,公立多校园大学系统的基本决策权,即它们的基本功能有九个方面:[①]确定、重新认可并偶尔修改系统及其成员分校的使命;任命、培养和评议,必要时则罢免多校园大学系统及其所属分校或机构的首席行政官员(总校校长或分校校长);向立法机构、州长和其他主要领导以及赞助人提出大学系统的要求;向各成员分校传达州的要求;向各成员院校分配运行资金和资源,并传达使命;负责联络州政府的行政、立法办公室及各成员分校;调解各成员院校间关于专业与使命的争议;促进分校之间的合作,以削减开支并扩大学生的选择范围;审查并评估资源的管理工作,包括对学术专业的评估。

2. 美国州立大学系统的总校与分校

如何调节分校与系统总校之间的权力、责任和劳动分工,实现整体和部分之间"创造性张力"的目标,一直是州立大学系统面临的严峻挑战。由于系统内的报告关系不太明确,所以,分校与系统之间的紧张关系难免。当有人喝彩时,要让分校的歌唱者们上去迎接花束;当遭受抨击时,系统要尽可能地去接受或化解人们的批评。

---

① [美]杰拉德·盖泽尔.美国多校园大学系统:实践与前景[M].沈红,等,译.2004.北京:教育科学出版社.11-18.

(1)总校之于分校的优势。来自州预算办公室的干涉不会对分校产生多大影响,州立法机构或州长办公室通过系统管理董事会或总校校长干涉分校。分校校长在做属于其职权范围但却不太受欢迎的决议时,就有可能用"系统"来做辩解或陪衬。总校校长也欢迎分校把那些含糊的或不受欢迎的决议转交给系统办公室。

州立大学系统既有助于对话,也有助于让分校的过度需求控制在适当范围内,避免各分校间采取过火行为。在外部事物的舞台上,州立大学系统的目的就是在协调这些对话中扮演一个诚实却经常不讨人喜欢的调节人角色。它是一种方便的结构,它能帮助相互竞争的分校摆脱无谓的政治战争。州政府为了方便行政管理,提高高等教育的管理效率和效益,就把新建立的州立大学组成一个系统,由系统办公室出面来协调各所州立大学之间的关系以及与州政府之间的关系。[①]

在每一分校都设置一位受过高等教育法专门训练的律师毫无意义,建立一支骨干律师团队为整个系统提供咨询和辩护,既能节约经费,也能保证其充分的代表性,并且还能保护州的利益。系统的法律事务处不仅在问题出现时发挥代言人的作用,还有助于预防法律上的问题不至于发生。这有助于增加系统的价值。在州立大学系统,很少有分校能够负担聘用专职人员的费用,或需要聘用专职人员,他们负责与政府联系,能经常去州政府或频繁去华盛顿,具有分析议案和起草证言以及全面制定倡导性计划的能力。大学系统把这种活动集中在系统中心办公室具有更大的意义,中心办公室的专业人员可以代表所有分校,利用所有时间,用公平客观的标准办理上述诸方面的事情。美国的州立大学系统只是一个政策协调者、公共事务提供者以及政府与各个分校之间的代理者。[②]

虽然系统不能完全消除分校之间在财政分配上的差异,甚至是分配上的不平等,但向议会要钱时,联合申请会比单个院校争取更加有效,联合争取到的总量会多于各校申请到的数额总和。因为单个院校去争取时会相互竞争,压低标准。大学系统在创造良性预算过程中的有效管理,不但能使各成员院校有效运转,而且也是实现并保证系统内外各要素有效"参与"系统预算和决策的重要因素。这种"参与"是把这些多样的、独立的、通常是互不相同的院校结合成团结阵

---

① 陈运超.2002.略论多校区大学管理的理论研究——兼论美国多校园大学系统与中国多校区大学的管理[J].清华大学教育研究,(4).60.
② 陈运超.2002.略论多校区大学管理的理论研究——兼论美国多校园大学系统与中国多校区大学的管理[J].清华大学教育研究,(4).61.

线的黏合剂。

(2)总校之于分校的不足之处。虽然多校园大学系统在协调分校园与州政府之间的关系上卓有成效,但在联邦层次上,它的作用有限。华盛顿的系统员工在这方面的角色与来自分校或学会的代表并没有什么区别。30多年来,系统仍在寻找各种途径,增强它们在联邦层次上的影响力,这从某种程度上反映出系统的特殊使命。

系统在帮助分校缓冲不适当的外部干预时,也难以避免自身官僚作风给分校造成的干预。系统并不总是能够有效地充当州政府过度政治压力的缓冲器。相反,由于它庞大的规模和重要的地位,系统反倒能够引起政治上的关注,有时还是一种干预。① 系统很难令分校和政府同时满意。

在某种程度上,系统的优先重点与分校是不一样的。对于一个复杂系统而言,分校的优先重点与系统的优先重点还会差别很大。系统的某些优先重点与分校可能一致,某些可能不一致,某些系统甚至会把分校的重点排除在系统的重点之外。对于大多数系统来说,战略重点的选择是经过与分校校长协商而定的;对于有些系统,这种协商的过程更加广泛,制定系统级规划时有分校代表和系统范围内的委员会的参与。当然,即使是采用高度民主的方法,多数意愿还是一种妥协,这种妥协不能使参与者都满意,因为他们的期望不同。例如,假如系统的战略重点是本科教育,那么这一战略重点对于两年制学院、文理学院与研究型大学会产生不同的影响。如果系统按照确定的优先重点进行分校间的资金分配,这种冲突就会表现得更加激烈。

(3)从总校向分校的权力转移。董事会与(或)总校校长倾向于在课程、人员任命及资源配置方面向分校下放权力。20世纪90年代末的政治气候普遍地更为保守且更加以商业为导向,这有利于董事会和系统管理部门向分校下放权力。然而,政治的保守性也会对分校表现得相当不信任。结果,董事会与系统办公室很容易实施微观管理,过于追究责任,而且经常干涉那些本应由分校处理的事情。

州立大学系统在州财政萎缩时的首选措施是分权。系统试图通过分校间的竞争和消费者选择等市场力量将州政府责任与分校自治结合起来。这一运动由具有商业背景的董事来领导。这一模式将商业活动与政治保守主义结合起来。

---

① [美]杰拉德·盖泽尔.美国多校园大学系统:实践与前景[M].沈红,等,译.2004.北京:教育科学出版社.40-41.

商业化引入了行政削减、分权决策和市场竞争。保守主义反对集中权威、集体规划和外部命令。新模式赞成将预算、招生和学费的决定权委托给分校,缩小系统行政管理的权力和规模,将责任留给消费者选择的市场原则。在很多方面,新的分权制反映了联邦政府和大多数州议会长期以来持有的保守意见,即有限的政府、低税、最小的限制、集中于个体而不是集体、依赖市场、反对集权规划。

虽然很多系统采取了分权策略,某些系统却通过使这种分权与新的集权相结合来处理传统的院校问题。纽约州立大学、纽约市立大学和威斯康星大学的董事会成员在保护对预算、学费、招生和专业计划设置分权决策的同时,还提倡在招生标准、课程要求和校园行为等方面进行更多的系统管理。他们盼望能对原来由各院校及其教授会决定的事情进行决策。教授也倾向于系统的集权管理,反对系统向分校进一步下放权力。因为相对于系主任、教务长或院长而言,总校校长或者甚至是州长与议会的权力更为安全,尤其是在与工作保障有关的问题上。

分权给予州系统内的大学、大学的学院、学系一种激励,使其以自己利益最佳的方式行动,但缺少为共同目标而工作的激励。海勒(Heller)指出,分权可能导致分校之间的重复浪费。沃森(Wilson)表明,以责任为中心的分权预算管理模式可能造成单位不追求教育质量的最大化。如劳曼(Lohmann)表明的,由系掌控的分权雇用可能导致固化、重复现状、不能迅速跨入需要跨学科方法的新的探究领域。[1]

3. 美国州立大学系统的分校与分校

分校之间通常会出现以下三方面的争议:[2]

一是,某分校想建立的新专业恰好与另一分校已有的专业重复。提出新议案的分校会说自己的专业实际上是不同的,它能明显地满足当地需要,而这些需要是其他分校没有或不能满足的,简言之,地方需要是多方面的,应该允许众多分校参与竞争。而那些发觉自己的学术领地受到侵犯的分校则可能会说,这不仅损害了他们的专业,而且也是对纳税人资金的一种浪费。

---

[1] Ronald G. Ehrenberg. 2004. *Governing Academia*[M]. New York:Cornell University Press. 276.

[2] [美]杰拉德·盖泽尔.美国多校园大学系统:实践与前景[M].沈红,等,译.2004.北京:教育科学出版社.16-17.

二是,有的分校招收了一些本不应招收的学生。降低入学条件通常会使"学术食物链"的级别下移,一些"违规"的分校通过降低标准,招收本不应招收的学生,来维持其入学人数,确保获得州资源。受害的通常是那些在入学标准上没有多大选择的分校。它们认为,降低标准不仅不公平,而且也不恰当;学生被吸引到那些选择性较强的分校后,受到的待遇往往要差一些。不同类型的学校侵犯彼此利益的事情经常发生,比如,研究型大学招收那些本来只能进入综合性学院的学生,而综合性学院又招收那些本来只够资格进入社区学院的学生。

三是,传统综合院校对研究型大学的侵犯。美国一些学院和大学的自然趋势是朝研究型大学的方向发展。这种导向使大学更重视研究工作与研究生教育,招收准备更充分、条件更好的学生群体,这些大学也期望其教授有更出色的学术和研究成果。尽管大学系统通常会力争保住博士教育或其他高级专业计划不被轻易侵犯,有时也会拒绝那些以得到某些博士培养任务为附加条件的丰厚资金来源。但其他的做法是不可能的,也是人们不想做的,比如,阻碍综合院校的教授竞争研究经费,阻碍对其学术质量的同行认可等。那些积极进取,并且拥有志向远大、才华出众的教授的综合院校,与某些研究型大学共处,被研究型大学认为这侵犯了本来更适合于它们的学术领域和服务领域。

分校之间通常会在以下方面进行合作:①

一是在两年制分校与四年制分校间达成互相衔接的协议以及联合入学方案,即当学生在两年制学院中取得令人满意的成绩后,保证其可以进入四年制学院的高年级继续学习。二是在大学系统内执行统一的教育要求,以便学生转学时尽可能少地损失学分。三是推进多校园议案的合作,以满足主要的研究与培训要求。四是进行合作性采购。因为大量订货可以降低单位成本,尤其是那些高成本或专业化的基础设施,如能够链接多所校园或在多所校园内伸展的卫星设备、异频雷达收发机或纤维连通设备等。

(二)美国州立大学董事会

董事会是绝大多数州立大学的领导机构和法人代表。州立大学董事会成员通常由州长任命,少数是选举的,有固定任期。有些州立大学有自己单独的董事会。但是有很多院校是州立大学系统的分校,因此便没有自己单独的董事会而

---

① [美]杰拉德·盖泽尔.美国多校园大学系统:实践与前景[M].沈红,等,译.2004.北京:教育科学出版社.17-18.

是与其他分校共有一个董事会。依照州与联邦法律,董事会是州立大学的最高权力机构。

1. 美国州立大学董事会成员及其规模

州立大学董事会的人员构成极其多样。比如爱荷华大学的九名成员中有六名男性和三名女性;一个小镇律师;一个前海军上尉;一个非裔美国医生,也是一个县的药检员;一个肉类包装行业的工会官员;一个乡下农场主;一个专业的农场经理;一个家庭农业综合企业主及两个家庭主妇,其中一人是当地学校董事会主席。① 九人无一人具有全国声誉。爱荷华大学的董事会成员来自广泛的社会领域,更加多样化的职业,在限制校长支配其选民的权力方面更倾向于现实性。爱荷华州长不是爱荷华大学董事会的当然成员。

在有些州立大学,校长是董事会成员,但在有些州立大学,校长却不是董事会成员。在爱荷华大学,詹姆斯·弗雷德曼(James O Freedman)校长就不是董事会成员。前德克萨斯大学奥斯汀分校校长彼得·弗劳(Peter T. Flawn)认为,"一般而言,校长是董事会成员会加强其校长职位……然而,在分裂的董事会中……作为董事会成员的校长在一系列重要意见上必须打破僵局,董事会成员身份能够导致来自校长的额外压力。"②

与多数州立大学董事会成员由州长任命不同,密歇根州立大学董事会成员是由密歇根选民公开选举的任期8年的8名董事组成。董事提供无偿服务。③ 科罗拉多州立大学治理董事会由13名成员组成,其中有9名投票成员,其余成员代表科罗拉多州立大学系统两个传统校园,每个校园都有一位教师成员与学生领袖出任董事会成员。④ 由于美国教育分权的传统,各州之间在选聘大学董事会成员的模式上呈现出千变万化的特征,即使是在同一个州,随着系统及校园传统与文化的差异,也会使得董事会的选聘出现较大差异。

在1960年,公众压力要求任命教师代表与学生代表为董事会成员,或至少作为董事会的非投票代表。这些建议的倡导者将此举看作是为使学术机构治理

---

① Ronald G. Ehrenberg. 2004. *Governing Academia*[M]. New York:Cornell University Press. 10.
② Ronald G. Ehrenberg. 2004. *Governing Academia*[M]. New York:Cornell University Press. 69.
③ http://trustees.msu.edu/
④ http://csusystem.edu/pages/board_about.asp

民主化所作出的受到欢迎的努力。许多大学或学院接受了这样的建议,结果却不尽一致,一直到今天,爱荷华大学董事会中没有教师代表或学生代表,尽管爱荷华州州长的确通过其九名官方任命的董事指定了一个爱荷华大学低年级学生进入董事会。

詹姆斯·弗雷德曼认为让教师或学生代表进入董事会是个错误。两者只为各自群体的利益代言,而不是作为有才能的受托人而行动。对选民负责与卓越的管理不符。学生代表在一些重要事务的决策上经验不足。教师或学生的在场不可避免地抑制一些问题的讨论,比如院长或行政官员的评价。评价教师或学生观点是董事会的重要功能,但校长或董事有更好的途径获取有关校园观点的信息,不一定非要在董事会中为教师或学生提供席位不可。

在公私立大学,董事的任期一般不超过10年,尽管哈佛大学董事会成员的任期是终身的。爱荷华大学董事的任期没有法定的限制,但州长的一贯做法是将董事的任期限制为12年(两个六年的任期)。①

美国州立大学的董事会规模一般不超过20人,比如纽约州立大学的董事会有17名成员,其中15名由州长任命,经纽约州上议院同意,另两名是作为学生受托人的学生议会主席与作为当然成员的大学教师评议会主席。②

亚利桑那州立大学与北亚利桑那大学和亚利桑那大学三个公立大学共享一个董事会,即亚利桑那董事会,亚利桑那董事会只有12名成员,包括11名投票成员与1名非投票成员。州长与州公立教育督导是当然成员,还有2名学生董事。除了当然成员与学生董事外,董事的任期一般是8年,每2年有2位董事完成任期,有2位新董事得到州长任命,经州上议院确认后上任。学生董事的任期交错为2年,第1年为董事会的非投票成员。③

路易斯安那州立大学系统董事会有18名成员,包括1名学生成员。④ 犹他州立大学董事会是犹他州立大学的治理董事会,其功能与责任源于犹他州法令及犹他州摄政董事会授权的事务。成员由8名州长任命,任期4年的成员与2

---

① Ronald G. Ehrenberg. 2004. *Governing Academia*[M]. New York: Cornell University Press, p. 14-15.
② http://www.suny.edu/Board_of_Trustees/index.cfm
③ http://www.azregents.edu/abouttheboard/default.aspx
④ http://www.lsusystem.edu/boardofsupervisors/members/

名当然成员组成,他们是大学的校友联合会主席与大学的学生团体主席。① 新墨西哥州立大学摄政董事会只有5人,包括1名学生代表,均由州长任命。②

少于15名成员的董事会在一些重要的实质性领域缺少足够的代表性。而且,这样的董事会通常缺少足够的席位来囊括许多重要的捐赠者,而这些捐赠者一如既往的慷慨解囊或许可以通过这种认可得到保证或鼓励。詹姆斯·弗雷德曼认为不超过25人的董事会是理想的规模。

2. 美国州立大学董事的责任

在关于董事责任的传统论述中,概括起来主要有五项:③选举并支持校长;制定和寻求机构的使命与宗旨;监督教育项目;增加机构的有形资产;维护机构的无形资产,特别是学术自由,对卓越、能否主持公道,以及伦理标准的承诺。怪不得克拉克·克尔与马丁·盖德(Clark Kerr & Marian Gade)将董事看作是"监护人"。克拉克·克尔与马丁·盖德将董事会责任的概括更为精炼,他们认为董事会的首要责任是确保一个有效的校长职位;其次是遴选和评估校长;再次是帮助校长。④ 由此可见,埃伦伯格与科尔及盖德的概括大同小异,只不过科尔及盖德的概括更侧重于董事会在支持校长工作上的特殊功能。

在州立大学系统,系统董事会负责选拔总校校长、制定基本的系统政策、在分校间分配公共资源、委任分校校长,以及制定、重申或修改分校的任务与规划。

董事应该从事治理活动,严格说来这是他们的地盘,而避免涉足管理活动,这是校长的地盘。前康奈尔大学校长弗兰克·罗兹(Frank H. T. Rhodes)在《创造未来》一书中写道:董事会的角色是治理,治理与管理是两个不同的世界。治理包括批准机构使命与目标的责任;批准其政策和程序;任命、检查支持校长的责任;照管其学术项目,活动及资源的责任。相比之下,管理包括在董事会批准的政策与程序范围内使机构有效运行并实现其目标的责任;有效使用其资源;为高水平的教学、研究与服务提供创造性的支持条件。董事会的责任是治理而非管理。

---

① http://www.usu.edu/trustees/
② http://www.nmsu.edu/boardofregents/
③ Ronald G. Ehrenberg. 2004. *Governing Academia*[M]. New York:Cornell University Press. 15.
④ [美]科尔,盖德. 大学校长的多重生活:时间、地点与性格[M]. 赵炬明,译. 2008. 桂林:广西师范大学出版社. 133-134.

但在实践中两者的界限很难区分,因为每一方常常利用其优势向对方施压。当每一方都能够真诚行动时,这条界限就通过不间断的相互妥协和相互尊敬而得以建立。结果,当然是董事会通过声张其权力拥有法定的权威来界定这条线。但是董事会侵犯校长行政管理特权将引起严重麻烦。

董事会主席只需带领董事实现下述使命:①

(1)支持校长。一个好的董事会主席是校长的天赐之物。因为董事是校长最可靠的选民,主席是所有平等成员中的首席,所有权力不可避免地要集中到主席那里,在校长的职业生涯中,他是校长重要的支持力量。大卫·麦克劳克林(David T. McLaughlin)敏锐地写到,校长需要一个支持性的全面合作伙伴,他是建议者、顾问及校长的心腹,一位帮助向校长介绍董事会并向董事会介绍校长,并能够私自地以一种非威胁性的方式给校长提供批判性的建设性引导。同样地,董事会主席在向外界解释校长贯彻学校的价值观方面是个关键人物。主席的一项重要任务就是作为支持性力量为校长服务,帮助校长调整并修改其观点,并向校长提供在此过程中可能有用的人选建议。

詹姆斯·弗雷德曼认为,州立大学校长成功的主要资源是董事的长期支持。因此,他指出,董事会最重要的功能是明确制定原则,引导机构使命的实现。校长最需要从董事那里得到一个坚定的共同愿景,这个共同愿景是由双方共同确定且为大家所熟悉的。这样,校长就能将注意力集中在长远目标上。

在校长的许多选民中,董事是校长必须绝对依靠的力量。在康维(Jill Ker Conway)任斯密斯学院院长的十年任期内,她证实了富有效率的董事会支持校长的方式:在这备受指责的背景下,董事是一个初来乍到的校长能够依赖的唯一力量。我渐渐钦佩并非常喜欢我的董事,因为在为了变革进行投票时,他们立场坚定。这种坚定地支持校长的情况并非总是存在,有时候,当管理行动出现不利反应时,太多的董事会是撒腿就跑,说话模棱两可。很多校长在报告中说,问题与压力刚一出现,董事会就把校长扔下不管了。②

校长需要严格但忠诚的董事,并能够利用他们的外部信誉与视界在公共场合捍卫大学利益。如果董事打算为校长提供有效的支持,他们必须准备好为完

---

① Ronald G. Ehrenberg. 2004. *Governing Academia*[M]. New York:Cornell University Press. 18-22.
② [美]科尔,盖德. 大学校长的多重生活:时间、地点与性格[M]. 赵炬明,译. 2008. 桂林:广西师范大学出版社. 134.

成任务投入大量时间。当一个董事会像爱荷华董事会那样,一年开九次会议时,加上许多其他的委员会,如学术事务委员会、学生事务委员会、预算委员会、人力资源委员会、投资委员会、房地产委员会、发展委员会。这种情况下,董事的工作时间就非常有限了。董事会成员身份必须被当作多年积极工作的角色看待,而不是一项荣誉性或装饰性的挂名差事。董事以尊重校长自治的方式行动十分重要。校长必须被当作机构的领导。如果董事会通过一些愚蠢或粗鲁的行为,使校长过于执行董事会的特殊愿望,或不敢坚持自己的观点,将使校长的领导能力受损。

在支持校长时,董事们必须小心,不要根据在社会场合所做的随意评论形成对校长的意见。公立大学董事比私立大学董事更有可能接近教师、学生及校友,毕竟他们是公共官员。董事从许多选民那里听取多种声音是个积极的氛围,可能比不听取多种声音的董事获悉更多。但董事会必须把握好其沟通渠道,不能寻求绕过或缩减校长及高层行政官员可见权力的替代渠道。

(2)评估校长。董事会的一个最重要的职责是系统地评估校长的表现,理想的做法是一年一次。詹姆斯·弗雷德曼认为,这种评估行为,即便是非正式,即便是董事会对校长的表现感到满意,都会使所有的参与者感到不适。而且,始终存在着误传的危险,然而,这种沟通是校长履行对董事会问责制的一种重要形式。

从校长的立场来看,年度评估起着巨大的保护作用。校长需要知道董事会对于他的表现是否满意,校长特别需要知道个别董事对于他的一些特别行动是否持批评态度。如果他的表现不足,他需要得到如何弥补其不足的建议。正如一位评论家所说,"董事会应该让校长处于一种热锅上的蚂蚁的状态,但须是一个友好的热锅!"[①]

对于州立大学来说,校长评估的难度要大于对私立大学校长的评估。因为州立大学校长占据着一个公众信任的职位,在州内甚至是个有争议的人物。董事会在评估校长时顶住政治压力,特别是州长或直言不讳的立法人员的压力非常重要。作为一种公共问责事宜,董事会必须保证例行地举行评估,即便它必须婉拒为媒体提供书面文件以封锁评估。

评估校长的目的不是为校长定下一个等级,而是帮助校长更富成效地工作。

---

① Ronald G. Ehrenberg. 2004. *Governing Academia*[M]. New York:Cornell University Press. 20.

评估的意图不是校长任职期间的表决。此外,董事会主席还应征求校长的意见,如何使董事会自身的表现更富成效。就像克拉克·克尔与马丁·盖德所说,董事会应该意识到,当他们评估校长的行为表现时,他们也是在评估自己在选择、建议及支持校长方面的行为表现。为公平起见,对于校长的评估必须考察所有领域和整个任职时期;不能混淆由命运导致的结果与个人选择行动所造成的结果;不要为眼前的一点问题而遗忘校长过去的成就。问题的关键在于,在特定的时间与地点,校长是否已经做到了尽可能的最好程度。在实施评估之前,最好能够与校长交流对其工作的看法。① 这样的评估效果会更好。

(3)资金筹集。在州立大学,董事在资金筹集中的作用总是受到较多的限制。一些董事感到他们难以参与资金筹集,因为他们身居公职不想冒险,即便与政治环境中的金融事物有关联的不当可能性极其微小。其他董事为这样一种事实所束缚,即他们的董事会监管着几所校园,从而导致了偏爱的困境。詹姆斯·弗雷德曼与其达特茅斯董事会主席或其他董事至少每周一次讨论资金筹集的前景。但他却无从回忆曾经与爱荷华董事会主席或成员讨论过资金筹集事宜。

(三)美国州立大学校长办公室

大学校长管理部门将大学作为整体来管理,它制定了一些通用的规章制度,发挥一个仲裁者的作用,为学校筹集资金,并努力使各种活动能够协调进行,尽管成功的可能性很小。德里克·博克发现:"尽管大学行政管理者被一张无形的控制网所束缚,但他们仍拥有两方面的重要权力——如何使用预算经费和聘任按自己思路行事的人员的权力。"②以实现对教育政策和大学使命的真正控制。

1. 校长办公室职能及其变革

大学及其所有校园均通过校长办公室而非总校校长与州打交道。这意味着,从事实际教学与研究的各校园由校长办公室来缓冲,校长办公室拥有大量经验丰富的行政人员与州政府的行政与立法部门打交道,阻止其干预。高级官员花费大量时间与州政府各部门就大学学者与科学家所存在的各类问题打交道,这些问题通常是大学以同情的方式予以忽视的。不仅校长办公室缓冲州政府对

---

① [美]科尔,盖德.大学校长的多重生活:时间、地点与性格[M].赵炬明,译.2008.桂林:广西师范大学出版社.134.
② [美]德里克·博克.走出象牙塔:现代大学的社会责任[M].徐小洲,陈军,译.2001.杭州:浙江教育出版社.95.

各校园的直接干预,而且校长及行政人员、总校校长也得到董事会反对州政府侵入的缓冲,董事会对大学生活的所有方面负有最终的法定权力,有效控制其所有资产。对于大学自治绝对重要的是,董事应该是大学的内部成员,而不仅仅是政府的手。①

系统中心行政人员的权力是随着20世纪60年代大学对于经费的激烈竞争而不断发展起来的。他们迅速成为一股举足轻重的力量,负责调拨经费,通过制定统一标准和检查执行情况来控制分校官员的决策。州立大学不断增加的企业化行为已经导致了管理活动的增加,行政管理对内部资源分配与决策控制的增加。州立大学系统的中心行政机构不像分校的行政机构那样需要为教学人员服务,可是它们必须对上面的董事负责。因此,一所分校的行政人员和教授在寻求他们自己单位在系统中的利益时具有共同的目标,而系统中心的行政人员则对整个学校负责,他们完全按董事的观点看问题。随着这种严密的上层行政结构的形成,控制权力越来越远离基层学术组织。在系统中心办公室,教授的影响微乎其微,一般来说,治理结构的级别越高,教授的参与程度越低。②

校长与行政人员在治理系统中处于董事会与教师之间,为董事会监督与政策发展提供信息;将政策转化为计划性行动,一项必须与教师紧密合作才能实施的功能;确保达成一致的行动有效地实现。在某种意义上,校长的最终角色是减轻教师工作的难度,确保学生得到有质量的教育。③

校长办公室的使命正在发生变化,在一个倾向于下放权力、简化条款的环境中,各个系统已很少把自己作为缓冲器或是校园警察,而更多地把自己视为一个高效的服务机构。这是一种积极上进的远见,对于那些仍然固守官僚作风和政治观点的组织来说,要接受这样的观点是困难的。

现在,许多决策从州政府、董事会及校长办公室下移到各校园、学院、学系,直到个别教师,他们被认为最有能力作出学术决策。这项政策必然削弱校长办公室的权力,而加强总校校长的权力,大量授予各校园的权力保留在总校校长那

---

① Martin Trow. 1998. Governance in the University of California: the Transformation of Politics into Administration[J]. *Higher Education Policy* II. 210-211.

② [加]约翰·范德格拉夫,等.学术权力——七国高等教育管理体制比较[M].王承绪,等,译.2001.杭州:浙江教育出版社.120.

③ Werner Z. Hirsch & Luc E. Weber. 2001. *Governance in Higher Education: The University in a State of Flux*[M]. London: Economica Ltd. 148.

里,总校校长不像分校校长那样急于授权。总校校长的权力也为不断增加的私人捐赠所强化,几乎所有捐赠都是捐给各校园,而不是作为整体的大学,使得总校校长的手中掌握了许多自行斟酌权。所有这些都牺牲了作为一个整体的大学,损及了分校校长改革与领导的权力,也损及了系统与校园层面教师评议会的权力与影响。①

校长办公室与各校园之间权力的恰当平衡是个有争议的问题。马丁·特罗认为,"系统的许多决策都是在分校校长的倡议下发展起来的,已经弱化了在事关行政管理方面大学治理与决策的功能,将重心从大学转移到各校园。今天的大学,不管是好是坏,是一个具有很大自治权的校园联盟,而非十几年前的联邦式大学。"②但是校长办公室仍然发挥着重要功能,其中一项就是缓冲州政府政治力量对各校园的直接影响。

2. 美国州立大学的校长

美国大学的校长职务既有差别又十分复杂。与欧洲和亚洲没有真正行政权力的大学校长相比,美国州立大学的校长更像是一个首席执行官(CEO),拥有机构所有决策的最终决定权。虽然如今的大学校长不如以前有远见和权威,但他们对州立大学来说仍然是很重要的,然而大多数大学校长都缺少与他们的职位责任相应的权力。

(1)美国州立大学校长的作用。有人把大学看作是卓越大学校长的缩影。许多权威的评论员认为,不管发生了什么变化,校长的领导能力仍然是学校发展的关键。如詹姆斯·费希尔(James Fisher)认为,我们的未来依赖于全国的大学校长大胆而果敢的领导能力。正如前哈佛大学校长洛厄尔所说:"为了进行领导,领导者必须总是走在队伍前面,但不一定总是在队伍前进方向的前面,而是在解决出现的问题上先人一步。他必须能预见这些问题,必须思考在先,准备好答案。他必须不等别人盼着时才去行动,那样别人就来领导了。"③如此一来,他就成了一位被动适应的校长,而不是积极进取,开拓创新的校长。

---

① Martin Trow. 1998. Governance in the University of California: the Transformation of Politics into Administration[J]. *Higher Education Policy* Ⅱ. 209-210.
② Martin Trow. 1998. Governance in the University of California: the Transformation of Politics into Administration[J]. *Higher Education Policy* Ⅱ. 210.
③ [美]科尔,盖德. 大学校长的多重生活:时间、地点与性格[M]. 赵炬明,译. 2008. 桂林:广西师范大学出版社. 138.

但许多人认为,与19世纪末20世纪初的大学相比,校长的影响力下降了。科恩和马奇认为,校长职位只是个幻影,其角色在很大程度上只具有象征性意义,校长对学校生活的影响有限。伯恩鲍姆认为,校长可能发挥了重要作用,但大学的发展不是通过无所不知、理性的校长完成的,而是通过大学各部分的自行调节来完成的。校长对大学长期发展模式的影响微乎其微。美国大学校长协会管理委员会在1996年的一份研究报告中指出,大学校长的影响已经变得越来越小了。理查德·M.弗瑞兰德发现:"大学校长是一个日益衰落的职位,学者对学术事务管理的诉求使其权力受到削弱,各种力量之间的斗争使其深陷泥潭,分散的校园管理工作令其不胜其烦,为此,校长只能疲于应付,根本谈不上有效地领导。"[①]

理查德·M.弗里兰(Richard M·Freeland)通过自己的研究与观察指出,在大学发展中,的确有校长不能左右的结构性因素存在,但决不能因此就否定大学校长在大学发展中不可替代的重要作用。他在研究中没有找到如下的例子:在长期缺乏能力出众校长的情况下,或者在校长周围没有强有力的领导团队的情况下,大学仍能以某种统一的模式发展并取得巨大进步。面对变化的外界环境,缺乏有效的校长领导,大学不可能具备基本的适应能力。

在州立大学发展中,校长往往是学校举足轻重的人物,他们扮演了一个有价值甚至是必不可少的角色。大学校长一如既往地倡导学校的核心价值观,把学校生活的各个方面与之联系起来,使学校的核心价值观获得了新的生命力。马奇(March)把校长比作漆黑屋子里的一盏灯,照亮屋子,避免人们在黑暗中摔跤。因此,校长的作用不是发布指令,而是提供所需的"光线",使运行中的大学能够继续下去。

校长要为州立大学建立、描述并实现美好的前景,维持并提高大学质量。作为大学的首席执行官,他们还从事各种重要的管理活动,从教育到卫生保健再到公共娱乐。因为这些角色需要专业人员的技术和经验,作为大学的首要招聘者,校长要识别有才华的人选,把他们安排在关键岗位上,指导和支持他们的工作。州立大学校长还必须在筹措资源的过程扮演积极的角色,无论是游说州和联邦政府、在校友和朋友中筹集资金和接受馈赠,还是做出企业家式的努力。

---

① Philiph G. Altbach, Patricia J. Gumport, D. Bruce Johnstone. 2001. *In Defense of American Higher Education*[M]. Baltimore:The Johns Hopkins University Press. 235.

大学校长还有很多象征性职责。大学校长要处理一系列的内外关系,包括师生员工、校友和家长、地方、州和联邦政府、商业和劳动部门、基金会、高等教育团体、新闻媒体以及公众等。大学校长是大学及其知识与智慧、真理与自由、学术成就和公共服务等基本特性的保护者。不同群体的各种观点以及经常相互冲突的需要和期望使大学校长的管理成为一件极其复杂和费时的工作。

在州立大学,校长的行为颇具政治领袖的风格。他重视了解学校成员所关心的问题及其态度,而不大看重数据资料和分析报告。校长的成功在很大程度上取决于校长亲自出面和选择适当的时机;在实现和解、协商联盟的过程中,校长只有亲临其境才能发挥影响。"在场"至关重要,作为政治领袖,校长的部分影响力就得益于他知道什么场合自己应该出面。

关于校长的政治领导作用,最著名的要数克拉克·克尔对校长特点的概括。他指出,校长集领袖、教育家、创造者、导师、掌权人和灌输者于一身;同时也是公务员、看守者、继承人、谋求一致意见的人、劝导者和碍事之人。不过,主要是充当调解人。调解人的首要任务就是维持学校的和平……维持学生团体、董事会内部及其相互之间的和平。① 所以,州立大学校长不是在统治学校,而是服务于学校。由于大学是由有着合法利益的各种团体组成的,所以,校长总是力求以各团体都能够接受的方式寻求解决问题的途径。

(2)美国州立大学校长的招聘。20世纪末,将有1万人出任大学校长。这些即将出任大学校长的候选人要么自我推荐,要么是被人推荐,要么是因为其他原因而被考虑。他们是在董事、教师、校友、学生和出版界的集中考察中被选拔出来的。大学里没有任何人的选拔会像校长这样聚集如此之多的关注。②

州立大学校长的招聘是董事会的一项复杂费时的工作,选聘州立大学校长像是开展一场政治运动,而不是寻找学术领袖。为了迅速完成并保护校长的招聘工作,一些州立大学开始使用招聘公司来协助大学校长的招聘工作。这些招聘顾问帮助校长招聘委员会收集背景信息,建立时间表,甚至确认关键的候选人,对于受制于《阳光法案》的州立大学,招聘顾问能够提供一个安全可靠的机制,至少在招聘的前期阶段,与一些有潜力的候选人进行私下的交流。

---

① [美]克拉克·克尔.大学之用[M].高铦,等,译.2008.北京:北京大学出版社.16-23.
② [美]科尔,盖德.大学校长的多重生活:时间、地点与性格[M].赵炬明,译.2008.桂林:广西师范大学出版社.3.

使用招聘顾问也有不利的一面,他们有时效率低下,顾不上对候选人的背景材料做彻底的核实。有些顾问试图影响招聘过程,但大部分招聘顾问还是很敬业的,认为自己的职责是协助而不是干涉招聘。

虽然校长招聘的早期阶段由教师审查委员会严格控制着,但最后的选择阶段却常常受到政治和个人的奇怪干涉。一些州的《阳光法案》不仅要求把候选人的名单公布于众,而且要求董事会对候选人进行公开面试、对比和选择。这些华丽虚伪的公开场面严重破坏了招聘过程的整体性以及候选人的名誉。许多有实力的候选人根本就不参加这样的公开宣传,因为这样的宣传会威胁到他们的工作。受《阳光法案》限制的大学发现,其校长候选人局限于不会从公开宣传中有所损失的人,例如处于较低职位的人,包括院长、系主任或二流大学的领导者,甚至是政治家,对于他们来说,公开露面没有什么风险,还有可能带来丰厚的收益。①

缘于董事会是由党派性质的政治程序选出的,即由州长指派或选举的,州立大学校长选择工作的政治性极其强烈,《阳光法案》规定的招聘开放性使新闻媒体不仅影响评估候选人的工作,而且对董事会成员施加政治压力,迫使他们支持某些特定的人。许多州立大学的校长招聘工作从一开始就由于遭到政治意识的污染而被操纵着。

这种华丽虚伪的校长招聘方式使得最近几年州立大学的校长招聘工作真正成功的例子越来越少。实际上,许多时候,这种招聘是有预谋的。源于董事会的政治性,董事会避免寻找坚定的、有远见的校长,害怕自己的权利受到威胁或者暴露自己的缺点。招聘工作的党派性、公开性以及董事会的可操作性往往导致所选择的傀儡校长不愿意进行变革,而愿意纵容董事会成员,并支持他们的个人事务。越来越多的州立大学校长由政客来担任。

要选拔一位符合学校发展定位的校长,董事会应该事先确定,什么样的人选最适合学校现在和未来的发展需要,要弄清楚,学校是要一个突破型的学校领导,还是一个软弱或强硬的管理者,一个守卫家园的协调者,还是一个政治操纵者,或者其他类型的复合型的校长。②

(3)美国州立大学校长与系统治理。根据美国系统领导人协会(NASH:the

---

① [美]詹姆斯·杜德斯达,弗瑞斯·沃马克.美国公立大学的未来[M].刘济良,译.2006.北京:北京大学出版社.115.

② [美]科尔,盖德.大学校长的多重生活:时间、地点与性格[M].赵炬明,译.2008.桂林:广西师范大学出版社.134.

National Association of System Heads)的报告,在美国 38 个州的 50 个高等教育系统中,对系统领导人的称呼各不相同,有 25 个系统称他们为 Chancellor,有 16 个系统称他们为 President,另有 6 个系统称他们为 Executive Director,还有 3 个系统称他们为 Commissioner。① 系统领导人的多数时间用于筹集和保护资源,而非对系统进行远景性、创新性和学术性的领导。

约瑟夫·考夫曼(Joseph Kauffman)认为:"系统总校校长的职位是高等院校校长职位中最不稳定的,也是最不能令人满意的执行官的职位。系统总校校长经常面临着这样的窘境,一是系统董事会的期望总是模棱两可、不太确定,二是单个的校园总是倾向于把过错归因于系统的管理。董事会敦促系统要尽量负起责任,而各校园的校长又被迫要捍卫和实现自己最大程度自主权。旗舰校园担心收入的减少、被社会认可程度的降低会使它们的特殊使命和声望遭到诋毁,而别的校园又强烈要求实现教学工作量和收入水平上的公正平等。因为系统的领导者们负有责任去争取合法的财政拨款和政治上的支持,所以他们经常被人们看成政客,而不是令人尊敬的教育家。"②

系统总校校长这个职位通常更强调领导者的外交能力、平衡能力、忍耐能力以及必要时保持沉默的能力。系统总校校长和主管外部事务的人员必须是系统的化身,他们必须维护整个系统的利益。他们必须时刻准备对分校取得的最小成就进行表彰,同时也要肯定作为旗舰院校的研究型大学的经济活力。他们既要与教授、职员、学生、朋友等众多的内部人员沟通,也要同官员、董事、雇员、基金会成员、家长、新闻媒体等众多的外部观众沟通。校长必须在内部和外部之间进行双向沟通,把双方的意见相互传达。

系统领导需要一定的学术水平和管理经验。虽然董事会和管理人员已经认识到这一职务更像州政府管理机构里的职位而不像院校里的职位,但这种要求并不过分。虽然系统总校校长经常被鄙视为政治家,而不是被尊重为教育家。但他们经常因为争取到了预算而受到更高的评价和回报。

假如多校园大学系统继续存在下去,那么系统董事会和总校校长将会遭到许多人的指责,他们对高等教育课程相当不满,认为高等教育挥霍浪费,轻视本

---

① [美]杰拉德·盖泽尔.美国多校园大学系统:实践与前景[M].沈红,等,译.2004.北京:教育科学出版社.前言 3.
② [美]杰拉德·盖泽尔.美国多校园大学系统:实践与前景[M].沈红,等,译.2004.北京:教育科学出版社.前言 3.

科生或教学工作,对入学与毕业标准把握得不够严格,对新的需要和科技适应得太慢。尽管这些指责包含了重要的真实成分,但过于夸大其词。有些不满是对高等教育寄予了过于重要的社会与政治期望,而这些期望又相互矛盾:要求提高入学与受教育的机会,却又要求高标准;要求重视教学、以学生为导向,而家长和学生乃至教授却都很注重院校的学术影响;要求注重扩展心智的通识教育,主张为学习而学习,却又要为日后做好职业准备。虽然对美国高等教育的批评之声不绝于耳,但却常常忽视了那些宝贵的高等教育传统。许多批评都是因为误解或不了解大学所承担的多重使命。美国大学在各种意见和批评声中默默耕耘,并在面对外部压力时保持了独立的心态。① 这些值得褒扬的地方却被人们忽视了。

(4)美国州立大学校长面临的治理困境。

首先,州立大学校长要面对政治性浓厚的董事会。

州立大学董事会的政治性质使之按照自己的意愿寻找领导者,以适应特定董事会成员的议程,而避免可能挑战教师、校友或现状的人。董事会不仅低估一个有精力、有远见、有经验的领导者的重要性,而且还把他视为对董事会权威的一种威胁。

当董事会政治格局发生变化的时候,校长就成为政党竞争的牺牲品。董事会和新任校长会采用一种不同的管理哲学,清除机构的管理层,更换大批长期的、经验丰富的、敬业的管理者。这给大学带来了重大灾难,因为大学依靠那些忠诚的、经验丰富的教师来平衡学术领导者在管理上的不成熟和天真。

奥尔顿的研究表明,董事会关系是近年来校长辞职的第三重要因素。"在所有影响因素的排序中,一个最明显的变化是,董事会关系对校长辞职的影响显著增加。1971年,在所有影响因素的权重中,董事会关系的影响位居第十四;到了1981年时位居第三。"②

其次,州立大学校长面临着日益不利的领导环境。

州立大学校长的领导环境尤其具有挑战性。州立大学日益成为政治动乱场所,所有带争议的社会政治问题都搅和在一起,诸如公民权利与种族偏见的斗

---

① [美]阿特巴赫.为美国高等教育辩护[M].别敦荣,等,译.2007.青岛:中国海洋大学出版社.1.

② [美]科尔,盖德.大学校长的多重生活:时间、地点与性格[M].赵炬明,译.2008.桂林:广西师范大学出版社.175.

争,社会责任和市场效益的斗争。州立大学校长经常受到彼此对立政见的双重攻击,校长职务比以往更加缺乏吸引力,也更难担任了。州立大学校长的频繁辞职表明,这个工作比私立大学的同一职位更缺乏吸引力。大多数州立大学校长都是每隔几年更换一次,这种更换使得州立大学校长疲惫不堪,也表明董事会和校长对各自角色的紧张与迷惑。董事会诱使校长执行某种政治观念或者支持者的政策,而无视教师、学生的需要与校长的个人远见。① 校长变得越来越胆小、被动和官僚主义。

州立大学校长经常面对彼此相互矛盾的力量:外部压力与校内政治、董事会与教师治理。非专业的董事会和教师治理机构缺乏专业能力和严格的训练,而这些能力和训练是州立大学应对强大的社会力量所必需的。州立大学成为激烈的政治争论场所。从政治性色彩浓厚的董事会,到好斗的学校政治,学生的不安定状态以及攻击性的新闻媒体,州立大学校长面临的各种压力要比高等教育其他领域都要激烈。

再次,州立大学校长还面临学生与教师的挑战。

在美国州立大学,学生也抵制领导。在美国这种民主、自由、平等的氛围中,挑战权威是学生成长中的重要组成部分,许多大学生正处于这个阶段。不管是宿舍监管人员、教师还是大学校长,让学生接受有效领导所必需的权威都是一个难题。

当学生运动在学校爆发时,当体育暴力被发现时,当大学被政治家或新闻媒体攻击时,危机管理变得非常关键。处理这些事件需要管理者付出大量的时间和精力,从院系主任到执行官员,再到董事会等,频繁的危机处理成了大学校长的主要职责。

州立大学校长常常顺从教师一时的想法或董事会的政治议程。在短短的任期里,他们不想打破常规。校长的领导极其脆弱,共同治理中的教师与董事会也是如此。教师喜欢讨论停车问题胜过讨论基本信念,正如董事会喜欢讨论政治问题胜过讨论政策一样。

杜德斯达指出,州立大学治理风格陈旧,经营与决策程序庞杂臃肿,校长领导软弱无力。② 弗雷德里克·鲁道夫(Frederick Rudolph)指出,州立大学校长

---

① [美]詹姆斯·杜德斯达,弗瑞斯·沃马克著.美国公立大学的未来[M].刘济良,译.2006.北京:北京大学出版社.121.
② [美]詹姆斯·杜德斯达,弗瑞斯·沃马克.美国公立大学的未来[M].刘济良,译.2006.北京:北京大学出版社.前言:3.

的领导职位成为"充满危险的职位,它要对付那么多的模棱两可,要面对那么多的人,遭遇那么多不同的事"。①

3. 美国州立大学校长与董事会

不管校长多么重视他们与董事会主席的关系,很少有校长能够与住在大学所在地的董事会主席一起愉快地工作。校长担心主席淹没于宴会与咖啡馆里有关校长的流言蜚语。校长对于当地的董事会成员有着同样的担心。董事会主席需要尽力避免对校长下过多的结论。校长需要在一个良好的氛围中信任主席。

校长在处理与董事会主席的关系时需要避免使董事会主席感到意外。校长必须始终公开地、诚实地与董事会成员打交道。与詹姆斯·弗雷德曼共事的每一位董事会主席,都坚持在校长所获悉的所有未发生的事件中与主席共享每一个细节,即便是他预期的臆测也需共享。于是,他总是谨慎地告知主席有关系主任或重要教师在别处提供服务的事宜,即便他知道董事不会相信这些消息。或者有关学生骚乱,即便他怀疑它会爆发成冲突或示威。② 主席不想在面对新闻界或其他董事会成员时无所准备。

对于州立大学董事来说,在财政事务上避免意外尤其重要,比如设施建设,牵涉到保证正确使用纳税人的钱,常常是上千万美元。一旦决定下来,诉讼会挑战董事会的程序,财政预算,坚持环境保护,遵守伦理标准通常随之而来,尤其是失意的投标人的抱怨、内部的叛徒、外州专业人士的选举。

州立大学校长在行政官员的任命中也要避免使董事会感到意外,如教务长与学院院长,尤其是财务副校长的任命,这些官员的任命一般都要事前与董事会沟通。以詹姆斯·弗雷德曼的经验,校长常常不愿在审议过程中与董事会分享其思想,因担心董事通过游说使某个竞争者替代他人而束缚校长挑选的自由。一般来说,董事在重要学院院长的选用上与校长易发生争议,比如商学院、法学院和医学院,尤其是当校长重新定位学院的学术计划重点时,就是一个治理问题,而不仅仅是个内部管理问题。很少有董事在得知一个富有前途的任命,实际上只是一个既成事实时会感到高兴,最后在媒体前面几个小时的披露会发表出

---

① Frederick Rudolph. 1962. *The American College and University: A History* [M]. New York: Alfred A. Knopf. 423.

② Ronald G. Ehrenberg. 2004. *Governing Academia* [M]. New York: Cornell University Press. 24.

来。董事们挑选并任命了校长之后,即使与校长的意见发生了不一致,也至少应该充分相信校长的正直以及对学校的管理。校长和董事们经常有不一致,但绝不能有欺诈。①

理论上,在任何时间,董事会能够将现任校长革职,并从新校长的相关人选中选择一位。如果董事会不想更换现有校长,那就意味着董事会认为现任校长比任何可替换人选更好。不过,这又加大了现任校长与董事会谈判的权力。当然,现任校长可以使用这种谈判权力从董事会那里攫取更多的补偿与福利,用它来博取更松散的治理与更少的监督。更换大学校长比更换公司的 CEO 花费更多。更换校长的成本增加了校长与董事会谈判的权力,加上董事实施监视的个人成本很高,结果校长在与董事会的对弈中得到更少的监视。②

校长还能够与教师和学生结成有效的联盟,以获取进一步谈判的权力。在与教师关系重大的学术问题上,校长能够运用教师的流动性加强他与董事会谈判的权力。同样地,董事会与校长之间的冲突对于申请入学及学校的产出率都有不利影响,校长可以抓住这种谈判权力。这种权力博弈意味着失去教师和学生支持的校长可能失去与董事会博弈的巨大权力,即使校长被证明是一位强力管理者也是这样。最终,在董事会、高层管理者与教师、学生之间存在着比公司更大的权力转移。

由于专业经验的缺乏,董事对于校长和其他管理人员在信息与引导方面的依赖增加;工作时间的缺乏增加了董事向校长和管理人员的授权;教师与学生的权力博弈减少了董事会的权力,支持了校长与董事会的权力博弈,以至于校长能够动员其他利益相关者的博弈权力。

克尔与盖德指出,董事会主席与校长认为董事会功能完好。除了在筹集资金方面,主席在所有问题上都同意董事会的意见。处于特别的利害关系,80%或更多的主席认为董事会给予校长的评价与授权、董事会的责任心与投入都是"好"的或"优秀"的。校长也倾向于给予董事会好的评价。校长的观点会随董事会在权威问题上的看法而变化,在这些问题上他们往往给予较低的评价。

---

① [美]科尔,盖德.大学校长的多重生活:时间、地点与性格[M].赵炬明,译.2008.桂林:广西师范大学出版社.155.

② Ronald G. Ehrenberg. 2004. *Governing Academia*[M]. New York:Cornell University Press. 41.

(四)美国州立大学的教师组织

1. 美国州立大学的教师评议会

(1)教师评议会及其功能。教师评议会长期以来一直是重要的决策群体,就大学事务代表学术界观点。教师评议会的成员资格随大学不同而有所变化。一般情况下,评议会由拥有全职学术职位的人组成。有时候,只有拥有终身教职的学术人员,或拥有正教授头衔的人员才有资格成为评议会成员。在规模庞大的大学,评议会常常由代表群体组成,仅包括少数有任期的当选者。评议会代表由其所在学院通过投票程序进行选举,投票通常限制在具备评议会成员资格的全职学术人员范围内。学术副校长或校长是评议会成员,并可能主持审议。①

在学校层面,教师评议会为校长与教务长提供咨询。教师咨询团(FCG),是教师评议会的一个应急团体,就终止学术计划,应学校政策的要求,在学术计划的削减逼近时组成。12人的教师咨询团由教师评议会执行委员会和3个评议会的次级委员会主席组成。根据程序性文件,这个团体应该向校长与教务长"提供可靠的建设性建议与评论"。② 大卫·科伯指出:"教师评议会受到资金缺乏的困扰,同时也不满管理者以扩大学校为名做出各项重要的决定,因此他们要求学校当局出示账目明细。"③

(2)加利福尼亚大学的教师评议会。加利福尼亚大学教师评议会的治理模式是行会形式,而非官僚形式。在加利福尼亚大学,教师评议会由全体学术人员组成,从最新任的助理教授到荣誉教授。每人在评议会都有一个平等的地位。每人都拥有评议会的所有权力与特权。于是,教授与一般的学术人员在治理结构中不存在重要的冲突。或通过适当的活动与选举,各类学术人员在评议会都

---

① Alberto Amaral, Glen A. Jones & Berit Karseth. 2002. *Governing Higher Education: National Perspectives on Institutional Governance* [M]. USA: Kluwer Academic Publishers. 266.

② Peter D. Eckel. Fall, 2000. The role of Shared Governance in Institutional Hard Decisions: Enabler or Antagonist? [J]. *The Review of Higher Education*, Volume 24, No.1. 22-23.

③ [美]大卫·科伯.高等教育市场化的底线[M].晓征,译.2008.北京:北京大学出版社.185.

有自己的代表。①

加利福尼亚大学教师评议会通过各种委员会管理其事务。不过,这些委员会大多数不是选举产生的。除了少有的例外,它们都是由一个选举委员会——委员会委员任命的。假如一个人为了成为委员会一员而积极活动,那么他肯定要落选。评议会成员提名取决于学术影响力,评议会的其他成员基于对提名者性格的判断投票赞成候选人。任何与外部政治的牵连都被隔离在一定距离之外。结果,当选或被任命为评议会任一委员会成员的人对任何派系或选民没有义务,能够说出他们的真实想法,并依据自己的判断与良心行事。这些外部牵连的缺乏减轻了妥协的出现与评议会所有行动基础的一致同意。人们认为,在大学的治理结构中排除派系与政党组织,恰恰是允许基于讨论作出决策与对一致同意的寻求,在评议会群体内部与评议会和行政官员的关系处理中均是如此。②

加利福尼亚大学的评议会比美国其他研究型大学的评议会同行拥有更为正式的权力与权威。大致说来,评议会对几所校园的学术计划、学术人员的任命与晋升及没有明说的学生入学标准负主要责任。尽管在过去两年里,最后一项事情一直居于大学内部真正具有争议事项的核心地带。此外,在每件事情上都要征求意见与听取建议,不过,征求意见的范围与程度依问题不同而有所变化。在教学领域之外,研究、学生入学与评价、学术任命与晋升方面,评议会的角色是对行政官员的行动作出反应:当行政官员与学术价值或程序意见不一时拒绝行政官员,提高并改进行政官员的决策质量,最终赋予行政决策合法性,为整个学术群体采取行动,这些学术群体相信他们的利益与价值得到了保护。这就是"共同治理"。

最重要的是,教师评议会通过征求意见与听取建议工作,在寻求一致同意的过程中,常常极其缓慢。聪明的管理者对此有所考虑,表现得有耐心。当决定需要快速作出时,问题就出现了,或管理者宣称他们要单方面行动。不过,当评议会与行政官员协作良好时,不管是在校园还是在校长办公室,行动与决策都要经受合法性的度量以及学术社区的默许,这是在大学里做好任何事情所必须的。教师评议会的存在与工作在校园里建立了一种被称作"负责的疏忽"的气氛,在大学的许多外围活动中都能感受到这种氛围。对于一般的学术人员来说,评议

---

① Martin Trow. 1998. Governance in the University of California: the Transformation of Politics into Administration[J]. *Higher Education Policy* Ⅱ. 205.

② Martin Trow. 1998. Governance in the University of California: the Transformation of Politics into Administration[J]. *Higher Education Policy* Ⅱ. 205 - 206.

会的存在及其委员会能够使他们在各种各样的事务中一心忙于他们的教学与科研工作。①

2. 美国州立大学的教师工会

(1)教师工会建立的背景。由于教师评议会固有的局限,在许多州立大学,尤其是在州立学院,教师工会成为学术人员的另一个代言机构。一般来说,工会参与的事务有限,主要关注学术雇员的任期与条件及与学术人员对应的程序性权力保护。即便如此,许多大学发现,在许多事情上为学术人员代言的组织有两个,于是两个组织在影响学术职员的事务上保持联系。②

由于联邦最高法院在耶希瓦一案中的判决,很少有私立大学拥有教师工会。然而,许多州立大学的教师都签署了集体谈判的协议,组织了教师工会。最近几年,还出现了急剧增长的研究生助教在事关他们的工作条件上赢得集体谈判权利的情况。

在州立大学,对于许多学术人员来说,特别是对于以教学为主要工作的教师来说,教师工会取代了学术评议会的重要地位,在董事和行政人员试图削减终身任职保证并有权力这样做的地方,通过参加工会所取得的资格甚至可以取代终身任职的地位。③

有关联邦与州政府雇员治理谈判的法规,全国劳动关系委员会有关私立高等教育机构治理的决定以及联邦最高法院在耶希瓦案例中的判决深刻影响到美国教师集体谈判的进展。约翰逊肯尼迪总统1962年的行政令,给予联邦政府雇员一定限度的谈判权力,这导致了1968年美国商船学院第一份教师合同的签订。

州政府立即执行行政令,建立自己州公共雇员有关治理中集体谈判的法律。到1972年37个州通过法律,允许其官员集体谈判,尽管其中有许多没有包括教师。第一个重要的公立高等教育机构的教师合同于1969年签订于纽约城市大

---

① Martin Trow. 1998. Governance in the University of California:the Transformation of Politics into Administration[J]. *Higher Education Policy* Ⅱ.206.

② Alberto Amaral, Glen A. Jones & Berit Karseth. 2002. *Governing Higher Education:National Perspectives on Institutional Governance*[M]. USA:Kluwer Academic Publishers.266.

③ [加]约翰·范德格拉夫,等.学术权力:七国高等教育管理体制比较[M].王承绪,等,译.2001.杭州:浙江教育出版社.128.

学。加利福尼亚州1979年的一项法令赋予其四年制学院教师及其他雇员集体谈判的权力,这导致了1982年加利福尼亚州立大学系统18 000名教师成员组织的建立。

由于联邦在耶希瓦案例中的判决认为,私立机构的教师是管理者,因此,私立大学的教师与其大学进行集体谈判在法律上不成立。结果,美国高等教育中的教师工会主要出现在公立机构。在1990年代中期,公立高等教育机构中38%的全职教师加入了集体谈判协议,而私立机构中这个数字只有6%。[1]

(2)教师工会对教师的影响。研究表明,教师工会在增加其成员的平均工资上影响有限,有些研究还发现,教师工会在其成员工资上没有影响。这是因为,大多数工会合同覆盖的教师是公立机构的雇员,大多数公立机构有组织的教师缺少斗争的合法权利,支付教师工资的两个主要收入来源:学费与州拨款,一向是由州立法机构与州长控制的,而不是州立大学的董事会。极少的谈判权,加上可资利用的垄断资金很少,教师工会对教师工资只能产生很小的影响。教师工会在早期的集体谈判中促成了大学教师薪水的显著增加,但是这种优势在随后的合同中收效甚微。[2] 许多最著名的公立研究型大学的教师拥有最大的个人谈判权力,如果不能充分满足他们的薪水及其他雇用条件,他们能够以离职威胁所在机构,这些教师彻底地选择不加入工会。

有些观察家担心,教师工会会对全面提高工资而不是以绩效为准提高工资施加压力,因此降低了教师生产力的财政激励。然而,一项高等教育教师合同的深入研究发现,教师合同常常包括了绩效工资增加的明晰条款。

研究者还试图确定教师工会对其他结果变量的影响,包括研究生产力、工作满意度、离职行为、不同领域的工资差异及获得终身教职的可能性。但这些研究对教师是否加入集体谈判协议的可能性未加控制。比如,如果集体谈判在教师受到管理人员的恶劣对待及具有低薪水和高离职率的机构建立的话,即便集体谈判提高了教师工资,集体谈判覆盖面与教师薪水之间仍然是否定关系。教师工会并不能将教师从裁员或工作条件恶化的情形下解救出来。不过,教师工会在那些教师自治不足、教师治校架构薄弱的高校中,在维护教师的权益中作出一

---

[1] Ronald G. Ehrenberg. 2004. *Governing Academia*[M]. New York:Cornell University Press. 211.

[2] [美]阿特巴赫,等.21世纪的美国高等教育:社会、政治、经济的挑战[M].施晓光,蒋凯,译.2007.青岛:中国海洋大学出版社.235.

定的贡献,取得了有限的成功。①

3. 美国州立大学的研究生工会

(1)研究生工会的缘起。美国高等教育中的集体谈判是三个康奈尔大学本科生及盖布里·凯普兰(Gabriel Kaplan)共同努力的产物,他们是丹尼尔·克莱夫(Daniel Klaff)、埃德姆·凯斯鲍姆(Adam Kezsbom)与马修·奈葛斯基(Matthew Nagowski)和盖布里·凯普兰。在回顾了社会科学家所熟知的教师工会的影响后,盖布里·凯普兰提出了第一个研究结果:高等教育中集体谈判对教师薪水的影响,并讨论了正在出现的研究生工会现象。运用一组研究型公立大学通过财务数据交换系统提供的数据,他调查了研究生工会对于研究生助教薪水、工作时间及其他经济结果的影响。吸引一流研究生进入主要的研究型大学的竞争似乎比集体谈判对这些结果的影响更大。

1969年,作为集体谈判机构的第一个研究生工会在威斯康星大学成立。②州法律、州代理机构或州法院规定,公立高等教育机构的集体谈判适用于研究生助教,研究生的集体谈判逐步在公立高等教育机构蔓延开来。到1999年,集体谈判协议覆盖了18所公立研究型大学与博士学位授予大学的助教(表4.1),有些情况下这些协议还涵盖这些校园的研究助理。源于1999年的开端,另外15所重要的研究型大学与博士学位授予大学已经认可了研究生集体谈判组织,包括加利福尼亚大学的所有分校。

表4.1 已经组织了教学助理工会的大学

1999年之前的公立大学	1999年之后的公立大学	私立大学
纽约市立大学	伊利诺伊大学(厄本那校区)	纽约大学(2001)
佛罗里达大学	马萨诸塞大学(波士顿校区)	
佛罗里达农工大学	密歇根州立大学	
爱荷华大学	俄勒冈州立大学	
堪萨斯大学	罗得岛大学	

---

① [美]阿特巴赫,等.21世纪的美国高等教育:社会、政治、经济的挑战[M].施晓光,蒋凯,译.2007.青岛:中国海洋大学出版社.236.

② Ronald G. Ehrenberg. 2004. *Governing Academia*[M]. New York:Cornell University Press. 222.

续表

1999年之前的公立大学	1999年之后的公立大学	私立大学
马萨诸塞大学(阿姆赫斯特校区)	坦普尔大学	
马萨诸塞大学(洛厄尔校区)	加州大学伯克利分校	
密歇根大学	加州大学戴维斯分校	
俄勒冈大学	加州大学尔湾分校	
罗格斯大学(新布朗斯维克校区)	加州大学洛杉矶分校	
南佛罗里达大学	加州大学河滨分校	
纽约州立大学奥尔巴尼分校	加州大学圣地亚哥分校	
纽约州立大学宾海姆顿分校	加州大学圣巴巴拉分校	
纽约州立大学布法罗分校	加州大学圣克鲁斯分校	
纽约州立大学石溪分校	华盛顿大学(西雅图校区)	
韦恩州立大学		
威斯康星大学(麦迪逊校区)		
威斯康星大学(密尔沃基校区)		

资料来源:"助教的联合行动",《高等教育纪事：2002—2003年鉴》,2002年12月6日。("Unionization Activity of Teaching Assistants," Chronicle of Higher Education：Almanac, 2002 - 2003 December,2002.)

20世纪60年代后期,威斯康星大学是学生激进主义运动的温床,受激进主义运动的影响,第一个研究生工会建立。20世纪60年代后期,学术市场正处于博士需求的高峰期,在许多领域,获得博士学位平均需要5—6年的时间,并能够轻易找到较好的学术岗位。然而,从那时起情况发生了变化。如表4.2所示,在1970—2000年间,所有学科的本科生与博士生获得学位的年限平均增加了1.5年。获得学位时间的增加这一焦点模糊了许多领域所发生的巨大变化。特别是当获取学位的平均时间在所有自然科学与工程领域增加将近2年的时候,人文学科增加了将近3年。在人文科学及一些社会科学领域中,研究生发现自己每周做助教的时间增加了许多,助教服务减缓了他们获取学位的时间。

表4.2 从学士学位到博士学位在大学注册年数的中位值

学科	1970	2000
工程学	5.2	6.8
自然科学	5.3	6.5
地理科学	5.8	7.8

续表

学科	1970	2000
数学与计算机科学	5.2	7.1
生命科学	5.3	7.0
心理学	5.3	7.2
社会科学	5.8	8.1
人文科学	6.0	8.8
教育学	6.3	8.3
总体	6.0	7.5

资料来源：罗纳德·G. 埃伦伯格根据 CASPAR 网站数据计算而来。(Authors' calculations from data found at Web CASPAR:http://caspar.nsf.gov.)

此外，等到新博士毕业时，雇用机会实质性地下降了，更不用说是终身系列学术工作的雇用。比如，1998 年，人文学科不到 59% 的新博士报告说拥有固定的雇用承诺或在获得博士学位时有继续学习的计划（Sanderson et al., 1999）。在有些领域，如生命科学，至少有一个混合的博士后助理岗位，在这样的岗位，工资低和福利待遇缺乏成为规则，而不是例外，在年轻学者获得一个终身岗位之前就是这种处境（国家研究委员会，1998）。① 总之，获取学位时间的增加，研究生院毕业后日益减少与遥远的期望与回报，使得接受教育的研究生确定了努力实现工会化的目标。

获得博士学位的时间，研究生院资助模式的性质，研究生与教师的关系及获得博士学位后的工作机会在所有领域都有了很大变化。自然科学与工程领域的学位获得时间最短，在这些学科，研究生在有基金资助的研究项目上作为研究助理与教师紧密合作，从这项工作中获得了研究技能，选择相关的学位论文题目，在非学术领域与学术领域都有很好的雇用机会。此外，科学家的外部研究资金还能补充学校提供的研究生助学金的不足，他们有额外的资源为吸引一流的天才支付薪水。结果，许多医学和工程领域的研究生的研究生院经历相当愉快。

相比之下，在人文学科很少有研究生与教师的联合研究，大部分研究生通过助教工作获得经费，撰写学位论文需要相当长的时间，获得学位后只有限的非

---

① Ronald G. Ehrenberg. 2004. *Governing Academia*[M]. New York:Cornell University Press. 223 - 224.

学术雇用机会。人文学科的教师很少有资金补助助教或助手。因此,研究生工会化常常由人文学科的研究生来推动,工会化努力常常把谈判组织限制在由大学资助的助理(主要是助教)范围内,而不包括那些由外部资金资助的助理,就不奇怪了。

(2)美国州立大学对研究生工会的反对。多数大学强烈地反对研究生工会运动。公立大学与教师之间存在集体谈判关系已有多年,比如加利福尼亚大学与纽约州立大学系统;或与其职员之间存在集体谈判关系,比如伊利诺伊大学鄂博纳分校。到目前为止,还没有发现这些关系导致大学关闭,但是大学仍然强烈反对这种组织运动。许多私立大学也反对集体谈判运动。

州立大学反对研究生工会化的部分原因是,[①]在共同治理系统中,各方通过相互讨论,达成一致的主导性观念是解决冲突的优先选择。部分原因是担心研究生工会试图卷入更适合于留给教师与管理者的决策之中,比如班级规模问题与助教的分配。部分原因是认为"一把尺子不适合于所有机构",研究生助教合同不允许个人管理的多样化,而这一多样化目前存在于每一个校园的所有系。部分原因是害怕研究生工会会增加大学不想承担的财政成本,而这些增加的费用迫使他们削减其他领域的开支,或增加他们不愿意增加的学费。

有些担心似乎没有依据,尤其是对于州立大学来说,许多州的公共雇员,比如纽约州禁止罢工。缺少重要武器的工会不得不试图在管理上实施其预想的合同,经济学家预测工会对公共雇员补偿总额的影响不大。前面讨论的文献也表明,教师工会对其成员工资与福利的影响一直很小。

(3)研究生工会的影响。

①研究生工会对研究生助教的经济影响。

埃伦伯格(Ehrenberg)利用最近几年一组公立大学有关工资、补偿及助教和助研成本的数据,深入探讨了研究生工会对研究生助教的经济影响。为简化起见,埃伦伯格将讨论的内容限定在助教范围,但是研究助理的数据产生了极其类似的结果。

表 4.3 表明了所有机构在 5 个学年内一系列经济变量的平均值。

第一组数据呈现了研究生助教从学校得到的平均学年工资。通过 A 组与

[①] Ronald G. Ehrenberg. 2004. *Governing Academia*[M]. New York:Cornell University Press. 225.

B 和 B+C 组的对比,埃伦伯格发现,没有集体谈判的机构在 1996—1997 学年的平均学年工资稍低,但是到了 2000—2001 学年,其平均学年工资在三组中是最高的。他指出,这不能说明研究生工会在为其成员赢得增加工资上的无能为力,原因是组织了研究生工会的机构所在州的财政状况与未组织研究生工会的机构所在州的财政状况不同,或者是非工会学院增加助学金以阻止其研究生组织工会的强烈努力。四组中,平均学年工资最高的是 D 组。这是 D 组机构多位于生活成本相对较高区域的缘故。

表 4.3　公立研究型大学有无助教工会的助教工资、费用与补偿金的比较

结果/组(组数)	1996—1997	1997—1998	1998—1999	1999—2000	2000—2001
助教平均学年工资					
A(16)	10 370	10 617	10 990	11 378	11 817
B(4)	10 401	10 670	10 537	10 724	11 223
B+C(6)	10 561	10 891	10 950	11 352	11 686
D(7)	12 347	12 616	12 833	13 161	13 630
助教平均学年补偿金					
A	9 739	9 931	10 250	10 688	11 150
B	8 953	9 107	10 009	10 141	10 649
B+C	8 999	9 269	9 892	10 271	10 653
D	10 679	10 964	11 429	11 483	12 751
助教平均学年费用					
A	14 009	14 492	15 079	15 612	17 350
B	14 415	14 855	16 019	17 756	17 318
B+C	13 354	14 020	14 925	16 001	16 123
D	15 345	15 676	18 375	16 256	18 627
助教夏季平均工资					
A	2 904	2 970	4 012	4 347	3 625
B	2 608	2 695	4 608	5 059	4 865
B+C	2 683	2 767	4 319	4 624	4 576
D	4 182	4 752	4 607	4 788	4 785
助教平均工资/助理教授平均工资					
A	0.19	0.23	0.22	0.22	0.22
B	0.20	0.22	0.21	0.21	0.20
B+C	0.20	0.23	0.23	0.22	0.22
D	0.21	0.26	0.24	0.24	0.24

资料来源：罗纳德·G.埃伦伯格根据可靠资料计算而来，这些资料是一些加入资料交换计划的一流研究型大学向作者提供的。（Authors' calculations from confidential data provided to the authors from a set of major research universities that participate in a data exchange program.）

注释：A代表没有助教工会的公立大学；B代表1995年之前就有助教工会的公立大学；B＋C，即B组加上1995年或1996年开始有助教工会的公立大学；D代表1999—2000期间开始有助教工会的公立大学；"补偿金"表示工资减去助教必须缴纳的学费或其他费用的剩余部分；"费用"就是工资加上大学免收的学费和费用。大学向学生征收健康保险费，但对于助教来说，这项费用可以免去，这部分费用包括在助教成本中。

第二组数据呈现了在支付助学金的每一个机构中，身为本州居民的助教须付给大学的学费和其他费用而推导出的结论。这不是一个测量补偿金的最佳方法，因为这些数据中未包括任何一所大学为研究生提供的健康保险数据，而健康保险常常是促使研究生组织集体谈判努力的重要因素。对样本机构网站的搜索发现，2001—2002年间，这些机构中的A组与B组至少为研究生的健康保险提供了部分资金。不管怎么说，对补偿金变异的关注提供了研究生工会影响学费免除决策的证据。

在1996—1997之间，助教的平均补偿金，非工会机构高于工会机构，这表明，研究生助理支付的学费，工会化机构高于非工会化机构。到了2000—2001年，差异缩小了一些，表明在研究生组织了集体谈判的学院，研究生助理能够赢得学费与其他费用的大幅度削减。在D组学院，研究生助理的平均补偿金是最高的，这些研究生工会是在这一阶段的末期组织起来的。

第三组数据展示了研究生助教对于机构的平均学年费用。这些费用包括助学金、一部分学生未收的学费与其他费用。这其中有些费用是真实费用，比如，研究生健康保险。还有一些是机会成本，比如大学未收的学费。这些费用的忽略是大学的一项津贴福利，诸如健康保险，大学为所有研究生支付了健康保险，而不管他们是否是研究生助教。

从这个视角看，非工会化学院助教的平均学年费用要高于整个期间都组织了研究生工会的学院的费用，也高于只在这一阶段末期组织工会的研究生所在机构的费用。这些比较没有支持在哪一段时间研究生助教工会增加了大学为研究生支付的学年费用的观点，这些费用也可能受到不同机构学费增长的不同比例的影响。

第四组数据提供了支付给夏季承担助教任务的研究生的平均工资信息。非工会化学院的平均夏季工资,要高于整个期间组织了工会的研究生所在学院几百美元,但是在这一阶段末期,前者却实质性地低于后者。因此,研究生工会的经济影响可能是为夏季工作赢得较好的工资。5个学年内,D组机构夏季教学工作的工资都是最高的,这些机构只是在这一阶段末期才组织研究生工会的,这类大学多位于高生活成本区域(见表4.3),在得出确定性结论之前,控制不同区域生活成本的差异是重要的。

第五组数据呈现了助教或助理教授的平均工资。很少证据能够支持与助理教授的薪水相比,研究生工会增加了助教薪水的观点。最初,助教与助理教授平均工资的比率在未和研究生助理进行集体谈判的机构最低。然而,过了这一段时间后,在整个期间都进行了研究生集体谈判的大学里,这一比率相对提高了。同样,D组机构在整个期间,这一比率都是最高。随着时间的推移,在这些公立机构,研究生助理与助理教授之间的薪水比率变化不大是正常的。几个研究生合同注明:其成员工资增长的百分比将与教师工资增长的百分比相同。

整体看来,结果表明研究生工会对研究生助教的经济影响似乎不大,同时,研究生工会的问题可能被言过了。的确,吸引并留住一流的研究生是所有研究型大学教师的一项重要目标,因此教师通常支持增加研究生助手与助理的助学金。研究生助教工会多是管理性质的,不是教师关注的事情。

②研究生工会对研究生培养的影响。

如果研究生成本增加得太多,州立大学就有可能寻求替代方法来满足其教师对研究生课程的需求。如果研究生工会,或者努力哄抬助教助学金以吸引最好和最聪明的研究生,导致学生成本实质性增加,大学将缩减博士计划规模,充分利用演讲和其他非终身系列教师承担研究生课程。另一个劳动力替代的来源是研究生助教。2002年3月,马萨诸塞大学投票赞成为研究生助教建立工会表明,一旦财政资助与雇用之间的界限模糊,学术机构将承受更多有组织的研究生运动。提供研究生助教学分而不是工资作为补偿,可能会避开这一问题,但是许多教师挑战以承担助教工作来换回学分的合法性。

同样,如果研究生工会哄抬研究生助教的成本,大学要求教师利用外部资金支付助学金和研究生助教的学费,教师就会雇用博士后同事与长期的实验员和较少的研究生助教。因此,研究生工会的一个影响可能是缩小博士计划。杜德斯达认为,大学的合议与研究生集体谈判之间可能存在冲突。除了担心研究生工会卷入班级规模问题和助教的分配,他还担心研究生工会可能导致师生关系的破裂,最终降低研究生计划的质量。①

这样一来,博士研究生获取并完成学位的时间在有研究生工会的大学里增加,结果申请这些博士学位计划的研究生的质量就有可能下降。相比之下,如果研究生工会被看作是改进学生参与研究生院的一种方式,这样的工会有望提高博士计划申请者的质量和博士学位计划质量。

4. 美国州立大学的其他教师组织

临时教师的低工资以及福利待遇的缺乏成为他们组织教师工会的动力。尽管临时教师有动机变得工会化,但由于一系列原因,他们也难以组织,包括临时教师还有许多其他兼职工作,公立机构临时教师常常被排除在全职教师组织之外,比如在俄亥俄州,临时雇员的谈判组织在公立机构中是非法的,临时教师有很高的离职率。

尽管存在难以协调与统一的困难,但恶劣的待遇还是使大量临时教师走到了一起。2002 年,作为美国工人联合会(UAW)地方分会的"临时教师协会"成立,使得"临时教师协会"成为全美最大的、只有临时教师参加的联合会。2002 年 UAW 在全国有 15 000 多名助教会员,美国教师同盟(AFT)有 12 5000 名教师成员,其中包括 50 000 名临时教师。②

二、美国州立大学的学院治理

美国州立大学之下一般设立学院,但独立的州立学院没有这一层级的单位,州立学院下一级组织单位一般设系。学院在美国州立大学的治理结构中居于重要地位。

(一)美国州立大学治理结构中的学院

学院是美国州立大学结构中由上至下的第二级组织单位。③ 一般包括文理学院、医学院、法学院、商学院、工学院、教育学院等。文理学院通常包括基础学

---

① Ronald G. Ehrenberg. 2004. *Governing Academia*[M]. New York:Cornell University Press. 230 - 231.
② [美]大卫·科伯.高等教育市场化的底线[M].晓征,译.2008.北京:北京大学出版社.91.
③ [加]约翰·范德格拉夫,等.学术权力:七国高等教育管理体制比较[M].王承绪,等,译.2001.杭州:浙江教育出版社.115.

科,涵盖人文科学、社会科学和自然科学所有的系。这个中心学院一般来说既进行本科生教育也进行研究生教育,即除了专业学院之外的所有教育。作为基础的文理学院,或与其密切相关的单位,一般都有一个负责本科生教育的院长和一个负责研究生教育的院长。在大多数州立大学,系里的教师既教本科生也教研究生,因此,同时属于这两个院长的管辖范围。

每个学院还拥有一个或几个团体机构,如文理学院教授会、本科生院教授会、研究生院教授会,这些机构不定期开会,听取各自委员会报告和院长报告,并通过集体投票的方式进行决策。因此存在着一种二元结构,行政官员和教授团体必须在这种二元结构中寻找分工和联合的权限。比较典型的是,行政机构控制预算,教学人员监督课程,两者联合负责学生工作。许多委员会都具有双重身份,有些教授发展了自己的行政本能以及同某些行政人员之间的相互信任关系,由此成为起桥梁作用的寡头。在大多数州立大学,广大的学者团体在关键的人事问题上没有什么发言权。教学人员的雇用、晋升和解雇都由各系决定,他们负责基本的人事工作,在初级教学人员的任命上起主要作用,高级行政官员和教授委员会由行政机构任命,行政机构还负责所有的任命,他们在批准费用较大的终身职位时常常是小心翼翼的。

每个学院都有代表学者和学生群体的组织,"如由全体教师组成的教师会,由教师代表和学生代表组成的改革委员会、课程委员会、评估委员会、晋升委员会以及学生会等。这些机构的意见有的属于必须执行的正式决策,有的则是供学院参考的咨询性意见。美国大学的学院一级主要侧重于教学、科研和学生工作的管理。"[①]

在学院,行政人员同学者复杂地交织在一起,这一特点可以称为学者团体的官僚化联盟。学院是一个相对平坦的结构,它是由一系列平等的以系为形式的学院团体组成的。在较大的大学里,中心学院(文理学院)的系可达50多个。然而,学院也是一个行政机构,在等级上它高于系,并是更大行政结构的一部分。在这方面它的官僚权威比传统的大陆制度更强。它可以对各系的事务进行全面干涉,并积极地推行共同的标准,教学人员和行政人员之间权力的交叉重叠使学院难以推行片面的主张。

教学和研究工作仍然是在系里,或者是在研究所和跨学科专业这类辅助单

---

① 程晋宽.2004.从象牙塔到知识工厂再到超级市场——大学管理问题的比较分析[M].哈尔滨:黑龙江教育出版社.67.

位里进行。直接与基础工作有关的政策主要是在学院里做出的,在这些级别里,学院控制仍然占主要地位,它所面临的只是官僚性的大学行政权力的挑战。约翰·范德格拉夫(John H. Van de Graaff)发现:"大学系统的这些基层结构基础深厚、牢固,顽强地抵制外部强加的变革。政治团体一般来说无法渗透到这些级别的机构中去,它们的渗透意图不断受到挫折……尽管系和学院一级面临着上层行政结构的日益复杂化,但他们仍然以各种形式的个人统治和社团统治为主。"①

尽管许多政策与实践是在大学层面解决的,但是,阿波图·艾马尔认为:"大量决策是在大学的学院里作出的。学院层面的决策反映了每一个学院内部与次级学术主体和相关研究领域的特殊需求与关注。这些决策最终要得到教务长与/或校长的同意,但常常是不加审核地认可。"②

程晋宽教授认为,学院一般能够"决定课程改革、教学人员的人事问题、本科生的入学标准及第一级专业学位的授予。由于美国缺乏中学毕业的统一政策,美国大学在学院层面普遍设立了一个实体的教学基础部门,负责处理学生入学、咨询和协调教学等工作。这一教学基础部门由一名院长(dean)管理,他具有一定的实权,控制着经费预算,并参与教学人员的人事决策及系主任的任命。"③

(二)美国州立大学的学院院长

在权力下放的背景下,大学学院院长承担了重要的责任,多数观察家一致同意,"与几十年前相比,今天的院长有更大的能力采取自主行为,而不依赖于上级权威的特别指示。"④然而,必须承认,部分增加的是其贯彻那些满足大学规划目标或与大学资源分配规则相一致的活动能力。

不管怎么说,今天大学决策的一个重要群体是学院院长。作为大学学院的

---

① [加]约翰·范德格拉夫,等.学术权力:七国高等教育管理体制比较[M].王承绪,等,译.2001.杭州:浙江教育出版社.127-128.
② Alberto Amaral, Glen A. Jones & Berit Karseth. 2002. *Governing Higher Education: National Perspectives on Institutional Governance*[M]. USA: Kluwer Academic Publishers.265.
③ 程晋宽.2004.从象牙塔到知识工厂再到超级市场——大学管理问题的比较分析[M].哈尔滨:黑龙江教育出版社.178.
④ Alberto Amaral, Glen A. Jones & Berit Karseth. 2002. *Governing Higher Education: National Perspectives on Institutional Governance*[M]. USA: Kluwer Academic Publishers.270.

首脑,院长是其需求和权利强有力的倡导者。然而,院长在某些方面也是中心管理的一员,参与发展新的大学规则与监控系统,比如,有关生产力与资源分配。每一位院长最终都要坚持中心的规则。德里克·博克(Derek Bok)指出,"院长们在规定的范围内可以自由地支配其权力,他们务必尽其所能,突出强调一条原则:大学赋予那些最致力于大学中心使命的人最崇高的荣誉和尊敬"①。

院长还得益于另一个在大学内部已经出现的权利与责任变化。他们从低一级的学术等级,即学系那里获取了权力。在美国,传统的模式是,关于课程、学位授予、学术人员的雇用与晋升等学术决策的场所是学院。渐渐地,大学规则已经修改,决策权力移向院长办公室。这种权力变化的一个最显著的例子表现在出现学术空缺的时候。过去,填补空缺的决定权在学系。今天广为流行的模式是,填补空缺成为院长的权力。但学系最好有为填补空缺提供建议的机会。

其他一些影响力一起扩展了院长的势力范围与重要性。不断增加的研究水平与其他为克拉克所描述的"扩大了的发展领域"和第三项收入也在大学里发生了。然而,这些活动与资金通常与大学内部某一特殊的学院或专业学院有关。这一模式显然广受某些学院如商学院或工程学院的欢迎,但是它也阻止了中心管理在一些重要资金上拥有自己的控制。一个相关的发展是,院长开始在资金募集上扮演活跃的角色,努力增加这种外部支持用于资助其学院内部开展的活动。院长的地位在此得到了加强。②

院长是大学里重要的学术次级单位的首脑。院长向学术副校长(或教务长)报告事务,在多数大学,他们与教务长定期会面讨论问题及提议新方向。这些会议信息丰富并具咨询性,因此不属于治理结构的一部分。然而,实践中。在这些会议中得到讨论和达成一致的大量事情成为机构的运行实践。③

在大学的组织等级中,院长拥有非同一般的地位。他们不是校长的内阁成员,不是高层行政团队。然而,每一位院长是其学院的首席行政官员。而且,学

---

① [美]德里克·博克.走出象牙塔:现代大学的社会责任[M].徐小洲,陈军,译.2001.杭州:浙江教育出版社.87.

② Alberto Amaral, Glen A. Jones & Berit Karseth. 2002. *Governing Higher Education: National Perspectives on Institutional Governance*[M]. USA: Kluwer Academic Publishers. 270 - 271.

③ Alberto Amaral, Glen A. Jones & Berit Karseth. 2002. *Governing Higher Education: National Perspectives on Institutional Governance*[M]. USA: Kluwer Academic Publishers. 265.

术副校长和学院院长都具备学术训练,当从行政职位退下后,他们常常加入学系。院长与学术副校长不管怎么说都是大学行政管理的一部分。

几乎所有学院的院长"都是根据董事会的推荐由校长任命的而不是选举产生的,学院院长多由本院教师充任,他向校长负责,具有行政官员的地位,主要负责对全院的学术管理,对院内的全部事务都有较大的影响和权力。一般来说,每位院长都配有若干位负责教学、科研或学生工作的院长助理或其他辅助人员"①。

三、美国州立大学的学系治理

正如罗纳德·埃伦伯格所说,"在现代,一流的系界定了一流的大学,雄心勃勃的校长密切关注,提升其大学的排名。"②学系是由在制度上表现为一个教学群体和一个科研群体缠结在一起的教学和科研融合结构。③ 学生的生活呈现出双重群体的形状。按照混成一体的安排,学生的学习和生活在一个教学与科研相互融合的环境中同时展开,这个双重群体是一个避风的锚,具有守住大学,反对科研漂移和教学漂移的功能。双重群体反对将教学与科研分别放在一个孤立的环境中。

多数大学拥有大量研究所,在研究所与学系之间存在多种多样的关系。④ 在有些大学,研究所向学院院长报告事宜;在有些大学,他们向教务长办公室报告事宜。有些与某一个学系紧密联系在一起,有些则与几个学系存在联系。学术成员通常在一个特殊的学系拥有任命,即便是他们的义务全部奉献给了研究所。

(一)学系的组织性质

学系与研究所是大学的基层单位,教学与研究实际上是在那里进行的。学系的系主任常常是大学治理的重要玩家。在 20 世纪最后 10 年,他们承担了更

---

① 程晋宽.2004.从象牙塔到知识工厂再到超级市场——大学管理问题的比较分析[M].哈尔滨:黑龙江教育出版社.66-67.

② Ronald G. Ehrenberg. 2004. *Governing Academia*[M]. New York:Cornell University Press. 87.

③ [美]伯顿·克拉克.探究的场所——现代大学的科研和研究生教育[M].王承绪,译.2001.杭州:浙江教育出版社.291.

④ Alberto Amaral, Glen A. Jones & Berit Karseth. 2002. *Governing Higher Education: National Perspectives on Institutional Governance*[M]. USA:Kluwer Academic Publishers. 265.

多的行政责任,从处理日常的学术决定到规划与预算的一员,以及教师雇用与工作量。

1. 作为社团式机构的系

系是美国大学最低一级单位。同讲座制或研究所相比,系的权力比较分散。首先是在正教授中分配,其次是在副教授和助理教授中分配。系主任是一个非个人化的职位,一般每3年由高级人员轮换一次,而不是由一个人固定占有这个职位。在有些问题上,系主任必须同其他正教授商讨,也许还要同聘为终身教职的副教授商讨。在有些问题上,系主任必须同全体教学人员商讨。在这类会议上,少数服从多数是决策的主要原则。因此,系首先是一个社团式机构,即围绕某一学科的共同利益而组织起来的相对统一的机构,在垂直结构上具有不太严格的等级性,其职称等级是正教授、副教授、助理教授(有时也有讲师)。①

2. 作为官僚组织的系

系也是一个官僚单位,系主任是学术管理体系中的最低一级。他向一个或几个院长负责,并向一个或几个校部的官员(校长、学术副校长、教务长)负责。系主任比讲座的主持者在更大程度上既要向组织等级中的上级负责,同时又要向组织等级中的下级,即具有同等地位或接近同等地位的同事负责。系主任通常是由行政部门同系的成员商讨之后任命的,他按照院长、副校长、教务长等官员的旨意工作。因此,在讲座制中教授个人统治比较强的那一级别里,在美国的系制中官僚权力和社团权力是紧紧地交叉在一起的。有时,由于系是由强有力的人物控制的,或者由于在选举中采取互相捧场的做法,这时,系具有很强的独立性,不过,这种独立性和个人化的力量受到社团性机构内的横向控制和系与上级官员之间纵向联系的阻碍。由于存在着双重权力,系的社团性机构和官僚人员之间必然互相监督,这就对系里的独裁行为提供了制约力量。系里的冲突最终都集中到系主任身上,他是一个处于上挤下压地位的中间人物,既负责教学工作,也负责行政工作,他的权限责任很不清楚。②

---

① [加]约翰·范德格拉夫,等.学术权力:七国高等教育管理体制比较[M].王承绪,等,译.2001.杭州:浙江教育出版社.114.
② [加]约翰·范德格拉夫,等.学术权力:七国高等教育管理体制比较[M].王承绪,等,译.2001.杭州:浙江教育出版社.114-115.

（二）学系的组织功能

学系的治理是州立大学治理结构的基础，菲利普·阿特巴赫（Philip G. Altbach）认为系"保证了教师参与管理，避免某一个人在课程体系和学科体系中占统治地位。这种民主的决策机制，确保了系里的一般人员能够在系的事务决策中发挥作用，从而为学科的发展注入新思想……尽管美国大学的这种民主决策体制常常使系务决策出现激烈的争论，但是，它使更多的人参与了系里的学术事务决策。系的民主管理体制对美国大学的其他管理机构，如学校董事会、教师评议会等，都产生了重要影响。与多数其他国家的大学管理体制相比，在允许不同职务的教师参与系务管理方面，美国大学系一级的管理体制显示出了不寻常的民主性。"[①]

经过几十年的发展，美国的大学教师和行政人员发现，涵盖两个阶段基本操作单位的学系用处很多。[②] 学系能够从一所大学到另一所大学，从一个学科到另一个学科，灵活地把资源，特别是教师时间分配到两个阶段。学系能够使用本科生经费补助研究生课程。学系还能利用研究生教本科生，使教授腾出时间搞科研。

在研究生阶段，系是教学环境与科研环境的融合。通过课程要求，系能够坚持在具体的论文撰写中不能得到的学科广度，同时，系能够很早通过实验室、研讨班、特定的科研小组使学生投入科研活动。然后，在综合考试后，系成立一个由 3—5 人组成的委员会监督论文题目和研究方向的选择。

在州立大学，系主要控制教授从事本科生和研究生的工作部署。学系成为把低级阶段和高级阶段联合起来的整合单位。在基础学科，学系从大学一年级的初级课程伸展到博士学位论文。系作为州立大学的脊骨，决定了它的能力与缺陷。系比欧洲的讲座更加灵活和易于扩展，以学科群体的学院式控制取代一位教授的霸权。尽管一般学者把系的学科的集中看作学系存在的祸根，胜过跨学科的安排，但学科专家和中心行政人员都把学系用作达成很多目的的灵活形式。对学科专家来说，它是一切美德之母，特别是它倾向于高级工作。研究型州

[①] Philiph G. Altbach, Patricia J. Gumport, D. Bruce Johnstone. 2001. *In Defense of American Higher Education*[M]. Baltimore: The Johns Hopkins University Press. 22.

[②] ［美］伯顿·克拉克. 探究的场所——现代大学的科研和研究生教育[M]. 王承绪, 译. 2001. 杭州: 浙江教育出版社. 141.

立大学的系明显地得到学科认可,它们以教授科研、高级学生训练和博士产出的质量和数量为主,以初级课程的教学和对非主修学生的服务为辅。大多数系首先对研究和研究生的培养感兴趣,于是,本科生教育只是提供一个支撑基础和次要的报酬。但是在一般的州立大学,尤其是州立学院,教学与科研通常得以兼顾。

在德国、法国和英国,在完成第一级主要学位以后,想继续学术研究和攻读学位的学生,主要成为脱离有组织的教学的研究人员或初级学术人员。相比之下,美国的系充满课程学习,教学继续进行。对招生、学业评价、科研论文写作等各种由系把关的安排都已到位。总之,在美国学系的研究生阶段,教学框架仍然突出。同时,系和有关的研究所一起,越来越成为科研人员的工作场所,在那里,未来的导师和徒弟锻造着以科研为基础的工作关系。在学系,教授的科研活动成为一种教学模式,而学生的科研活动成为一种学习模式。①

卡尔·韦克(Karl E. Weick)在其富有想象力的描绘中,讨论了作为"知识的工具"的学系,系内的低级单位如:科研项目、科研小组、共同调研人员,或紧凑的专业,甚至是比系更加可能的场所,在那里,(集体)内聚性和(科学的)准确性之间的矛盾更加强烈。从"准确性"方面说,小组、项目和专业都是大学内登记、保存和传播科学知识的工具。从"内聚性"方面说,如果一个社会系统要成为我们理解世界的工具,它必须成为一个稳定、持久的社会系统。它必须吸收新成员,奖赏老成员,出版学习成果。学系必须保证内聚性,以便作为工具的学系收集和保存知识。②

在美国,科研群体与教学群体融合在学系之中。学系除了安排研究生课程以外,还控制招生、评估学生成绩和授予学位,并由研究生院进行监督,以保证符合大学的要求。这样,研究生至始至终都在系的照顾之下,并且参加一个科研群体。

因此,系主要是一个教学架构,内部的科研群体也包含在系内。科研群体的领导同时也是教学人员的组成部分。结果,学系明显地由教学群体和科研群体彼此融合而成。科学——教学——学习连结体不是建立在个别教授或学生的层次上,或者建立在师徒配对的形式上。在组织上,它是由学系决定的,反过来,学

---

① [美]伯顿·克拉克.探究的场所——现代大学的科研和研究生教育[M].王承绪,译.2001.杭州:浙江教育出版社.183.

② [美]伯顿·克拉克.探究的场所——现代大学的科研和研究生教育[M].王承绪,译.2001.杭州:浙江教育出版社.271.

系也支持着教学与科研。

　　教学群体和科研群体的区分,在研究型大学越来越明显。这两种群体中的任何一种都不可能比这两种群体结合起来同样好地既传递有形知识,又传递缄默知识。我们无需争论是系还是科研群体才是州立大学唯一的核心单位:这两者都越来越需要。为了科研成就和科研训练的目的,缺乏任何一方都是重大的结构缺陷。在现代条件下,系和科研群体的融合是使高等教育和科学的联姻达到尽善尽美的所在。

　　教师的招募与晋升是学系的一项重要功能。教师招募与晋升牢牢地控制在系的手上,而系是自治并自我延续的。[1] 福克斯(Warren Fox)发现:"教师的雇用、晋升和解雇由教师中的同事们决定。人事决定多半在系这一级,终身教授和系主任在雇佣、晋升决定方面有很大影响力。学院院长也对人事事务施加巨大影响。分校校长虽然极少但偶尔可能会涉足人事事务甚至会行使单方面的权力。从技术上讲,某一系统的管理委员会愿意对各类人事事务行使权力;然而,在系统总长和各分校校长之外,从未有人行使过这种权力。"[2]每一个学系在晋升与终身教职上都有自己的标准、期望与实际做法。学系的治理结构会影响到在任一层面上教师的晋升以及谁会出现在终身教职的申请者之列。[3] 比如,由系里大多数领域的代表组成的委员会青睐的一组申请者,可能与仅由一个领域的教师组成的委员会青睐的一组申请者有实质上的不同。

　　学系还有保护学者免于相互之间以及外部干预的功能,它的保护功能总是太容易被忽视。相互冲突的结构具有一定的价值,这种价值常常被人们低估,因为势均力敌的冲突常常被人们忽视,于是人们遗忘了被这种结构所解决的问题,只"看见"结构的表面含义。基于局部理解,他们提出了结构改革。直至结构被拆除,冲突爆发时,他们才发现结构所发挥的积极功能。

　　学系是传授系统知识最强有力的工具,代表整个学习领域实现各种要求。它作了单独一个导师或使命单一的科研群体所不能做的事情;它为大规模供应

---

　　[1] Ronald G. Ehrenberg. 2004. *Governing Academia*[M]. New York:Cornell University Press. 86.

　　[2] [荷兰]范富格特.国际高等教育政策比较研究[M].王承绪,译.2001.杭州:浙江教育出版社.80-81.

　　[3] Ronald G. Ehrenberg. 2004. *Governing Academia*[M]. New York:Cornell University Press. 112.

有形知识提供框架。没有学系,学生要获得学科知识将陷入困境。

(三)系主任

程晋宽教授的研究表明,美国州立大学"系主任的任命和任期是上一级行政人员在向终身教学人员咨询后决定的。除医学院的系主任对系财政资源具有实际的直接控制权外,一般系主任的权力主要表现在人事建议、教师工作任务的布置和对系资源的管理等方面。与欧洲大陆和英国大学教学管理模式相比,美国大学的系主任是不具有职权性的职务。他虽然是等级制中的管理者,但又是系里的教师同事,系内部的决策主要是社团式的,他对教学、课程和人事安排具有控制权,但需要经过上级复审"。① 大卫·科伯(David Kirp)发现:"除非系主任是一个非常有外交手腕的人,否则对于保守的教学人员来说,权力集中是一件非常痛苦的事情。他们常常觉得丧失了权力,觉得自己的意见得不到重视。"②

系主任就自己学系的教育、研究、服务向院长、教务长或副校长报告;这项责任包括预算事务、物质设施及涉及到学系人事事务的司法权。在具体的治理过程中,院长常常将系级管理的许多责任委托给系主任,在学系,这种相对的等级结构开始崩溃。系主任的选举有时是教师的义务,有时又成为院长和教务长的一项官方义务,系主任的选举主要受教师的影响。即便如此,系主任常常能够保留实质性权力。比如在密歇根州立大学,系主任的权力有以下正式规定:"系主席或系主任是大学内部其所在系或部门的首要代表。他或她对教育、研究、服务负责,对预算事务、物质设施负责,在考虑到其单位的劝告程序时,对涉及到其司法权的人事事务负责。系主席或主任在学术、教学能力与公共服务方面建立强大的学系上负有特殊的义务。"③

各大学选择系主任的方式不尽相同,程晋宽教授认为,概括起来大致有三种:"行政领导任命,教师选举,以及上述两种方法的折衷办法,即由系里提出候选人名单,由校级行政机构从中指定。最后这种办法是平衡教师利益和管理机构利益的一种方式。大部分情况下,美国大学的系主任由那些享受'终身制'的

---

① 程晋宽.2004.从象牙塔到知识工厂再到超级市场——大学管理问题的比较分析[M].哈尔滨:黑龙江教育出版社.177-178.
② [美]大卫·科伯.高等教育市场化的底线[M].晓征,译.2008.北京:北京大学出版社.75.
③ Ronald G. Ehrenberg. 2004. *Governing Academia*[M]. New York:Cornell University Press.93-94.

教师轮流担任,但要经过全体教师选举的程序。为了防止系科制可能产生的刻板、封闭和只顾及局部利益等问题,一些大学采取了制衡措施,限制了系科对于大学的离心倾向"。①

伯恩鲍姆认为,"州立大学的系主任只能要么完全满足院长的要求,要么完全满足教师的要求,而不能同时满足两方面的要求。州立大学的系主任既不是教学子系统的最主要成分,又不是管理子系统的最重要成分"。②约翰道格拉斯·沃尔森想起了一位前助理院长的评论,系主任的观点在院长办公室的任一事情上都是更可取的,因为系主任有巨大的能力使事情落实。

系是大学等级结构的基石,系主任是系的代言人,在大学治理结构中以及系内部的委员会结构中,学系实际上存在相当大的变数。在有些系,系主任在终身教职问题上作出关键性决策,教师只是扮演咨询角色;在其他一些系,系主任影响微弱,重要的终身教职决策主要由全体一致同意或系里一些重要人物联合决定。在晋升终身教职程序中,系主任的报告可能主要反映他自己的观点,或主要概括了教师的一致意见。由于学系的治理结构不同,针对同样的教师,学系在推荐终身晋升时可能出现极其不同的结果。

(四)学系的变革与治理

自1910年以来,一直到20世纪最后20年,系的结构一直保持未变,并独具美国特色,势力强大。安德鲁·艾伯特(Andrew Abbott)指出,"以学科为基础的系是美国大学基本的与不可替代的基石……学科事实上提供了现代美国多数知识分子身份认同的核心因素。"③米歇尔·吉本斯(Michael Gibbons)观察到,"在学科科学,通过同行评议来吸收个体参与工作、解决问题,被视作提升学科水平的中心问题。这些问题主要由学科的前辈及其守门人来界定"④。

---

① 程晋宽.2004.从象牙塔到知识工厂再到超级市场——大学管理问题的比较分析[M].哈尔滨:黑龙江教育出版社.67-68.

② Robert Birnbaum. 1988. *How Colleges Work—The Cybernetics of Academic Organization and Leadship*[M]. San Francisco:Jossey-Bass Publishers. 39

③ Andrew Abbott. 2002. "The Disciplines and the Future,"in *The Future of the City of Intellect:The Changing American University*[M]. Stanford:Stanford University Press. 210.

④ Michael Gibbons. 1998. "*Higher Education Relevance in the Twenty-first Century*"[C]. paper presented at the UNESCO World Conference on Higher Education, Paris, October 5-9.9.

不过，这种长达一个世纪之久的系科结构及其理念对美国高等教育强大的、多层面的控制在高等教育发展强劲的当代情势下正在遭受侵蚀。① 第一个发展是注册人数的大众化，使得大多数新加入者对于学习文明的智力成果、发展新知识或成为某一领域的专家罕有兴趣。第二个发展是伴随着学科的发展，在展示成果问题上对学系结构提出了挑战，诸如在生物工程或者与政治、经济及军事有紧密关系的领域。第三个发展是原来的系结构与控制为学院与大学急于现代化提出了诸多难题，如更加以学生为中心、更加企业化与国际化。第四个发展或许是最具破坏性的，即以学科和精英高等教育为基础，且仍在坚持的大学理念正在崩溃。美国高等教育正在树立一个新的理念：更为实用主义、更加直接地服务于社会、在产出能力方面更加有效、更富弹性与创造力的工作人员。为了知识而知识的崇高理念，常常处于鼓励状态，如今已不再是大多数机构的主要功能。正如米歇尔·吉本斯（Michael Gibbons）所说，新的理念需要一个根本性的"从以学科为基础的学习到以问题为导向的学习的转变"，重点是跨学科与学科融合教育。

在高等教育市场化的背景下，每一个学系都成为一个"收入中心"。② 由于来自联邦政府、企业和私人基金会的研究经费与合同的资源直接流向教师企业家的份额不断加大，现今研究型州立大学出现了第三层非正式的教师力量和控制力。③ 这些研究组织作为半独立收入中心，拥有相当大的影响力，甚至超过了教务委员会那样的正式教师管理结构。

怎样使大学保持智力生活的活力与结构弹性，即便其组成部分必然会固化？在学者个人层面，需要做的事情即便有也很少。在系和学科层面也是一样，希望存在于学校层面，尽管历史告诉我们，解决大学问题没有捷径可走。为了促进变革，学系必须保持多样化，系的多样化能够促进竞争，多样化重要源于两个原因。④ 首先，它保持了观点多样化的活力。科学进步内在地极不确定：人们不知

---

① Michael Gibbons. 1998 ."*Higher Education Relevance in the Twenty-first Century*"[C]. paper presented at the UNESCO World Conference on Higher Education, Paris, October 5 - 9. 40.

② Michael Fullan, Geoff Scott. 2009. *Turnaround Leadership for Higher Education*[M]. San Francisco:Jossey-Bass A Wiley Imprint. 13.

③ ［美］詹姆斯·杜德斯达，弗瑞斯·沃马克. 美国公立大学的未来[M]. 刘济良，译. 2006. 北京：北京大学出版社. 133.

④ Ronald G. Ehrenberg. 2004. *Governing Academia*[M]. New York:Cornell University Press. 88.

道明天哪一个流派的研究与教学具有价值。其次,多样化允许进行实验。多样化的系从事不同的活动,有些活动证明比其他活动更为成功。不怎么成功的系可以采用成功的实验。

所以,学系的多样化与竞争能够相得益彰。多样化使人们和计划以优异的成绩凸显出来,是竞争允许表现更好的战略与成功的实验得到传播。为了保持多样化,分权结构必须杂乱松散。学系之间的竞争需要限制在一定范围内。吞没一切的竞争有同质化的危险,如果每个人在同样的环境限制下追求同一个目标,那么每个人将以趋同的方式结束,如果存在选举效应,将会出现不同类型的同质化。

限制竞争的一种方式是实施多种交叉与部分相互矛盾的行为标准。不同的系可以选择不同的标准进行组合。这样,每个系都被迫面临竞争的压力,同时保持独特的一面,因为它是由独特行为标准的组合所评价的。

由于存在两极思维的自然倾向,所以,设计有效的分权结构是困难的。一方面,人们不想让每一个学系独立或孤立地运行,缺少有效的行为测量,必将导致研究与教学的劣等表现。另一方面,人们不想实施针对所有学系的行为量化标准。这样的量化必将事与愿违,首先,它不能考虑到部门细节,其次,教师会最大化其被测量的行为表现,同时在其他方面躲避测量。①

由于学系不断增加的分化,系的内部四分五裂。校园研究所和跨学科专业的增长,激化了如下问题:如何既给他们提供建设性的、有资助的自治,同时又使它们和系对教授的任命、学生的选拔和专业要求的控制统一起来。自治太少,阻碍这些非系单位的有生力量;它们的力量太大,意味着校园的知识引力中心从系转移到研究所。同时,由于在所有学科新的专业涌现,老的专业枯萎,所有的系,正如在生物科学系所看到的,需要定期进行重新结合和重新组织。② 当大学官方认可某些特别的研究领域时,这些研究领域不得不以跨学科或交叉学科的形式组织起来,由来自两个或更多系里的教师共同掌控。

---

① Ronald G. Ehrenberg. 2004. *Governing Academia*[M]. New York:Cornell University Press. 88.

② [美]伯顿·克拉克.探究的场所——现代大学的科研和研究生教育[M].王承绪,译.2001.杭州:浙江教育出版社.179.

本章结语

美国州立大学的内部治理具有悠久的分权传统。美国州立大学治理结构中最出色的部分是它能够在教师、管理人员及董事会之间就最基本的问题与同事分享观点。通过治理权力在教师、托管人、全体职工和行政人员之间的共享,实现不断变化着的权力制衡。这种把权力、原则性和灵活性有机结合的作风使得州立大学的内部治理更富有成效,更加卓越。

第五章 美国州立大学的治理困境与变革

当今州立大学正被各种相互抵触的力量推来挤去。市场要求花费有效的服务;政府和公众要求对公共资金花费的责任制;教师要求学术自由。

数十年前甚至一个世纪以前建立起来的治理机制已经难以适应当代州立大学的治理。州政府将州立大学交给经验不足的外行董事会,或者是具有反抗性却无责任感的教师评议会,都是有损公共利益的行为。在巨大的变革时期,州立大学校长必须用强硬的手段彻底解决共同治理所带来的难题,从而使州立大学更好地服务于社会。①

在21世纪初,激进的新情况、社会转型、各种各样的学生群体以及不断变化的学术兴趣要求对1870—1910年形成的美国大学基本结构重新安排,并进行彻底的检视。事实上,在一些领域,高等教育业已进入新的服务模式,大学治理结构的重构实际上正在进行着。②

一、美国州立大学的治理困境

美国州立大学的治理日益受到众多内外因素的限制。③外部限制因素包括:资金不足;联邦和州对学校更多的控制;法院更多地参与学术决策;控制层次的增加;发展和变革的机会越来越少;对高等教育使命重要性的疑惑等等。内部限制

---

① [美]詹姆斯·杜德斯达,弗瑞斯·沃马克. 美国公立大学的未来[M]. 刘济良,译. 2006. 北京:北京大学出版社. 148.

② Ronald G. Ehrenberg. 2004. *Governing Academia*[M]. New York:Cornell University Press. preface:Ⅸ.

③ Robert Birnbaum. 1988. *How Colleges Work—The Cybernetics of Academic Organization and Leadship*[M]. San Francisco:Jossey-Bass Publishers. 13-14.

因素包括：教师大量地参与学术和人事决策；教师集体谈判；学校目标更加模糊不清；学校各种利益团体增多，以至于很难取得一致意见；学校社区的统一性遭到破坏；董事更多地参与校内事务管理；学校管理人员越来越官僚化和专业化；学校的二重权力系统、参与期望的高涨、教师与校外团体的联系日益增强以及其他有关因素，都严重地限制了管理人员的影响力。

（一）美国州立大学的外部治理困境

在美国州立大学所面临的外部治理困境中，资金困境最为影响之大。

1. 资金困境

大卫·科伯的研究发现：美国"州立大学的财政状况都非常严峻。不仅州里提供的基金不足，联邦政府的资助也比过去减少了，钱主要用资助或贷款的方式拨给了学生，而不是给了大学"[①]。

过去，州政府一直为州立大学提供足够的资金，使其只象征性地收点费用，现在却指望州立大学收取学杂费，以补偿州政府教育经费的不足。詹姆斯·杜德斯达与弗瑞斯·沃马克指出，"不管有没有明说，州和国家的公共领导者的意图都很明显，他们想把资助高等教育的负担从纳税人身上转嫁给受益最大的学生和家长身上。"[②]但州立大学学费的一点点提高就会引来学生和家长的强烈反对，并受到媒体的严厉批评，以及政治压力或直接的法律行为。现在，争取资金的战场由立法机关的大厅转移到了官僚们的办公室，官僚们对高等教育缺乏理解，并专注于数字这样的游戏。

不断增加的从学费与州拨款之外获取资源的需求对州立大学造成了持续的压力，增加它们的年度申请与捐赠。现在，校园各单位建立了自己的咨询委员会，以服务于单位自身对寻求收入的需求。这些咨询委员会的发展将增加州立大学在中心管理上的困难。各单位不断寻求基于自身的利益增加了潜在的财政纷争，这种财政纷争常常与寻求资金相联系。

日益增加的捐赠也对州立大学施加了更多的压力，对捐赠者的喜好作出反应，包括确定大学的优先事项及其运行。这种压力的一个极端例子最近发生在

---

① [美]大卫·科伯.高等教育市场化的底线[M].晓征,译.2008.北京：北京大学出版社.139.

② [美]詹姆斯·杜德斯达,弗瑞斯·沃马克.美国公立大学的未来[M].刘济良,译.2006.北京：北京大学出版社.65.

克利夫兰地区凯斯西储大学（Case Western Reserve University）的一位重要捐赠者身上，该捐赠者宣称，直到凯斯西储大学董事会以他认为满意的方式进行重组，否则他会保留所有凯斯西储大学的捐赠与克利夫兰地区所有组织的捐赠。凯斯西储大学董事会的重要成员同时服务于其他组织的董事会，鉴于这些重叠的董事会结构，该捐赠者认为保留克利夫兰地区其他组织的捐赠会使这些组织对凯斯西储大学施加压力以改革其董事会结构①。

正如赫钦斯所说，"对捐赠者一时兴趣的依赖，意味着没有人能搞清大学的政策究竟是什么。只要有人愿意出资，不管什么都会成为明年的政策。"②

2. 州政府的不当干预

有时候，州政府过多地干预了州立大学，使州立大学的发展面临困境。例如，在州立大学努力为少数群体服务时，它们遭遇了肯定性行动和"种族偏好"的政治战争。它们在努力刺激经济发展的过程中，遭遇了与私立大学的不平等竞争。有选择性入学政策的州立大学经常面临公共官员的压力，当选民的孩子没能进入大学时，这些官员代表选民作出反应。③

政府不断加大对州立大学的干涉，践踏学术价值，使州立大学一个个沦为平庸。公众希望州立大学得到有效治理，但通过公众立法织就的一张约束之网，使得州立大学的治理困难重重，甚至陷于瘫痪。

州立大学要对大量的州规章和法律负责，这些都体现在控制它们运行的规则和制度中。例如，《阳光法案》要求州立大学对新闻界公开会议和记录，并解除人事政策或经费开支方面的限制。州立大学董事会是通过州长任命或公众选举等政治机制产生的。④《阳光法案》、《公开会议法》等法案不允许董事会私下讨论敏感的政策问题；《新闻自由法》允许新闻工作人员利用大学的文件进行调查。州立大学受到州政府制定的人事、购买和建筑条例以及预算管理规定的限制，即

---

① Ronald G. Ehrenberg. 2004. *Governing Academia*[M]. New York：Cornell University Press. 279.
② ［美］罗伯特·M.赫钦斯.美国高等教育[M].汪利兵，译.2001.杭州：浙江教育出版社.3.
③ ［美］詹姆斯·杜德斯达，弗瑞斯·沃马克.美国公立大学的未来[M].刘济良，译. 2006.北京：北京大学出版社.139.
④ ［美］詹姆斯·杜德斯达，弗瑞斯·沃马克.美国公立大学的未来[M].刘济良，译. 2006.北京：北京大学出版社.10-11.

使学校资源条件具备,某些开支也难以兑现。①

　　许多问题以往都是由学校自行处理的,而现在几乎所有州都通过协调或联合治理董事会对这些问题施加影响。伯恩鲍姆发现:"有些州当局或立法机关参与学校规划、管理程序、预算和计划的审议。他们所持的理由都是对公众负责,然而结果往往是混乱不堪。州立大学成为州政府的组成部分,一个州董事会要管理几所甚至是十几所州立大学,因此,它没有足够的时间或精力去熟悉每一所学校。"②由于州政府对州立大学的影响日盛,州立大学校长发现自己并不是学校的领导者,而是一个中层管理人员。

　　州政府增加干预的方法是在其预算程序中采取基于表现的激励,或直接采用绩效预算体系,在这种体系中,机构预算直接与机构成果直接相连。绩效审计是州立法机关评估高校履行责任、达成目标的业绩表现的主要手段。关注教育途径与机会的公共政策,已被关注教育成本、质量和绩效的公共政策所取代。③近几十年来,各州逐渐地采用了这种体系,而很少有证据表明这种绩效预算体系对州立大学有任何可以测量的影响。业绩拨款(performance funding)主要根据学生的学分、教师的面授课时和毕业率来衡量。这些衡量标准常常由州立法机构制定,与教学质量基本无关。

　　州政府强化对州立大学监管的趋势在20世纪的多数时间里一直在增强,直到20世纪的最后20年才有所缓解,20世纪80年代与90年代出现了各种各样州政府层面的改革,这些改革代表了几种不同的活动模式,这些不同模式既包括州政府强化对州立大学的监管,也包括州政府给予学院、大学或个别州立大学系统更多独立与自治的改革运动。迈克伦登(McLendon)将这后一种运动描述为"解除管制/去中央化……然而,1980年,这种形式的州政府活动主要包括州政府程序性控制的分配,近来,它已经扩大到包括实质性领域的校园功能,比如学术计划上更大的校园权威,和整个治理或协调系统的重构"。迈克伦登指出,不管州政府实施变革的性质是什么,"无一例外,这些治理举措无不要求提高效率、

---

　　① Robert Birnbaum. 1988. *How Colleges Work—The Cybernetics of Academic Organization and Leadship*[M]. San Francisco:Jossey-Bass Publishers. 17-18.

　　② Robert Birnbaum. 1988. *How Colleges Work—The Cybernetics of Academic Organization and Leadship*[M]. San Francisco:Jossey—Bass Publishers. 16.

　　③ 余承海,程晋宽.2013.美国公立大学治理的政治化及其启示[J].高等教育研究,(8).95.

促进竞争与协调或削减成本"①。

(二)美国州立大学系统的治理困境

虽然州立大学系统已经成为美国公立高等教育的主导模式,但在其治理过程中,也出现过混乱。州立大学系统经常在治理权力的划分上经历着以下摩擦:分校与系统之间、内部的支持者和外部的支持者之间、自由与控制、特权与许可、相关各方的权力与义务等。任何想运用这一模式的国家都必须意识到,州立大学系统的治理事实上就是一种不断寻求平衡的行为。

1970年,美国州立大学系统面临来自州高等教育协调机构的威胁,如高等教育董事会、委员会等——州高等教育协调机构被置于州立大学系统和州政府之间。人们对于州立大学系统和州协调机构的角色以及他们之间的独特关系缺乏明确的理解和认同。② 在许多州,州立大学系统办公室实际上就是伪装成学术组织的一个州立机关,大学领导的选择和州机关官员的选择差不多,注重政治常识和影响力,而不是学术资历。③

尤金·李与弗兰克·鲍恩指出,州立大学系统的创新很少。20世纪90年代初期,在对12所面临资源紧缩的大学系统进行考察之后,伯克(Burke)指出,许多决定还是由各个校园做出的,各个校园的利益被置于系统需要之上,很少有校园是通过协同努力来进行改进和变革,以提高绩效的。④

伯克的调查表明,州立大学系统未能达到协同,有的校园甚至未开展对协同的追求,很少系统通过协同努力来提高绩效,更谈不上改革其院校的绩效。极个别系统利用了"共同目标"和"互补作用"的策略,使分校在为共同目标作出独特贡献的同时,完成其自身的使命。大部分系统都受限于为优先发展领域所进行的资源再分配。系统难以经受住责任的检验,纽约州立大学系统的经验表明,如果系统的官员都由州长任命,那么系统就成了政治干涉的通道,而不是缓冲器。

---

① Ronald G. Ehrenberg. 2004. *Governing Academia*[M]. New York:Cornell University Press. 52.

② [美]杰拉德·盖泽尔.美国多校园大学系统:实践与前景[M].沈红,等,译.2004.北京:教育科学出版社.序言:8.

③ [美]詹姆斯·杜德斯达,弗瑞斯·沃马克.美国公立大学的未来[M].刘济良,译.2006.北京:北京大学出版社.141.

④ [美]杰拉德·盖泽尔.美国多校园大学系统:实践与前景[M].沈红,等.译.2004.北京:教育科学出版社.序言:3.

多校园系统很容易受到地方立法者和其他政客的影响,因为在内部权力斗争中失利的人和校内派系可能求助于政客,董事会如不能有效地抵制这种权术之争,学校系统就会分裂。①

由于权力的进一步集中,校园内部的参与过程和系统办公室的集中管理之间出现了不和谐的迹象,危及了协商式管理和层级式管理之间的平衡。战后集权式的多校园大学治理模式产生了长期的影响,使学术社区的传统意义退化,而这一直是美国高等教育的一个显著特点。任何引起集权和控制的行动计划,都会出现许多问题。比如教授对大学系统的排斥、校园士气的低落以及生产效率低下等。

乔·伯克(Joe Burke)指出,②当大学系统面临挑战时,尤其是面临意想不到的挑战时,如财政拨款的紧缩、协作上的压力、控制和领导之间的矛盾等,大学系统往往会出现权力的下放。当面临财政紧缩时,系统和分校往往在没有严格地检查或改变其重点或使命的情况下,在整个系统范围内削减开支。其他方面的领导不力也向系统模式提出了挑战。

李和鲍恩至少也是间接地承认系统中存在的保守倾向和多重观点,因为系统庞大、笨重、官僚,他们不愿意放弃任何东西,也不愿意重构自己、重新教育自己、明确自己的目标和使命。

(三) 美国州立大学的内部治理困境

1. 治理结构过时

詹姆斯·杜德斯达与弗瑞斯·沃马克发现,州立大学的治理结构过于僵硬。不能适应快速发展和交互联系的知识和实践。管理部门傲慢、臃肿。国家领导委员会(National Commission on the Academic Presidency)1996年的报告指出,大多数大学的治理结构陈旧。当高等教育应当警觉和灵敏的时候,它却缓慢和小心翼翼,被传统和治理机制束缚,不允许时代所要求的责任和果断。大学校长不能有效地领导他们的机构,因为他们被强迫按照一个模式操作。

这一观点得到兰德公司(Rand Corporation)一项研究的支持:"为什么学术

---

① [美]博德斯顿.管理今日大学[M].王春春,赵炬明,译.2006.桂林:广西师范大学出版社.40.

② [美]杰拉德·盖泽尔.美国多校园大学系统:实践与前景[M].沈红,等,译.2004.北京:教育科学出版社.2.

机构不能积极有效地采取行动(增加生产力),主要原因就是过时的管理结构,即:决策单位、政策以及控制资源配给的实践,这些结构自从19世纪建立以来仍旧大体不变地保持着。在目前资源紧缺的情况下,为一个增长的时代所设计的治理结构就显得迟缓甚至不正常了。"①

詹姆斯·杜德斯达与弗瑞斯·沃马克认为,在一定程度上,公立大学的应对能力和竞争能力被它们的规模、惰性和笨拙的管理结构复杂化了。公众期望和董事会的政治力量对州立大学的治理结构构成了更为严重的威胁。陈旧的治理结构要求州立大学采取果断措施限制成本增长,但现行的治理结构使降低成本和提高生产率极为困难。

治理人员的专业化对治理结构提出了挑战。州立大学业余的学术领导模式与以政治程序选派的外行董事会难以适应新的治理结构。尽管有些大学仍然从学术行列选拔领导,但他们越来越认识到大学的大规模、复杂性和影响力要求有才能、高素质的专业管理人才。

2. 董事会的恶化

首先,董事会的恶化表现为过于政治化。

州立大学董事会主要由州长直接任命或州长任命、立法机构批准的董事组成。州长和其他一些民选官员都是当然成员,他们在董事会享有投票权力。州立大学董事会致力于最大化州立大学的法律功能。对政治任命的依赖使州立大学在面对快速变化的环境时,缺少所需的多样化、独立性及效率。最近,一项针对州立大学董事会的研究指出,州长通常任命那些政治党派的亲信出任董事会席位,而没有充分考虑到这些人的高等教育专业知识或董事身份。②

州立大学董事会的政治本质将州立大学与政治运作结合在一起,削弱了州立大学的自治权,政治领导人经常对任命或选举出来的大学管理者施加政治压力,干涉本该是独立的决策。公立大学正处于严密的政治控制之中,面临着越来越大的政治压力。它所面对的很多危机是由政治引发的,政治力量正在介入公立大学,在塑造公立大学方面发挥着越来越重要的主导作用,成为控制公立大学

---

① [美]詹姆斯·杜德斯达,弗瑞斯·沃马克.美国公立大学的未来[M].刘济良,译. 2006.北京:北京大学出版社.147.

② Ronald G. Ehrenberg. 2004. *Governing Academia*[M]. New York:Cornell University Press. 254－255.

命运最强大的力量。公立大学甚至成为政治争论场所和政治动乱场所,是政治权利的另一个"角逐场"。①

私立大学和州立大学的董事会在理念上有着明显不同。私立大学董事会成员倾向于将自己看做服务者,总是努力为大学获取最大利益;而州立大学的董事会成员选举过程的政治本质,使他们认为首先要对选民而不是对大学负责。事实上,很多州立大学董事会往往只对特定的政治选民负责。他们更多的是州立大学的"统治者"或"立法者",而不是"财产托管人"。私立大学董事会的保管人理念和州立大学董事会的监视者态度之间的对比,既是它们最显著的区别之一,也是州立大学面临的最大挑战。他们在会议室里大谈政治,将学校活动和政治联系起来,而不是保护大学不受各种政治力量的干预。

无论州立大学的董事是选举产生的还是任命的,他们能够进入州立大学更多地依靠政治关系,而不是基于他们对高等教育的知识、经验或责任感。对于州立大学的业内人士来说,他们非常反感用政治程序来决定州立大学治理董事会。因此,州立大学董事会相对来说缺乏经验、政治成分过高、在学校中不能受到广泛的关注和尊重,这将导致董事会、教师和学生之间产生巨大的信任鸿沟。

州立大学校长一致认为,"他们所面临的最大挑战之一就是保护机构远离董事会。董事会施加给校长的负担尤其重:大量时间用来满足董事会成员的特殊利益,受持有强烈个人或政治动机的董事会成员的非礼,不断增加的行事谨慎,因为他们从来不知道董事会将支持他们还是反对他们。"②

州立大学董事的任期基本上是州法律规定的,通常 6 到 10 年,只有在渎职时才能被选民或法院罢免。即使是最平庸的无能,或严重的行为不端,州立大学也不能罢免这些董事。这足以证明,董事与责任制实现了有效的分离,政治上的责任远远没有达到受托的责任。

其次,董事会的恶化表现为角色错位。

传统上,州立大学董事会是作为拥护者服务于高等教育的。然而,近年来,董事会角色已经发生了显著变化,它更加强调监管和公共责任。由于董事会选择的政治性变得更加引起争议,董事会成员开始拥护强烈的政治议程,例如,重组课程

---

① 余承海,程晋宽.2013.美国公立大学治理的政治化及其启示[J].高等教育研究,(8).93.
② [美]詹姆斯·杜德斯达,弗瑞斯·沃马克.美国公立大学的未来[M].刘济良,译.2006.北京:北京大学出版社.135.

以强调特定的思想意识,在牺牲质量的基础上降低花费,甚至是罢免一位特定的大学校长,通常是由于他或她不能充分满足董事会个别成员一时的兴致。在一定意义上,董事会已经成为校园里众多政治事件的导火线。

董事会协会1996年的一项调查指出,州立大学董事会许多成员缺乏对高等教育的基本理解和重要的奉献精神。作为公共的受托董事会,许多董事既没有为公众服务的概念,也缺乏对整个机构的责任心。① 州立大学董事会趋向于花太多时间关注于管理事务而不是紧迫的教育政策问题。②

罗伯特·M. 赫钦斯指出:"一所州立大学的董事们以根据法律董事对大学负责为借口,近来声称他们有权禁止系科的教职人员考虑某些问题。但是学校董事的一般职责不能扩展到学科的内容、课程的内容或教职人员的资格方面,这些事情属于技术层面,是他们无法胜任的。他们应将自己的职责限于选择一个有能力应付这些问题的行政班子。"③

此外,与30—50人组成的私立大学董事会相比,州立大学董事会太小了。如此狭小的规模使州立大学董事会在保持当代大学宽泛的机构兴趣和需求方面显得十分困难。而且,一个小的董事会可能会被特殊的爱好、狭窄的视野或某个成员的个性所辖制。

3. 内部治理群体的分裂

维纳·赫斯与鲁克·韦伯(WernerZ. Hirsch & LucE. Weber)尖锐地指出,"大学是个破裂的社会——批判、不容忍、缺少一致。"④州立大学的治理隐藏着无数危机:官僚主义增长,学院群体分离。大学的治理更难为外界看见和理解。原来的价值观和大学的单纯不再能应用到日趋复杂与模糊的现实。大学治理中埋置的无凝聚性促进了不断增长中的"危机"感。⑤

---

① [美]詹姆斯·杜德斯达,弗瑞斯·沃马克.美国公立大学的未来[M].刘济良,译.2006.北京:北京大学出版社.136.
② WernerZ. Hirsch & LucE. Weber. 2001. *Governance in Higher Education*:*The University in a State of Flux*[M]. London:Economica Ltd. 148.
③ [美]罗伯特·M. 赫钦斯.美国高等教育[M].汪利兵,译.2001.杭州:浙江教育出版社.14.
④ WernerZ. Hirsch & LucE. Weber. 2001. *Governance in Higher Education*:*The University in a State of Flux*[M]. London:Economica Ltd. 185.
⑤ [美]伯顿·克拉克.探究的场所——现代大学的科研和研究生教育[M].王承绪,译.2001.杭州:浙江教育出版社.286.

共同治理为教师提供了减慢甚至阻碍变化的机制。多数校园的行政人员变得小心翼翼,他们很少在校园内外的政治风暴中表态。董事会经常被迫从对战略性问题的关注转移到个人利益或政治日程上来。

因为教师和非专业董事有着不同的背景和价值观。董事更喜欢从学校的结构和权力模式方面思考问题,以支持由上到下的垂直管理主张。董事很少理解与支持学术自由原则。董事认为某些学术决策无须教师参与,而教师的看法则与之相反。一般来讲,董事与低于他们的、担任各种学术职位的人们之间存在着明显不同。不论是其政治主张,还是对高等教育的态度,董事一般都比教师更保守。

普通教师对这个世界的认识与大学管理者完全不同。他们对教师的权力和责任、州立大学面对的挑战与机遇的认识及理解的差别越来越大。这样的鸿沟会破坏教师对大学领导者的信任和信心,并削弱了大学做出重要决策的能力和向前发展的能力。

教师和管理者之间不断扩大的鸿沟与大学本身的变化有一定的关系。现在,教师越来越局限在自己的学科范围内,很少关注大学的其他活动,他们很少对大学的使命有深刻的理解或对其负责。现在,大学对教师来说只是一个驿站,这破坏了教师对大学的忠诚感。大学的奖励机制体现的是一种实力者政治,存在着某些"有"和"没有"的现象。前者往往太忙而无法过多地关注大学治理问题。后者则越来越沮丧,毫不掩饰他们的抱怨。[①]

教师和管理人员的职责不同,面对的是环境的不同方面,受其影响,他们的经历也不相同。在州立大学,管理人员和大学的其他组成人员相互分离,大学管理人员与教师互不往来,各自为政,只是在一些同类人员参加的会议上,同事之间才进行一些沟通。如果赋予教师的权力过小,教师常常感到管理权力的重压,在这种情况下,管理人员的创新工作可能增大教师和管理人员之间的隔阂,加深相互之间由于两种不同文化所带来的对立情绪。

由于治理工作变得越来越复杂,教师认为,管理人员都是一些沉溺于烦琐的行政事务中和在外部压力下谋求学校变革的人,他们越来越疏远学校的学术事务。与此同时,管理人员认为,教师都是自私自利、对管理成本漠不关心或不愿

---

① [美]詹姆斯·杜德斯达,弗瑞斯·沃马克.美国公立大学的未来[M].刘济良,译. 2006.北京:北京大学出版社.119-120.

意承担法律责任的人。①

教师高度分裂，只在自己狭窄的学科领域工作，并反抗那些动摇他们舒适地位的变革，即使这些变革明显地能使大学从中获益。由于"共识的日渐稀薄"②，教师日益成为"孤独的人群"，克拉克·克尔发现："教师世界似乎感到丧失了团结——学术团结和社群团结"。③

二、美国州立大学的治理变革

杜德斯达指出，现在的州立大学已经没有继续从容悠闲的资本了，一个急剧变化的世界用其强大的力量把州立大学推出了可以从容选择和决策的十字路口，使其向一个只能隐约可见、还必须接受的未来挺进。所有的州立大学都要进行根本意义上的真正变革，不能满足于现状，不能失去州长、立法委员以及董事会成员的信任。

（一）改进美国州立大学系统

州立大学系统在过去发挥了很好的作用，将来它们还会扮演重要的角色。但是，李和鲍恩认为，尽管多校园大学系统会继续作为美国大学组织中发展最快的模式，但不管是巨型大学还是多校园大学系统都会面临严峻的挑战。比如，为了压缩开支、避免重复、达到精简的目的，新泽西州和伊利诺伊州都在最近几年废除了多校园大学系统。州立大学系统是去是留，这要视具体情况而定，美国50多个州的传统与文化均存在较大差异，保留大学系统还是废除大学系统有利于节约开支，提高效益与质量要视各个州的具体情况而定。

丹尼尔 T. 雷泽尔（Daniel T. Layzell）也相信系统当前正在经历一场根本的变革，它将从州政府和分校之间的一个财政中间机构变成一个实体，所受限制会越来越少，它在实现州高等教育目标中发挥着协助作用，在分校实施各种措施中担当着催化剂和倡导者的角色。例如，州政府在州立大学系统中扮演的财政大权掌握者的角色将越来越淡化，各高校呼吁在使用州政府拨款中享有更大的灵

---

① Robert Birnbaum. 1988. *How Colleges Work—The Cybernetics of Academic Organization and Leadship*[M]. San Francisco:Jossey-Bass Publishers. 5 - 7.

② J. Robert Oppenheimer. 1959. "Science and the Human Community" in Charels Frankel, ed. , *Issues in University Education*[M]. New York:Harper.56, 58.

③ [美]克拉克·克尔.大学之用[M].高铦,等,译.2008.北京:北京大学出版社.58.

活性,同时,州议会也很不情愿放弃对使用公共资金的控制权,尤其是那些缺乏责任机制的公共资金。大学系统可以抓住这个机会建立适当的责任机制,既满足分校的要求,也满足州政府的愿望。绩效拨款的实施使大学系统能够把资金的分配与特定的政策目标联系起来。①

财政环境的变化不能被看作是大学系统存在的丧钟。相反,大学系统可以利用这样的机会把自己转变成积极进取的力量,帮助各州以及分校实现他们的目标。系统在不断变化的环境中发挥着很重要的作用。除了在运用远程学习技术方面提高效率之外,大学系统还可以利用各种激励和非激励的财政手段,鼓励分校之间建立战略性联盟,合作提供教学计划,最终实现对这种竞争的建设性管理。20世纪20年代初,加州的克莱蒙特校盟,马萨诸塞大学校盟以及加利福尼亚大学圣克鲁斯分校就是这方面的典范。②

兰金博格(Donald N. Langenberg)认为,大学系统较之自行其是的分校有更大的潜力。大学系统可以通过履行自己的责任去满足各州的需要,而不仅仅是单个机构的需要。统一抵抗外界团体对教育不恰当的干扰。兰金博格深信,大学系统的集体力量比单个院校更能抵制外界压力。布鲁斯·约翰斯通认为,多校园大学系统存在的理由是,较之于严格的政治或常规的管理来说,系统董事会和系统中心办公室更能做出严谨的、难度更大的资源分配决定。

约瑟夫·伯克(Joseph J. Burke)指出,州立大学系统的作用不是分校可以起到、应该起到、能够起到的,它是州立大学的生存根本,应该比过去做得更多。大学系统有望在兼顾分校和州利益的前提下,为高等教育提供最基本的协调作用。

尤金·李与弗兰克·鲍恩指出,一个自我管理的州立大学系统在一定程度上已经脱离了州政府和分校园的政治环境。它不仅要面对州政府和市场要求其变革的压力,而且也面临着来自各校园要求其采取对策以维持现状的困扰。在21世纪,州立大学系统必须和过去一样,一如既往地在这些压力之中寻求平衡。但在未来的30多年里,它们将要经历的考验会比过去更加严酷、更加不一样。州立大学系统享有独特的智力资源,拥有超过各部分实力之和的整体实力,它们

---

① [美]杰拉德·盖泽尔.美国多校园大学系统:实践与前景[M].沈红,等,译.2004.北京:教育科学出版社.131-132.

② [美]博德斯顿.管理今日大学[M].王春春,赵炬明,译.2006.桂林:广西师范大学出版社.70.

也许会发生根本性的变革,但毫无疑问,它们将继续存在,而且会更加繁荣。①

系统改革的关键是激活政府的投资动机,因为这种动机可以真正影响系统行为,鼓励系统找到值得关注的事情。未来最成功的系统是一种更为精简和灵活的系统,他们以信息革命为驱动力,通过联盟与合作获得发展。这需要大家致力于合作和相互联系,合作也许是校园之间的、学生之间的,有时甚至还有可能是竞争对手之间的,因此系统本身的结构和形状也会发生改变。

可见,美国学界的主流观点是,尽管州立大学系统将来会面临一系列严峻挑战,但它仍将是美国州立大学发展的主导模式。州立大学系统会随时代的变化而变化,现在的问题是如何改善系统,而不是抛弃系统。

(二)重构美国州立大学董事会

州立大学董事会恶化的品质,角色认定的混乱和不断增加的政治本色已经损害了许多州立大学。虽然州立大学表面上运行正常,但是许多州立大学的领导质量,教师和学术项目却由于董事会的政治性而经常处于危险之中。② 因此,为了有效地改进美国州立大学的治理结构,必须重构美国州立大学的董事会。

1. 淡化美国州立大学董事会的政治性质

克拉克·克尔指出,使大学政治化将是毁灭大学的首要社会目的。他认为,只有在非政治化的大学里,学者才能思考而无需决定,观察而无需参与,批评而无需改革;只有在这样一所大学,他们才能充分地思考和观察而没有偏见,批评而没有恐惧。学术生活的这些品质应该加以爱护,因为没有无私和无畏的批评,社会将丧失它自我更新的力量。③ 对社会的有效批评,更加可能来源于高质量的学风,而不是来源于学术机构对政治承诺的追求。这种追求的过程也是大学自我毁灭的过程。大学为了在它的围墙之外获得权力所付出的代价是自由的丧失。

州立大学必须努力使州政府领导确信,政治和任命权在大学董事会选举以

---

① [美]杰拉德·盖泽尔.美国多校园大学系统:实践与前景[M].沈红,等,译.2004.北京:教育科学出版社.序言:10.
② [美]詹姆斯·杜德斯达,弗瑞斯·沃马克.美国公立大学的未来[M].刘济良,译.2006.北京:北京大学出版社.136.
③ [美]克拉克·克尔.高等教育不能回避历史[M].王承绪,译.2001.杭州:浙江教育出版社.246.

及行政领导的挑选中没有地位。当然,在一些州立大学,公众法规或州宪法都使得过分避免政治化和缺乏经验的董事会不可能。这时,可以建立一种公司结构,由政治意志决定的非专业董事会只对公共方面和学校政策负责,其他董事会成员相应地负责大学各项专业化功能,如学术医疗中心,商务和财政、集资和教育事务等。这样,专门委员会由那些具有相关专业经验和专门技能的个人组成,而公共委员会则更多地负责公共事务或学校的大政方针。

在这种模式中,机构的董事会和领导将成为一个规模小又精简的组织,它只需对宽泛的政策负责,与管理和学术细节保持一定的距离。当州立大学的董事会不断变得更加政治化,对于专门利益也更加敏感的时候,就董事的服务质量与效率而言,他们却越来越离开责任制。不仅所有的董事会成员应接受定期的公共检查,而且董事会的质量和效率也应该成为评价州立大学的一个重要组成部分。①

州立大学董事会应着眼于州立大学的长期利益和它所服务的各方面支持者。但只要州立大学董事会继续通过政治程序由任命或选举产生,并允许追求政治或个人利益,同时又不用考虑他们的机构福利或对更广阔社会应尽的义务,一种反应的和责任制的新文化就不可能在州立大学内部存在。因此,必须淡化州立大学董事会的政治性质。

2. 加强董事会与校长和评议会的制衡与协作

在重构美国州立大学董事会的过程中,要确保州立大学校长对于董事会的有效影响。州立大学校长应该像私立大学的校长那样,或者是与私营企业的首席执行官一样,对董事会成员的选举具有一定的影响力。大学校长虽无权任命或选拔董事会成员,但如果某个成员被认为持有不当的政治观点,充满敌意或完全缺乏经验甚至是能力不足,那么校长应当有权评估并否决已经得到提名的董事会成员。在任命教师为董事会成员时,应该明确他们的责任与义务,这样,教师董事就不会仅仅站在教师立场上说话,而是对整个大学负责。

如果校长服务于一个功能良好的董事会,那么治理会更好,于是在董事会与校长之间存在事前通知的合作。结果,校长可以自由地在董事会会议召开前非正式地就突围性和有争议性问题向其他董事会成员咨询。而且,由于董事会任

---

① [美]詹姆斯·杜德斯达与弗瑞斯·沃马克.美国公立大学的未来[M].刘济良,译.2006.北京:北京大学出版社.146.

命校长作为其选择的公开代理人,这个代理人是董事会信任的,董事会已将权力委托给校长使其管理大学,校长应该能够预料到,慎重提出的建议将会得到支持,或者如果不是的话,就是基于个人品质的原因,而不是政治或其他无关的考虑。

同样,当评议会主席或副主席是董事会投票成员的时候,治理更加有效。这两项任命都有助于信息向评议会流动,也提高了董事会决策的合法性与可接受性。至于董事会与具体利益相关者之间的相互作用,董事会协会关于大学治理的宣言提供了基本指南。据此,董事会应该寻求观点达成一致,朝向这一目标。他们应该认识到,当所有各方在程序与标准方面同意时,大学治理中一致意见的达成是较为可能的。因此,董事会定期与评议会召开会议是有益的。校长应该出现在这样的会议上。然而,在任何时候,不管如何也不该给予教师个体与学生个体董事会成员资格。它将被看做超越校长,并可能对建设性决策产生反面作用。①

3. 重构董事会规模、成员组成与任期

1995年董事会协会通过一系列建议向这一点迈出了重要一步。它建议将州立大学董事会成员的规模增至15人或更多,以减少小董事会的弱点,即各持己见成员的行为。董事会成员应该是慎重选出的,他们要有管理庞大组织的经验,管理财政的能力,复杂的社会和政治背景,高等教育的管理经验和兴趣。

协会报告指出,没有肯定的证据支持董事会的党派式选举。同时完全依靠州长的任命也存在问题。最明智的做法是用不同的机制来决定董事会的组成。例如,一个由24人组成的董事会:8人由州长任命并经立法机关的批准;8人在广泛的无党派基础上选出;另外的8人则代表了一定的支持者如校友、学生、商人和劳动者。用交叉的办法,这样的董事会具有高度的代表性,而且足够坚固可以抵消任何政治或特殊利益团体的影响。②

公众要求州立大学董事会囊括教师与学生。詹姆斯·弗里德曼认为,顶住这种压力的州立大学是明智的,因为弗里德曼担心,这些"组成代表"常常将自己

---

① WernerZ. Hirsch&LucE. Weber. 2001. *Governance in Higher Education*:*The University in a State of Flux*[M]. London:Economica Ltd. 150-151.

② [美]詹姆斯·杜德斯达,弗瑞斯·沃马克. 美国公立大学的未来[M]. 刘济良,译. 2006. 北京:北京大学出版社. 145.

视作其成员的代表,而不是以一种受托人的身份进行活动。

尽管向董事会成员提供长期聘用以不断加深他们对大学的理解非常重要,但避免过长聘用也一样意义重大。限制州立大学董事会的任期在一届内,可能是明智之举,因为这样可以阻止董事在任期内参与将来的竞选或任命活动,因此,8—10年的任期是可行的。

4. 借鉴公司董事会的有效经验

州立大学董事会应该借鉴公司董事会的经验,公司基于独特的技能和经验选拔董事会成员,他们以公司的业绩对股民负责。公司对董事定期进行评估,既在董事会内部进行评估,也通过外在的衡量,如公司的财务业绩等。董事会会议或股东选举大会可以罢免主管。他们在法律上和财政上对他们做出的决策负责,这对于州立大学大多数董事有限的责任来说是很困难的。州立大学董事应负有明确的责任,对他们的行为和决策负责。董事应当服务于州立大学和股东们的利益,否则就要离开董事会。董事的离开应该有一个明确的程序。①

在过去10年里,州立大学董事会的冲突急剧增加。英格莱姆(Ingram)所谓的"活跃的董事"运动要求增加在一系列组织行为方面承担更多机构责任。与私立大学董事相比,州立大学董事更少有可能在其他公司董事会任职。托马斯等人(Thomas,Slaughter and Pusser)发现:与营利性机构相比,州立大学的董事会连锁并不普遍,但在过去20多年里,他们获得了快速发展。州立大学的这种董事会连锁为州立大学董事提供了营利性机构治理结构与过程的信息来源。②

(三)改进以校长为首的行政领导

行政管理最重要的职能是为董事会提供履行其义务所需的信息,实施董事会指令,为教师的教学与研究提供便利,并确保学生能够获得一流的教育。校长的有效性常常受制于教师终身制度,特别是当终身教师的比例继续增加并伴随着不断增长的生活期望的时候。而且,在许多州立大学,特别是大型的研究型州立大学,校长的学术责任受到不断增加的工作量、问题的复杂性以及过于陈旧的

---

① [美]詹姆斯·杜德斯达,弗瑞斯·沃马克.美国公立大学的未来[M].刘济良,译. 2006.北京:北京大学出版社.144.

② Ronald G. Ehrenberg. 2004. *Governing Academia*[M]. New York:Cornell University Press. 255.

治理程序与经营实践的严重影响。①

1. 确定战略目标,实施战略管理

州立大学的治理变革需要建立一个战略目标,它为州立大学提供了一个"远景目标",以当前的能力和资源来看,这个远目标是不可能实现的。如果要追求这个远景目标,州立大学必须更具创新意识,并且最充分地利用现有资源。传统的战略观点关注现有资源与当前机遇之间的适合度,而战略意图则在资源与雄心之间制造出极端的不适。这样,大学就要发展新能力以缩小这个鸿沟。大学校长必须扛起旗帜,带领大学进入战斗。②

为改进以校长为首的行政领导,实施战略管理,州立大学需要减轻校长与其他高级行政人员的负担。当前,州立大学校长被迫拿出越来越多的时间与努力用于私人资金的募集,并经营越来越多越来越大的商业企业。当大学没有选择,只有寻求私人捐赠时,它们可能对州立大学产生严重的不利影响。渐渐地,校长缺少大量的训练与专业经验,对大量的商业功能承担不断增加的责任。减少商业服务的数量与范围和诸如此类的外部事务,能够有效缓解大学校长和高级行政人员沉重的负担,尽管后者会面临工会的反对。③

实施战略管理,治理人员要集科学家与艺术家于一身,善于综合运用科学家和艺术家的思维方法,处理信息资料。大学治理既是一门科学,又是一门艺术。作为一门科学,它受制于人们对于大学治理结构和权力的认识。作为科学家,治理人员必须清楚其他人员是如何同环境相互作用的,发展有关因果关系的理论。作为一门艺术,治理工作受制于治理人员的敏感性、熟练程度以及直觉。作为艺术家,治理人员必须努力创造新的现实,对其他人与环境的相互作用施加影响。缺乏科学性的领导常常是无效的领导;缺乏艺术性的领导又常常是枯燥乏味的领导。④

---

① WernerZ. Hirsch&LucE. Weber. 2001. *Governance in Higher Education:The University in a State of Flux*[M]. London:Economica Ltd. 151

② [美]詹姆斯·杜德斯达,弗瑞斯·沃马克.美国公立大学的未来[M].刘济良,译. 2006.北京:北京大学出版社.151.

③ WernerZ. Hirsch&LucE. Weber. 2001. *Governance in Higher Education:The University in a State of Flux*[M]. London:Economica Ltd. 151

④ Robert Birnbaum. 1988. *How Colleges Work—The Cybernetics of Academic Organization and Leadship*[M]. San Francisco:Jossey—Bass Publishers. 208-209

在确定战略目标,实施战略管理时,校长及其行政人员要充分认识大学与其他组织之间的本质区别。伯恩鲍姆指出,大学难以治理是因为大学管理者的权威不如其他组织领导者的权威那么集中造成的。各方人员的参与权与决策权往往是不明确的、富有争议的。正如鲍德里奇(Baldridge)等人所指出的:大学的组织属性与其他组织之间存在着巨大差异,传统的源于企业管理的理论不适用于大学。大学的目标模糊,且具有多样性。大学不是以加工原料的方式为顾客服务,大学的雇员主要是专业人员。他们的技术基础是专业技能,而不是操作程序标准。大学没有固定的决策人,那些不老练的决策者在决策过程中不断地被更换。因此,传统的管理理论是否能够在大学治理中发挥积极作用,应当进行仔细的考察,否则就不能在学校中应用。

但也不能过于迷信战略管理在州立大学治理变革中的作用,罗利(Rowley)指出,总的来说,学院和大学在他们进行战略管理的试验中没有取得特别积极的效果。查菲(Chaffee)认为,一个组织在制定管理策略时能够操控的变量是有限的,而且成功的战略模式也是像指纹一样各不相同。过去对一所学院起作用的不一定将来也会起作用。[1]

艾里奇(Aldrich)发现:战略计划的作用现已受到企业界的怀疑。查菲发现:能够为大多数学校所选择的战略计划是十分有限的,而且制定战略计划的方法在学院和大学的适用性比在其他类型的组织中要小得多[2]。

2. 实现资金筹集渠道的多元化

州立大学将像私立大学一样进行治理,实施"各负其责"的预算哲学,各学术单位有责任获取资源和降低成本。经历财政上私有化转型的州立大学必须求助于全国乃至全球范围内更广泛的支持者,在继续展示出为国家服务的同时,必须像私立大学一样,在竞争激烈的市场上赢得绝大部分的资助,也就是说,通过学费、研究资金和捐赠,有时则要求在与州优先发展的重要事物发生冲突时采取果断措施。

当州政府的资助逐渐减少时,大量的州立大学已经通过许多方式,有效地发

---

[1] [美]伯恩鲍姆.高等教育的管理时尚[M].毛亚庆,等,译.2008.北京:北京师范大学出版社.56.

[2] Robert Birnbaum. 1988. *How Colleges Work—The Cybernetics of Academic Organization and Leadship*[M]. San Francisco:Jossey-Bass Publishers.221.

展成为国家甚至是全球的大学。面对挑战,州立大学正在采取措施,使其资源基础多元化,建立充足的贮备基金,包括捐赠基金,对现有资源配置、资金管理和财政绩效的策略进行大规模的修改等等。一些公立大学正在考虑资金运作的私有化,这实际上是将州立大学变成公办私营的大学。①

3. 确保治理结构适应信息技术

确保治理结构适应信息技术是治理变革的一个重要问题,多数州立大学对此还没有做出充分反应。在运用信息技术开发和改革其工作的大学里,安排和协调好多项工作和各种人才是个难题。实现这些改革的关键是建立分层的组织和治理结构。大学的高层对州立大学要有一个明确的长远规划,在此之下的执行层面,应该鼓励多样性、灵活性和创新性。大学要努力使其工作同步而不是同化,要用信息技术把工作连接起来,并在他们之间建立良好的沟通渠道。

信息技术对于大学的学术使命和治理来说是至关重要的一种投资和资产,州立大学必须在强大的基础上向全体教师和学生提供信息技术。放弃这项投资,即使能够在知识经济中幸存,也会被限制在一个闭塞的圈子里。在大学治理上,领导者要为信息技术寻求一个分层结构,其特点是"后端"统一化或基础设施集中化,以及前端运用的多样灵活化。

大学行政也能从强大的信息系统中受益,它能够提高其决策与行为的透明度。责任管理信息系统就是这种已经在几所大学里使用的范例之一,它为增加讨论的透明度提供了便利。② 大学行政管理者也要承认复杂的计算机信息系统可能是把双刃剑。它能够为三者,某种程度上还有职员、学生、校友及广大民众及时提供易于获取的信息。结果,伴有信息的权力在大学校园里变得更为均等。由于决策变得更加透明,以共同治理来主持一所大学将变得更加困难。

但确保治理结构适应信息技术并不是让信息技术控制治理结构。大卫·科伯指出,以技术为中心来设计教育是一种愚蠢的行为,否则,教师就成了药品品尝师或者芯片设计者这类智力工作者,而不是自由的思想家。③

---

① [美]詹姆斯·杜德斯达,弗瑞斯·沃马克.美国公立大学的未来[M].刘济良,译.2006.北京:北京大学出版社.4.

② WernerZ. Hirsch&LucE. Weber. 2001. *Governance in Higher Education: The University in a State of Flux*[M]. London:Economica Ltd. 151 - 152.

③ [美]大卫·科伯.高等教育市场化的底线[M].晓征,译.2008.北京:北京大学出版社.197.

4. 在缺陷与防御性因素之间做出区分

在州立大学的治理中，有些因素看上去像是缺陷，但实际上恰恰相反，它们是有效的防御性因素。我们需要清除作为缺陷的因素。防御性因素看上去虽不好，但却是在满足外部环境的交互作用中精心设计的保护性手段。我们需要保留防御性因素，否则，将会付出沉重的代价。令人头痛的终身教职制度即是防御性因素的一个例子。所以，在实际工作中，不存在一个严格的界限将这项原则清楚地划分开来。

有效的大学治理结构改革必须在缺陷与防御性因素之间做出区分，以便它能够清除缺陷，关注预防性因素。作出这样的区分要求明确地认识：大学是为了什么而存在，大学是用于解决什么问题的。苏珊·劳曼（Susanne Lohmann）同意大学的功能是增进专业化。现存的大学治理结构用于解决几个问题：如何培养高度专业化的学者；怎样保护他们免于相互之间及外部的侵扰；怎样分配他们分散的研究成果。

大学治理结构倾向于固化。这是因为大学治理结构所提供的保护性力量与潜在的固化力量纠缠在一起，使得难以理清大学的缺陷在哪里，防御性因素在哪里。大学内在的固化倾向以及缺陷与防御性因素的纠缠能够解释为何大学治理结构如此抵制变革与改进活动；为何它们难以首先变革，为何难以变得更好。①

对于州立大学来说，固化意味着最初运行良好的方法经过一段时间以后会变得功能失调。由于这个原因，任何大学治理结构的改革都需要慎重考虑其悠久的历史和地方的具体情况。苏珊·劳曼指出，治理实践中，我们难以确定地说，这是缺陷——须从头部清除，而那是防御性因素——最好不要和它混合在一起。尤其是，当机构治理规则倾向于立下金科玉律的时候，仔细地判断它们是否是系统的缺陷或保护性力量是不可能的。

苏珊·劳曼认为，高度专业化的大学治理结构天然地并内在地抵制变革。使大学强大的东西也正是使其脆弱的因素。他提出了如何避免固化，保持大学智力生活的活力与结构弹性的一系列主张，即使高度专业化的学者和基于学科的系科结构注定要固化。比如终身教职制度本来是保护学者学术自由，赋予其职业安全的一项制度安排，但在许多情况下它却蜕变为弱化大学的因素，由防御

---

① Ronald G. Ehrenberg. 2004. *Governing Academia*[M]. New York：Cornell University Press. 72.

性因素变为固化因素,因为,这些终身教师往往是固化的最基本来源。① 所以,为防止这项制度固化,许多州立大学实施了终身后评审制度。

5. 确保治理结构适应快速变革的需要

当州立大学迈向一个每天都在迅猛变革的时期时,它们必须考虑现有的治理结构是否能够实现这个变革,许多证据表明,虽然传统的治理结构能实现一般的内部变化,但一般来说,它们还是惧怕那些更为复杂的机构变革并强烈地排斥它。

尤其是州立大学的院系结构,它把学校和学院按照学科的原则很好地组织起来。尽管这种院系结构在满足教学工作的需要和维持广泛接受的标准方面,起着重要作用,但它也是阻碍变化的主要因素。它们一直保持一个学科重点,这与快速变革的知识是相互矛盾的,同时它又极大地挫伤教师、学生和赞助商的积极性。詹姆斯·杜德斯达与弗瑞斯·沃马克指出:这种院系结构长期实行选择、评价和奖励人员的措施,从而阻碍了一个更具凝聚力、能够为一个不断变化的世界服务的州立大学的建立。最后,他们使战略性资源配置变得十分困难,这可以从为了减少、取消薄弱的学术项目所做的艰辛工作中清楚地看到。

因此,州立大学需要培养重组、重构学术单位的强大能力。州立大学能够利用新型的组织结构,如跨学科的中心机构和研究机构,这些组织结构跨越学科界限,为夕阳专业指明了出路。州立大学还可建立一种"虚拟"结构,把学生、教师和工作人员都链接在一起。州立大学应该努力建立相近学科群,把基础学科和主要的专业学科结合在一起,如一个生物和临床科学的团体。

等级式治理结构通过中间管理层来引导和控制整个大学的信息流通,自上而下,或自下而上。詹姆斯·杜德斯达与弗瑞斯·沃马克认为:"这种等级式的组织在一个信息丰富的环境中基本上是过时了,因为现代信息技术使大学的各个点都能进行直接的、有活力的交流"。② 当前,许多州立大学的治理结构是由外部成员维系的,如认证机构。很多大学院系的结构都是按照专业认证要求来建立的,如医学院和工程学院、医学学校、公共健康、教育和社会工作经常以独立实体形式存在着,这主要是认证方面的压力造成的。州立大学需要弄清楚这些

---

① Ronald G. Ehrenberg. 2004. *Governing Academia*[M]. New York:Cornell University Press. 78.

② [美]詹姆斯·杜德斯达,弗瑞斯·沃马克. 美国公立大学的未来[M]. 刘济良,译. 2006. 北京:北京大学出版社. 155.

认证的约束力有多大,如果发现它们限制过多,那么就要与其他州立大学一起对其进行修改。

(四)教师组织的变革

1.重新激活教师评议会,进一步发挥其潜在功能

尽管教师评议会长期以来一直是学术人员参与大学治理的重要机制,但也存在行政干预使得评议会无效的情况。其议程常常是狭隘的学术,讨论程序缓慢。许多大学校长在积极地寻求突破教师评议会局限的有效途径,他们建立了其他的机制,通常是通过组建特别委员会或特别工作小组来突破教师评议会难以解决的问题。现在,评议会通常被认为是孱弱的。①

最近,在研究型州立大学,评议会面临着教师对治理事务兴趣的下降,一个迟缓而又缺乏效率的内部治理结构与程序经常伴随着不现实的权利与义务观。假如兴趣减少成为一种趋势,评议会在共同治理系统中的影响将遭受侵蚀。②

教师评议会在教师中间似乎拥有较低的尊敬度,而且也不像几年前那样负有效率。迹象表明,越来越少的教师愿意把时间花在评议会委员上,而评议会委员工作对于共同治理是如此的重要。评议会委员的安排常常是请求,评议会主席也是如此。比如,在一所研究型大学,请求评议会成员担任其中一个委员会委员,结果只有4%的人感兴趣。③

选举产生的教师评议会现在由那些晋升无望而愤愤不平的副教授操纵着,其主要精力都用于抵制学校行政当局的行为,因为他们常常不与教师代表正式磋商就采取行动。④

在教师珍视自由的时候,对于大学及其学生来说并不总是负责的。教师对于大学的忠诚已经下降,特别是当大学与工业之间联系紧密的时候。所以,教师

---

① Alberto Amaral, Glen A. Jones & Berit Karseth. 2002. *Governing Higher Education: National Perspectives on Institutional Governance*[M]. USA: Kluwer Academic Publishers. 269-287.

② WernerZ. Hirsch&LucE. Weber. 2001. *Governance in Higher Education: The University in a State of Flux*[M]. London: Economica Ltd. 149.

③ WernerZ. Hirsch&LucE. Weber. 2001. *Governance in Higher Education: The University in a State of Flux*[M]. London: Economica Ltd. 152.

④ Robert Birnbaum. 1988. *How Colleges Work—The Cybernetics of Academic Organization and Leadship*[M]. San Francisco: Jossey-Bass Publishers. 129.

评议会在增进与董事会和行政理解的基础上,应引导教师正确看待传统的学术价值观与商业、合作研究之间逐渐变化的关系,智力活动与营利活动日渐紧密的关系。①

为了激发广大教师的兴趣与尊敬,评议会可以采取措施,加强它在共同治理系统中的伙伴地位。比如,评议会能够为教师提供易于获取的重要信息。为此,为评议会装备计算机信息系统是有益的。这一系统将补充大学信息,为评议会成员提供所需的信息。而且,评议会还可通过为信息系统增添研究能力而受益,即便最初其功能是有限的,但最终会证明其价值。此外,评议会还可就教师关切的重要问题更频繁地召开会议,并邀请校长与相关的董事会成员参加。其目的是告知教师并鼓励他们为解决大学面临的重要问题建言献策。最后,评议会应该关注大量减少的评议会委员,这使评议会感到被迫与行政相互作用。评议会还需要开发快速解决问题的程序。

为了使教师与行政之间更加有效地相互作用,并尽快对学术事务的考虑形成结论,下面的做法值得考虑:第一,是审慎地界定决策问题的标准,而这些是教师有权被告知、征求建议或意见,或赋予决策的代表权。结果,教师评议会需要较少的评议会委员和会议,且大学决策能够迅速地作出。第二,是更加审慎地界定教师行政联席会议的原因,以及教师在这种会议上的角色,其中主要有四种类型:有教师代表的行政委员会;有评议会代表的行政委员会;有行政代表的评议会委员会;有行政观察员的评议会委员会。第三,通过达成一致,减少既定年份需要由评议会和行政联合解决的重要问题的数量。为实现这一目标,行政和评议会领导可以在学年开始见一次面,每一方都列出在这一年可能会出现的问题,分流需要联合进行的大量经营问题和日程。

以上做法对共同治理有有益的影响。它们不仅能够提高意见征求的有效性及其结果的时限性,而且有助于评议会向外界证明其与行政一起有效工作的能力,使重要学术事务尽快达成满意的结果。如果对于评议会的服务能有明确的结果,教师有可能献身于委员会工作,即便这种服务移走了研究与教学的时间。②

---

① George Keller. 2008. *Higher Education and the New Society*[M]. Baltimore:The Johns Hopkins University Press. 102 – 103.

② WernerZ. Hirsch&LucE. Weber. 2001. *Governance in Higher Education:The University in a State of Flux*[M]. London:Economica Ltd. 152 – 153.

2. 重新认识教师工会与研究生工会

州立大学建立教师工会的障碍要少于私立大学。罗纳德·埃伦伯格对研究生工会的研究表明，[①]学术职业中有一股新的骨干力量加入，他们比之前的一代学术人员更倾向于支持教师工会的概念。将来会出现包括州立大学终身教职系列教师集体谈判的增加。致使州立大学以部分时间制教师与非终身系列教师替换终身系列教师的财政压力可能会持续，这些教师有可能迅速变成工会化活动的沃土。

面对大量兼职教师、临时教师安全感的缺乏、待遇和福利的降低等挑战，美国第二大教师组织美国教师联盟（American Federation of Teachers，简称 AFT）发起了大学卓越（College Excellence）运动，其目的如下：为兼职教师、临时教师争取公平的待遇福利；为兼职教师、临时教师争取新的任期职位；提高兼职教师、临时教师的工作安全感；改善兼职教师、临时教师的工作条件；让更多兼职教师、临时教师成为谈判代表；等等。[②]

目前，州立大学降低其开支的最主要方法是以不断增加的兼职教师取代全职教师，以及使用研究生作为本科生低年级的教师，尤其是一些规模较大的大学。兼职教师很少拥有独立的办公室、与秘书接触的机会、电话、电脑、终身教职或全职教师的附加收益。这些附加收益在大多数四年制机构占工资收入的比例已达到 25%～30%。而且，兼职教师的收入通常不到全职教师收入的 50%。[③]

随着美国高等教育的进一步普及，美国高校教师构成在发生急剧的变化。1970 年，80% 的教师为全职，部分时间制或有一定任期的教师只占 20%。到了 2003 年，这一比例分别为 55% 和 45%。[④] 1980 年非全职教师大致占教师总数的四分之一，主要是在两年制学院。到 2004 年，两年制与四年制高校的教师中至少有一半教师为部分时间制、研究生、兼职教授、访问教授及非终身职雇员。

[①] Ronald G. Ehrenberg. 2004. *Governing Academia*[M]. New York：Cornell University Press，p. 278.

[②] Anon. About AFT Higher Education [EB/OL]. AFT Higher Education(2001 - 05 - 21). Http://www.aft.org/yourwork/higherd/about.cfm. [2012 - 04 - 06].

[③] George Keller. 2008. *Higher Education and the New Society*[M]. Baltimore：The Johns Hopkins University Press. 83.

[④] Michael Fullan，Geoff Scott. 2009. *Turnaround Leadership for Higher Education*[M]. San Francisco：Jossey - Bass A Wiley Imprint. 65.

在 2001 年的新教师任命中只有四分之一成为终身全职教师。① 终身职并未废除（少数几个学校例外），但是在大学削减成本以及在教师任命中实现更大的灵活性时，终身教师已经大大缩减了。

高等教育中集体谈判的作用在将来有可能进一步增加。高等教育的增长大部分发生在公立部分，正是在公立部分教师与职员工会势力最强，那里存在很少的法律障碍束缚集体谈判的持续高涨。与私立机构相比，公立机构教师薪水的下降为教师的组织问题提供了进一步的动力，尽管公立院校教师工资的下降主要发生在教师工会已经存在的州。最近，全国劳动关系委员会的决定给私立院校教师组织及教师工会留下了空间，今后，可能会出现私立学院与大学教师工会的增长。

州立大学抵制风行全国的研究生工会有可能是困难的。这些工会为学生活跃分子发展其领导才能提供了一种机构，法院似乎在工会的赞成中迅速取得了统治地位。埃伦伯格（Ehrenberg）的初步证据表明，研究生工会在其成员的经济福利方面没有很大的影响，目前的事实也不可能阻止研究生工会的建立，因为研究生工会有助于改变研究生与导师之间的不均衡，这一不均衡也得到顽固派党羽的极力主张。②

在美国州立大学的治理变革中，对于州立大学系统、董事会董事、州立大学的治理结构不存在单一的最佳设计。每一所州立大学的地方史以及它所面临的不同限制都是变革州立大学治理结构时必须考虑的重要因素。州立大学治理结构随着情况的变化而演变也是很自然的事情；一些州立大学系统的中心控制可能反映了对不断变化的环境与需求的适应，而不是不合理行为。

三、走向共同治理：美国州立大学治理结构的路径选择

美国州立大学治理结构的改革将采取什么样的路径，这是一个难以回答的问题。但走向共同治理则是人们的普遍呼声。当前，大量有关"共同治理"的研究都源于 1966 年的《学院与大学治理宣言》，这是一份由美国大学教授协会（AAUP）、美国教育委员会（ACE）、大学与学院治理董事会协会（AGB）共同发

---

① George Keller. 2008. *Higher Education and the New Society* [M]. Baltimore: The Johns Hopkins University Press. 83.

② Ronald G. Ehrenberg. 2004. *Governing Academia* [M]. New York: Cornell University Press. 231–232.

起的宣言。

尽管这个宣言不是意在为机构决策者、教师、管理者及董事在治理决策中提供方案。但它对大学治理实践产生了重要影响，为大学治理奉献了共同治理的思路，引发了大量对于共同治理的后续思考。它建议诸如管理捐赠事务的问题应该留给董事去处理，维持和增加新的资源留待校长去做，开发探索应该留给教师。然而，并非所有的决策都能在董事、管理者、教师之间清清楚楚地划分。于是，它指出，大量的机构治理应该是共同实施的。诸如一般教育政策、长期计划的形成与实施、预算及校长选举的决策应该联合作出。[①]

20世纪70年代初期，出现了一部分关于学术治理的著作，这一研究兴趣多来自社会学家。在1969年与1971年间，美国大学教授协会（AAUP）以协会的名义进行了一项全国性调查，请教师与管理者评估教师参与各领域决策情况。大约那一时间，社会学家西摩·李普赛特、艾沃莱特·莱德、泰克特·帕森斯、杰拉德·普莱特及马丁·特罗（Seymour Lipset、Everett Ladd、Talcott Parsons、Gerald Platt and Martin Trow）汇集了他们关于决策程序的研究。[②] 这些研究为许多中立的观点与现代组织社会学提供了研究基础。

从那时起到现在，针对公私立高等教育机构治理实践的系统研究不多。2001年，盖布里·卡普兰（Gabriel E. Kaplan）对于高等教育治理的调查被认为是缩小这一信息鸿沟的一次努力。它回顾并重述了先前的一些调查，同时提出了当前治理中的一些新问题。这项调查的目标是多重的，其首要目标是评估今天美国大学的治理现状。调查提供了治理权力在校园各治理群体之间分配的数据。盖布里·卡普兰将美国大学教授协会1970年的调查结果与他自己的调查结果进行了对比，以确证30年来，大学共同治理所经历的变化。

（一）美国州立大学共同治理的现状

这项调查结果一般比对共同治理的批评或捍卫所认定的更令人满意。多数对共同治理的批评倾向于抱怨实践中它很少功能完好，放慢了决策，阻碍了必要的重组与战略变革。倡导共同治理的人常常以以下观点捍卫共同治理，即它面

---

① Peter D. Eckel. Fall, 2000. The role of Shared Governance in Institutional Hard Decisions: Enabler or Antagonist？[J]. *The Review of Higher Education*, Volume24, No.1, 17.

② Ronald G. Ehrenberg. 2004. *Governing Academia*[M]. New York: Cornell University Press. 168.

临日益增加的集权化和更加自上而下的行为、官僚化与大学的公司化压力。这里提供的证据并未证明对共同治理的批评与倡导无效,但它的确表明,侵犯共同治理传统领域的问题或共同治理的不反应行为只代表了少数问题与情况。调查没有发现足够的证据证明共同治理对于有效管理造成了广为存在的问题,包括管理者在内的任一群体中均未发现对这一观点的广为一致的意见。

1. 盖布里·卡普兰对共同治理的调查结果

接受调查者对教师与管理者之间的关系持积极的看法,多数接受调查者认为教师热情地参与了治理,少数接受调查者认为教师没有对治理表达巨大的关注。表5.1概括了校园关系现状的一些基本问题。在1—5之间,接受调查者认为教师平均参与为3.3,1表示低水平的参与,5表示积极热情地参与。这一得分在公立机构最低,在私立文理学院最高。小学院的高分可能是由于这种校园里的教师与管理者之间的紧密关系所致。管理者针对教师参与表现出较高的积极性,大学教授协会成员校表现出最大的否定性。尽管针对共同治理的批评坚持认为教师阻碍行政管理活动,不愿意做出粗糙的决定,接受调查的管理者比教师对共同治理的实施持更积极的态度。

表5.1 共同治理的现状

调查的问题	总体	公立	私立	大型私立	文理学院（私立）	管理部门	教师代表	AAUP成员
教师参与率*	3.3	2.9	3.5	2.7	3.7	3.4	3.3	2.9
校园关系								
合作的	52.9%	50.4%	54.5%	49.4%	57.9%	62.1%	46.9%	28.5%
冲突但合作的	40.6%	41.7%	39.9%	41.9%	38.6%	35.0%	43.8%	57.8%
对立的	6.5%	7.9%	5.6%	8.7%	3.5%	2.9%	9.3%	13.8%
过去30年拥有的校长数	4.2	4.6	4.0	3.7	4.0	NA	NA	NA
参与教师工会的教师比例	15.9%	32.2%	5.7%	8.8%	3.8%	NA	NA	NA

Source:Ronald G. Ehrenberg. 2004. *Governing Academia*. New York:Cornell University Press. 176.

注释:NA(not applicable),即不适用。*参见评分系统原文。

当盖布里·卡普兰要求接受调查者就校园里的教师、治理董事会以及管理者之间的关系进行归类时,态度上的同样模式出现了。53%的接受调查者认为教师与管理之间的关系是合作的,41%的接受调查者认为二者之间的关系有冲突但仍然是合议的。仅有6.5%的接受调查者表达了以下关注:治理环境最好被归类为怀疑的与对立的。这些数字在不同类型机构之间一致,大型的私立机构表明了最低限度的合作,文理学院表现出最大的合作,但是两个极端之间的差别不是很大。

卡普兰的数据表明,教师的乐观态度与管理者的乐观态度之间存在矛盾之处。62%的管理者倾向于将关系看做大体上是合作的,而只有47%的教师这么认为。大学教授协会成员校只有28.5%的接受调查者感到关系是合作的。显然,大学教授协会成员校的代表就校园关系持有最低迷的观点,这要么是因为关注教师与管理关系的人们被吸引到参与美国大学教授协会,要么是因为美国大学教授协会常常发现自己处于与校园管理者的冲突之中。

其他校园关系的指标也揭示了相对的稳定性。过去30年的校长数在不同类型的院校之间是类似的。各校园报告平均来说,在过去30年里他们大约有4位校长,平均任职期限为7.5年。有些校园报告了较多的高层波动,不过只是少数。82%的校园报告的是少于5位校长,92.5%的校园报告的是少于6位校长。教师工会在公立院校中较为普遍,多数公立院校仍然保持着非工会化。尽管对于私立院校组织教师工会有限制,6%的私立院校继续认可其教师工会。多数工会活动出现在1990年之前,在那之前,90%集体谈判的学术单位开始出现。自那时起,工会化一直以一种稳定但较低的年增长率在持续。

调查要求接受调查者评估过去20年里,在参与群体之间,相对正式的权力发生了怎样的变化。表5.2报告了不同类型院校中每一个群体对于权力变化评估的平均情况。尽管有教师担心共同治理的实践在萎缩,少数高校报告了某些群体权力的重要恶化,尽管系主任与教师治理群体被认为丢失了许多权力,教师治理群体也被认为是继院长和其他部门领导之后最重要的权力获得者。

表5.2 过去20年权力分布(%)的变化

参与群体	总体	公立	私立	文理学院(私立)
治理董事会				
多了	21.4	29.7	16.1	16.5
一样	74.3	65.9	79.6	80.6
少了	4.3	4.5	4.2	2.9

续表

参与群体	总体	公立	私立	文理学院（私立）
校长				
多了	21.3	26.0	18.3	16.0
一样	74.4	68.4	78.3	80.0
少了	4.3	5.6	3.5	3.9
院长与其他部门领导				
多了	37.9	33.5	40.8	39.8
一样	56.6	60.0	54.4	55.8
少了	5.5	6.6	4.8	4.4
系主任				
多了	23.5	23.5	23.5	22.9
一样	67.8	68.8	67.1	66.9
少了	8.7	7.7	9.4	10.3
教师治理群体				
多了	35.5	32.3	37.5	34.4
一样	56.5	59.1	54.9	57.8
少了	8.0	8.6	7.6	7.8
州协调委员会				
多了			30.8	
一样	NA	58.1	NA	NA
少了			11.1	

Source：Ronald G. Ehrenberg. 2004. *Governing Academia*. New York：Cornell University Press. 178.

注释：NA，不适用。

表 5.3 报告了接受调查者对于同样问题的否定回答。接受调查的教师更可能认为近些年他们的权力在恶化，特别是那些来自美国大学教授协会的教师。尽管只有 26.4% 的美国大学教授协会的教师感到在过去 20 年里教师权力遭到恶化，这与 11.5% 的教师治理群体代表和 2.1% 的管理者代表形成了对比。在这方面，教师比管理者更为悲观，少有调查反馈表明，广大教师关注他们在治理中的权力。接受调查的教师比管理者更可能认为董事会与校长在过去的 20 年里拥有更多的

权力。教师更有可能认为教师治理群体拥有较少的权力；然而，最多90％接受调查的教师治理群体认为与20年前相比，现在他们拥有的权力不相上下。

表5.3 对过去20年权力分布(%)变化的认识

参与群体	管理者			教师代表			AAUP成员		
	少了	一样	多了	少了	一样	多了	少了	一样	多了
董事会	4.1	76.8	19.1	4.2	72.1	23.6	6.4	69.1	24.6
校长	2.9	80.6	16.6	4.9	70.1	25.0	9.9	58.6	31.5
院长与其他部门领导	2.1	61.1	36.8	8.6	52.0	39.4	10.9	51.8	37.3
系主任	4.4	70.8	24.7	12.2	64.4	23.4	17.4	66.1	16.5
教师治理群体	2.1	63.1	34.8	11.5	49.9	38.6	26.4	50.0	23.6
州协调董事会	12.1	60.5	27.4	8.8	53.7	37.6	13.66	65.3	18.4

Source：Ronald G. Ehrenberg. 2004. *Governing Academia*. New York：Cornell University Press. 178.

一个为捍卫共同治理的人士常常表达的担心是，学术外部的行政官员，从军事领域到商业界，以一种商业化思维与官僚模式进入学院与大学。通过选择缺少学术经历的行政官员，董事会在学院管理中或在建立与学院外部社区的联系中努力灌输一种商业敏锐。尽管有人对许多院校的董事会招募具有很少学术经验的主要行政官员表达了关注，大多数学院与大学仍然是由具有重要学术背景的人士领导的。表5.4表明，72.8％的院校主要行政官员具有博士学位，47％的学院院长具有自由艺术学科的哲学博士学位。另外26％的人士具有教育方面的高级学位(要么是哲学博士，要么是教育学博士)。6％的人具有技术博士学位。这种学术背景的分布在公私立院校之间一致。

表5.4 主要行政官员背景

背景	总体	公立	私立	文理学院Ⅰ	文理学院Ⅱ
哲学博士学位（其他博士头衔，%）	72.8(14.2)	77.4(10.4)	69.9(16.6)	77.1(11.4)	64.1(19.6)
学位领域(%)					
文理科	47.1	49.5	45.7	61.5	39.0
教育	25.9	23.9	27.2	17.3	35.7
商业	4.4	4.2	4.5	0.0	5.5

续表

背景	总体	公立	私立	文理学院Ⅰ	文理学院Ⅱ
法律	5.2	6.9	4.1	6.7	2.2
神学	6.2	0.4	9.9	6.7	9.9
其他(包括工程学)	11.2	15.2	8.6	7.7	7.7
终身教授(%)	61.4	77.1	51.4	54.8	44.3

Source：Ronald G. Ehrenberg. 2004. *Governing Academia*. New York：Cornell University Press. 179.

许多行政官员,除了其学术教育之外,自身也是教师一员,这种身份要优先于其领导职位。超过61%的学院与大学校长终身受雇,在成为主要的行政官员之前都已经是正教授。然而,公立机构(77%)比私立机构(51.4)更倾向于从教师中选拔校长。

终身教职这一学术制度实际上也面临挑战。尽管理论上,这是对学术自由的保护,但实际上,终身教职体制却演变成了终身雇用安全机制,不考虑个人能力或努力。这样也就成了阻碍变化、保护现状的有力力量。① 马萨诸塞州高等教育董事会主席卡琳(Carlin)强调,给予校长权力与方向的关键是取消终身教职制度,这种制度使得教授相对于管理者而言拥有了过多的权力,使得校长不可能对大学的学术结构进行变革。卡琳试图通过与州立学院教师的集体谈判协议取消终身教职。经过三年紧张的谈判,在卡琳卸任后,高等教育董事会妥协了终身教职后评审体系。②

根据美国高等教育界一些领导的观点,美国州立大学必须进行彻底的重构,除了几所学术实力特别强的州立大学外,其他院校都应该取消教授终身制。教授必须争取教得更多、教得更好,这是其职业工作方式的一个根本转变,少花一些时间去争取学科认同或起学术管理作用,因为教授参与管理常常阻碍决策管理的顺利进行。各院校应当按学生与用人机构的要求进行教学,而不应以教师感到教起来很轻松为标准。如果任何一位愿意付钱接受教育的人更满足于从互

---

① [美]詹姆斯·杜德斯达,弗瑞斯·沃马克.美国公立大学的未来[M].刘济良,译.2006.北京:北京大学出版社.137.

② Michael N. Bastedo. Winter, 2009. Convergent Institutional Logics in Public Hjgher Education：State Policymaking and Governing Board Activism . *The Review of Higher Education*，Volume32，No. 2.224.

联网上下载授课内容,按照自定速度的教学模式学习,那么州立大学必须朝这个方向努力。否则,将会遭受损失,甚至被淘汰。①

但罗纳德·埃伦伯格的研究表明,56%的机构已经制定了某项绩效工资的计划。63%的机构已经实施了某种终身后评审制度。这两项学术方面的政策创新似乎传播甚广,但遭到教师的坚决反对与抵制。②

从表5.5可见,尽管从1987年以来,州立大学终身教职比例也在缩小,但1987年以来,州立大学在所有机构类型中一直是保持终身教职比例最高的机构,1998年仍达82%。因为州立大学多属公立综合性大学,极少数为公立研究型和公立博士学位授予大学。

表5.5 依据机构类型与年份的终身教师或终身系列任命的百分比

	1987	1992	1998
所有机构	79	76	67
公立研究型[a]	86	83	70
私立研究型	82	73	66
公立博士学位授予大学[b]	85	80	68
私立博士学位授予大学[b]	72	73	76
公立综合性大学	87	85	82
私立综合性大学	84	79	66
私立文理学院	74	71	65
公立两年制学院	69	68	55
其他[c]	51	43	57

资料来源:国家教育统计中心,2002年(National Center for Education Statistics,2002)

a 哥伦比亚特区及50个州所有非营利的公私立、享受联邦第四计划资助、能够授予学位的院校。

b 被卡耐基基金会分类为专门医学院和医学中心的院校。

c 除医学院和医学中心之外的公立文理学院、私立两年制学院、宗教性学院和其他专科院校。

---

① [美]杰拉德·盖泽尔.美国多校园大学系统:实践与前景[M].沈红,等,译.2004.北京:教育科学出版社.20.

② Ronald G. Ehrenberg. 2004. *Governing Academia*[M]. New York:Cornell University Press.192.

绩效工资的传播与终身后评审政策(表 5.6)在美国各不同地理区域之间存在显著差异。在美国东北部与美国大平原地区,实行绩效工资与终身后评审的可能性最小,而在老的赠地学院和较为传统的院校,绩效工资与终身后评审却相当普遍。在美国南部地区与落基山地区,这两项政策相当普遍,这可能揭示了在这些地区学术传统很少得到传播,对行为表现与支出最小化最为关注。由于私立院校在这些州很少,公立院校占据了很大的比例,纳税人对于税金花费的关注可能造成了监督教师政策较为明显的压力。

表 5.6 不同地区重要政策与改革的分布

	新英格兰	中大西洋地区	五大湖地区	大平原	东南部	西南部	落基山地区	偏远西部
校长培训	76.6	81.6	90.5	93.8	91.0	83.0	88.0	83.3
参照同类院校的业绩评估	94.0	92.2	85.5	87.7	84.7	83.0	84.0	86.6
绩效工资	47.8	47.6	55.6	40.5	65.0	76.6	70.8	56.7
终身教职	81.2	95.1	89.4	93.8	88.7	85.4	88.0	93.9
终身教职后评审	50.7	53.5	54.9	66.2	66.0	72.9	84.0	81.8
正式的学术自由声明	97.0	95.6	97.6	97.5	98.0	97.9	100.0	97.0

Source: Ronald G. Ehrenberg. 2004. *Governing Academia*. New York: Cornell University Press. 192.

2. 共同治理的权力中心

共同治理采取了各种各样的形式,并通过各种不同的治理结构进行表达,在许多被调查的院校中似乎功能完好。接受调查的人士表达了这样一种信念,教师治理群体对于校园决策具有重要影响,几乎参与了除学生群体之外的所有决策。表 5.7 记录了有关影响与决策的几个问题的回答。84%的接受调查者表明,教师的主要代表群体要么影响到,要么直接参与院校政策制定。公立院校教师的影响被认为稍小于私立院校教师。文理学院教师的影响最大。与公立研究型院校相比,私立研究型院校的教师评议会较少有可能制定政策,而可能拥有更多的咨询权力。

表 5.7 还表明预算活动中心位于校长与院长那里。70%的接受调查者认为

校长在预算决定中扮演着主要角色,81%的接受调查者感到院长参与了大多数的预算过程。教师可能在预算中扮演了一定角色,但最多有一半的院校认为教师没有多大影响力。教师在预算事务上的影响力一般表现在学校层面上,多数通过治理群体,而不是在系级层面。系主任在预算过程中扮演重要角色,似乎比治理董事会扮演的角色还要突出,但他们承担的角色要次于高层管理者。公立院校治理董事会在预算事务上的影响力小于私立院校治理董事会。小型文理学院的治理董事会最活跃。

表 5.7　不同群体在决策上的影响力

	总体	公立	私立	文理学院（私立）	私立研究型	公立研究型
教师评议会的影响						
咨询	16.2	19.8	13.8	11.4	25.6	18.3
政策影响	68.1	66.3	69.3	67.1	72.1	63.5
政策制定	15.8	14.0	17.0	21.5	2.3	18.3
在预算决定中的作用						
治理董事会						
不多	38.1	52.5	29.0	26.1	48.8	54.9
有一些	37.9	27.0	44.8	46.4	34.9	19.7
许多	24.0	20.5	26.2	27.6	16.3	25.4
校长						
不多	5.6	8.8	3.6	2.6	8.9	12.6
有一些	27.3	28.1	26.8	24.1	33.3	29.9
许多	67.1	63.1	69.7	73.4	57.8	57.5
院长与其他部门领导						
不多	0.9	0.6	1.2	1.2	0.0	0.0
有一些	18.0	21.4	15.9	11.6	17.8	17.3
许多	81.0	78.0	83.0	87.2	82.2	82.7
系主任						
不多	12.5	12.0	12.8	8.8	29.6	10.5
有一些	58.6	61.5	56.7	60.6	43.2	59.7
许多	28.9	26.4	30.5	30.6	27.3	29.8

续表

	总体	公立	私立	文理学院（私立）	私立研究型	公立研究型
系层面的教师						
不多	46.8	53.4	42.6	37.7	72.1	59.4
有一些	48.4	42.7	52.1	56.7	27.9	38.2
许多	4.8	3.9	5.3	5.7	0.0	2.4
学校层面的教师						
不多	44.5	45.4	43.8	44.3	55.8	43.2
有一些	46.7	47.5	46.3	45.8	37.2	48.0
许多	8.8	7.1	10.0	10.0	7.0	8.8
学生						
不多	78.9	75.3	81.2	80.1	90.5	78.2
有一些	20.1	23.6	17.8	19.1	7.1	20.2
许多	1.0	1.1	1.0	0.8	2.4	1.6

Source：Ronald G. Ehrenberg. 2004. *Governing Academia*. New York：Cornell University Press. 181.

再次，管理者比教师更有可能认为在预算事务上教师参与和影响力更加乐观。表 5.8 表明，与接受调查的美国大学教授协会成员相比，管理者认为教师治理群体的影响力更大，董事会与校长发挥较小的预算功能，教师在预算上发挥了更积极的功能。与接受调查的美国大学教授协会成员相比，管理者认为董事会与校长的影响力更小。教师成员两次与管理者一样发现，在预算事务上，系层面的教师影响极小。管理者更有可能发现在预算事务上，学校层面的教师影响大一些。

表 5.8 对不同群体在决策上影响力的认识

	管理者	教师代表	AAUP 成员
教师评议会的影响			
咨询	14.8	16.1	24.6
政策影响	70.3	66.1	64.9
政策制定	15.0	17.8	10.5

续表

	管理者	教师代表	AAUP 成员
在预算决策上的影响			
治理董事会			
不多	44.7	31.6	30.9
有一些	37.2	38.4	40.0
许多	18.1	30.0	29.1
校长			
不多	6.1	5.5	2.6
有一些	30.4	24.6	22.6
许多	63.5	69.9	74.8
院长与其他部门领导			
不多	0.3	1.9	0.0
有一些	12.5	22.6	28.7
许多	87.3	75.6	71.3
系主任			
不多	7.4	15.9	25.9
有一些	55.8	61.5	59.8
许多	36.8	22.6	14.3
系层面的教师			
不多	34.2	54.8	80.5
有一些	58.7	42.0	19.5
许多	7.0	3.1	0.0
学校层面的教师			
不多	38.2	49.3	56.6
有一些	50.6	43.2	41.6
许多	11.2	7.5	1.8
学生			
不多	73.7	82.3	92.0
有一些	24.9	17.0	7.1
许多	1.3	0.7	0.9

Source：Ronald G. Ehrenberg. 2004. *Governing Academia*. New York：Cornell University Press. 183.

当盖布里·卡普兰请接受调查者描述在一系列决策领域教师参与的特征时，在15个主要的决策领域，教师与管理者倾向于将类似的权力划归教师。表5.9报告了调查结果的统计分析。调查要求接受调查者依据5个分类系统对15个不同领域问题的教师参与进行分类，这5个分类系统是决定、联合行动、商议、讨论、无，借此预测教师参与这5个领域的百分比。5个领域中的2个反映了教师的重要角色，在某一领域的充分决策权以及在教师与管理者之间的联合行动。接受调查的教师提供的数据与其他调查者提供的数据合在一起，然后，以院校取平均数，得到了表5.9所示的教师参与分数。

表5.9 不同决策领域教师拥有决策权或联合决策权的百分比

决策领域	所有院校	公立	大型私立	文理学院	管理者	教师代表	AAUP成员
教师地位							
1 全职教师的任命	69.9	69.0	71.7	69.8	74.0	65.8	65.8
2 终身教职的晋升	66.1	66.0	67.8	65.0	68.5	62.7	68.5
教学运作							
3 确定课程内容	89.9	88.6	88.8	92.0	91.5	89.3	83.0
4 设定学位要求	87.5	84.4	87.0	91.2	89.9	86.5	79.5
学术规划与政策							
5 提供的学位类型	73.4	70.9	74.6	75.3	75.5	73.0	63.0
6 各学科教师的相对数量	35.0	31.8	35.1	38.3	39.9	31.3	24.0
7 建筑与其他设施的建设规划	8.6	8.8	7.5	9.0	11.1	6.6	3.0
8 平均教学工作量的设定	38.7	41.4	40.0	37.0	44.5	33.0	32.8
管理者与系主任的选拔							
9 任命学院院长	31.2	33.3	31.3	28.8	36.5	26.5	23.0
10 任命系主任或领导	51.6	56.2	52.7	45.8	55.4	49.1	41.1
财政规划与政策							
11 确定教师工资水平	19.2	24.1	17.2	15.2	21.2	17.5	15.5
12 个别教师工资的确定	17.1	23.3	15.4	11.5	19.4	15.0	13.8
13 小范围预算规划	17.6	17.1	17.2	18.6	21.6	15.2	6.3

续表

决策领域	所有院校	公立	大型私立	文理学院	管理者	教师代表	AAUP成员
教师机构的组织							
14 校园治理中确立教师权力的决策	60.4	62.7	58.6	59.1	61.5	61.5	48.7
15 校级委员会、议会及类似机构成员的选拔	77.6	77.1	78.0	77.8	78.2	77.8	72.3

Source：Ronald G. Ehrenberg. 2004. *Governing Academia*. New York：Cornell University Press. 184.

注释：1970年调查将高等教育治理分为5种决策风格或方式，从教师在某一问题上的决定权到治理中教师的无参与。经证实，在有些校园，有些教师可能在系层面的治理中享受了大量的教师参与，而在其他领域教师可能很少有发言权。本调查请接受调查者估计教师参与治理的百分比，这些教师参与治理表现在众多重要决策领域，接受调查者要在每个领域按照这些治理形式对教师的参与加以分类。2001年的调查使用了同样的问题分类。

教师权力似乎集中在教师与美国大学教授协会所认为的传统领域，主要是学术领域：学位要求、课程、终身教职、任命及学位发放。在学科规模、预算设定、工资决定与工资规模及建设项目的规划等决策上教师扮演的角色似乎微不足道。在教学工作量、院长与系主任的选拔及教师治理采取的形式等决策上，教师扮演了比较重要的角色。但是比例仍然不到50%，这意味着这些决策领域的大多数权力位于管理者或治理董事会那里。除了少数例外，这些答案在不同类型的院校之间相对一致。公立院校的教师在财政规划与政策事务上扮演较重要的角色。

教师代表与管理者所提供的反馈相当一致，再次，美国大学教授协会成员对于每一个决策领域教师参与的看法最低迷。在设定学位要求方面，对于教师角色，教师与管理者提供了类似的特征。管理者平均估计他们校园90%的教师在学位要求上或在与管理者分享这一权力上拥有独一无二的决定权。这与教师代表的看法一致，他们估计平均87%的教师在学位要求方面扮演了这种角色。就教师在教师任命、院长任命、决定工资、教师治理群体、教师代表的选拔方面，参与调查的教师代表与美国大学教授协会成员倾向于给出类似估计。就教师参与系主任的任命，设定学位要求，在治理中建立教师权威及决定课程方面的百分比，教师代表与管理者倾向于提供类似的估计。教师成员与管理者之间的最严重分歧似乎在以下领域：任命、校园建设项目、学术院长的任命及教学工作量的设定。

权力既可由正式结构赋予,也可来源于宽泛环境中某人的社会地位,可选择的雇用机会,为院校生产资源的能力,或一个人所支配的专业权威与专业技能。①

3. 共同治理中的董事会

此时,人们似乎认识到,既没有针对治理效率最好的主张,如治理董事会协会(AGB),也没有对于共同治理的最坏担心,比如美国大学教授协会。这些群体常常对有效治理做出描述,治理董事会协会关注治理董事会的实践,而美国大学教授协会出席注重教师治理及管理者与教师关系的院校。②

治理董事会改革的拥护者常常号召精简董事会规模以使其更加有效,去除那些与院校没有直接关系的人士。一项特别的建议是教师与学生不应该在董事会供职。表5.10报告了关于董事会的几个问题的统计分析。

表 5.10 董事会概况

	总体	公立	私立	文理学院（私立）	私立综合性大学
董事会开会频率(每年)	4.9	7.4	3.3	3.2	3.5
执行委员会开会频率(每年)	3.9	3.3	4.3	4.1	4.2
校长参与董事会投票	38.2%	2.7%	60.7%	57.7%	66.7%
成员平均数量	24.8	13.2	32.1	31.1	32.1
规定成员数量	83.9%	77.9%	87.6%	85.7%	88.2%
教师或学生成员	28.8%	53.9%	13.2%	14.5%	13.7%
教师或学生成员政策的变化*					
减少	1.4%	1.4%	1.4%	1.1%	2.3%
增加	12.2%	20.5%	7.0%	7.0%	7.8%

Source:Ronald G. Ehrenberg. 2004. *Governing Academia*. New York:Cornell University Press. 186.

* 过去10年的变化。

---

① Ronald G. Ehrenberg. 2004. *Governing Academia* [M]. New York:Cornell University Press. 168-169.

② Ronald G. Ehrenberg. 2004. *Governing Academia* [M]. New York:Cornell University Press. 185.

将近30%的人报告说，教师和学生在治理董事会中是反对成员，在公立院校，这个数字上升到54%。当董事会席位为内部成员保留时，多是为学生预留的，这些席位典型地是为学生治理协会的学生代表预留的。只有1.4%的接受调查者报告说，近年来他们的院校缩减了学生代表或教师代表。私立院校董事会一般一个季节开一次会，而公立院校开会的频率要大些。公立院校董事会主席很少以投票特权的身份参与董事会；但在私立院校的治理董事会中，他们是61%的积极成员。尽管有67%的综合性院校报告说，校长是董事会投票成员之一。但公立院校校长是董事会投票成员的只有2.7%。

其他有关提高董事会有效治理的建议关注最小化董事会规模并控制任命过程。公立院校似乎严格坚持董事会效率的训诫，力求保持董事会的小规模。然而，公立院校董事会的平均规模（13位董事）仍然比有效董事会拥护者所倡导的（理想的是8～10位董事）大。①

然而，有效董事会倡导者还号召制定严格的规则限定董事会规模。治理董事会的任命能够用于保持决策上的控制权。当董事会的规模没有明确规定，关于任命的常规制度没能到位，一个投票集团能够通过任命董事会成员支持其观点而保持其影响力。84%的院校报告说，董事的数字要么是在院校特许状里规定，在组织章程里规定，要么由州法令规定。表5.11报告了有关任命过程的数据。这里清楚可见公私立治理董事会之间的不同。90%的公立院校报告说董事会成员是州官员任命的，而在私立院校，90%的任命实际上是董事会自己做出的。

表 5.11　董事会选举方法（%）

方法	总体	公立	私立	文理学院（私立）	综合性大学Ⅰ和Ⅱ（私立）
董事会选举（自我延续）	56.9	5.72	89.2	87.5	91.4
州长或州官员选举并确认	35.8	90.2	1.5	1.0	1.4
校友选举	12.2	6.4	15.9	20.1	5.8
内部选举（比如校园选举学生代表）	5.7	4.7	6.4	9.0	2.9
外部选举（比如州选举）	3.5	3.4	3.6	4.8	1.4
校长遴选	4.2	0.3	6.6	6.2	8.6

---

① Ronald G. Ehrenberg. 2004. *Governing Academia* [M]. New York: Cornell University Press. 187.

续表

方法	总体	公立	私立	文理学院（私立）	综合性大学Ⅰ和Ⅱ（私立）
教会群体选举	10.6	0.0	17.2	22.2	11.5
其他选举	4.4	4.0	4.7	3.8	5.8

Source: Ronald G. Ehrenberg. 2004. *Governing Academia*. New York: Cornell University Press. 188.

注释：接受调查者可以选择不止一个答案，因此百分比加在一起不是100%。

公立院校能够在公立的程度上发生变化。有些在处理资源分配与补偿上类似于州院校，其他方面看上去更像私立机构。表5.12回顾了一些治理董事会的特征及其在公立院校中的权力。19%的院校报告说它们由州董事会监管，46%的院校报告说，校长经常与监管州立大学系统的治理董事会打交道。公立院校有35%以校园为基础的董事会多数卷入治理中，有35%的公立院校，其学费水平是由院校治理董事会确定的。48%的公立院校认为教师是州雇员。学费收入经常为学校保留，以便其用，但是有相当一部分报告说，这些钱被存入州账户，后由州董事会或立法机构重新分配。

表5.12 公立院校董事会特征（%）

校长最常打交道的是	
州董事会	18.7
系统董事会	45.9
校级董事会	35.4
教师受雇于	
州或联邦	48.1
学校	51.9
学费标准设定者是	
学校或董事会	35.8
系统董事会	33.5
州董事会	12.7
州议会或州长	14.3
其他	2.6

续表

学费收入	
学校保留	73.5
州董事会保留	5.5
存在州学费账目中	12.4
存在州公共基金中	5.5
其他	3.1

Source：Ronald G. Ehrenberg. 2004. *Governing Academia*. New York：Cornell University Press. 188.

4. 共同治理中的行政—教师关系

如果治理董事会还没有认识到共同治理中效率的重要性,教师治理群体要求严格按照美国大学教授协会红皮书建议的规范去做。表 5.13 表明,60%的院校报告说,管理者在教师治理群体中没有投票权,73%的院校报告说,管理者或主要行政官员在教师治理群体会议上没有席位。还要注意,这些数据被文理学院的数据压低了,在文理学院,管理人员更直接地参与教师治理,在治理事务上与教师紧密合作。管理者在这种院校的教师治理群体中表现活跃,既参加教师的会议,也以投票权服务于教师,大约一半时间是这样。在大型院校,管理者倾向于较少参与教师治理群体的活动。与治理董事会建议的相反,谈判单位的教师领袖被允许参与教师治理群体,在组织了教师工会的所有机构中有 90%是这样。

表 5.13 治理中管理者与教师相互作用(%)

	总体	公立	私立	文理学院
工会领袖允许在治理中任职	92.3	88.5	93.4	—
管理者作为教师治理群体的主席	26.6	9.8	37.4	48.5
管理者在教师治理群体中投票	40.3	32.5	45.3	51.8

Source：Ronald G. Ehrenberg. 2004. *Governing Academia*. New York：Cornell University Press. 189.

在许多例子中,公私立大学教师权力的本质似乎类似。如表 5.11 所示,教师治理群体在政策上拥有类似的影响力。在公立院校中,教师权力分布在像预算、学术事务及战略规划等领域,这实质上都是仿照私立院校。表 5.14 的第一部分表明,教师表达影响的模式在公私立院校类似。然而,教师影响在私立院校主要体现在学校与部门层面,在公立院校主要体现在系与学校层面。像表 5.14 中间部分所示,根据这种模式,任命教师治理群体的事情也发生了,在私立院校,这种行为多数发生在部门或学校层面,在公立院校,这种较重要的活动多发生在系与部门层面。私立院校更有可能赋予其所有全职教师投票权,而公立院校只给那些终身教师或终身系列教师成员这种权力。

表 5.14 教师参与治理的方式

	总体	公立	私立
教师影响的重点在			
系层面	12.6	16.0	10.3
学部层面	10.5	7.8	12.2
通过治理群体的学校层面	72.3	69.0	74.4
教师谈判组织	3.2	5.6	1.7
不是上述任一个	1.5	1.7	1.3
教师治理群体的选举方法			
核心管理机构	2.3	1.1	3.1
全职教师投票	49.8	25.7	65.4
学院或学部投票	30.6	47.3	19.7
系主任	0.2	0.2	0.2
系投票	9.0	19.0	2.6
其他	8.1	6.8	9.0
被赋予全部投票权的是			
某个特定级别以上的教师	2.9	4.3	3.0/1.8*
终身教职教师	0.7	1.1	0.8/0.2*
终身教职轨教师或已经取得终身教职教师	16.4	26.1	18.7/5.9*
全职教师	57.9	43.7	63.1/68.9*
谈判单位的教师	2.6	4.8	2.6/0.2*
在治理中具有投票权的所有教师	19.6	20.0	11.9/23.0*

Source:Ronald G. Ehrenberg. 2004. *Governing Academia*. New York:Cornell University Press. 190.

* 第一列数字是私立大学,第二列数字是私立文理学院。

表 5.15 表明,教师治理结构在公私立院校表现出不同的形式。在私立院校,教师影响力不具结构化,而公立院校的教师治理显得较为正式。由教师、学生及职员组成的公立院校的学术议会有私立院校两倍那么大,而仅由教师组成的议会在公立院校占将近 50%。全体教师参加的会议在私立院校只有公立院校的一半。在 98% 的公立院校,教师成员作为重要委员会成员参与学术政策、预算、晋升及雇佣政策的讨论。教师成员在多数院校的重要决策领域中似乎扮演了重要角色。

表 5.15 公私立高校的教师治理结构(%)

	总体	公立	私立	私立大学	文理学院
全体教师例会	72.5	45.9	89.6	78.9	96.7
学校范围的教师评议会	58.6	72.3	49.6	65.3	39.0
学校范围的学术评议会	16.2	23.3	11.5	14.5	9.5
学部层面的治理单位	45.6	49.4	43.1	53.1	36.0
系统范围的教师评议会	29.0	37.7	10.7	19.4	4.4
系统范围的学术评议会*	3.3	3.0	4.0	4.2	4.4
在重要委员会任职的教师 (如预算、晋升及学术政策)	98.0	96.5	98.9	99.1	98.8

Source:Ronald G. Ehrenberg. 2004. *Governing Academia*. New York:Cornell University Press. 191.

注释:数据加在一起不是 100%,因为多项选择是可能的。

*学术评议会不同于教师评议会,其成员是从管理者、教师、学生与职员中选择产生的。

在大学的治理董事会中普遍出现了一种排斥教师的倾向。教师评议会被认为是孱弱的。菲利普阿特巴赫指出,在效益和责任的名义下,商业实践被引进大学,并主宰了大学。全世界都出现了大学核心成员教师传统控制的消失。[①]

(二)美国州立大学共同治理结构的变化:1970 与 2001 的对比

盖布里·卡普兰的调查包括了 1970 年美国大学教授协会调查使用的问题,以便于发现共同治理经历了哪些变化,特别是要发现在面临挑战的经济环境下,共同治理是否已经恶化。尼尔森(Nelson)指出,市场压力已经侵蚀了院校对于共同治

---

① Alberto Amaral,Glen A. Jones & Berit Karseth. 2002. *Governing Higher Education:National Perspectives on Institutional Governance*[M]. USA:Kluwer Academic Publishers. 287-289.

理的承诺,以及管理者与董事会在棘手问题的决策上吸收教师成员。劳杰(Lodge)发现,日益增加的教师流动性,以及对学科而不是对院校的忠诚已经侵蚀了教师对于共同治理的承诺。① 盖布里·卡普兰的调查根本没有证实这些言论。

表 5.16 列出了对 15 个问题回答的平均数,以及早先在表 5.11 中列出的回答的平均数。表 5.16 后两列比较了一组同类院校 1970 年与 2001 年关于教师参与反馈的平均情况。比较表 5.11 的反馈与表 5.16 第一列,显然,同类学校仅仅证实了,从 1970 年到 2001 年平均数的差异不是不同调查样本导致的结果。

最惊人的发现是,在所有 15 个分类中,教师参与治理的平均水平都提高了。教师控制与权威得到最重要提升的决策领域在任命与晋升、设定学科规模、任命学术院长与系领导、决定教师治理机构的权力与成员诸领域最为显著。自 1970 年以来,教师在财政规划与政策上的影响力也增加了;然而,即便是在今天,似乎也只是一部分教师卷入了这些领域的权力运作。

有两个领域似乎没有变化。在过去 30 年里,在学术权力上,教师报告的百分比似乎类似。在设定学位要求与决定课程方面,1970 年,83% 的教师扮演了决定性或与管理者共同决定的角色。这个数字在 2001 年轻微上升到 90%。关于提供学位类型的决策似乎与 30 年前使用的方法类似。教师在关于建筑与设施建设的决策方面几乎没有影响力,直到今天他们仍然只扮演了一个微不足道的角色。

表 5.16 1970 年以来教师参与治理的变化

	1970 年教师控制平均数(%)	1970 年教师控制(同类院校)平均数(%)	2001 年教师控制(同类院校)平均数(%)
教师地位			
1 全职教师的任命	30.7	30.6	72.8
2 终身教职的晋升	35.4	35.1	68.1
教学运作			
3 确定课程内容	81.8	83.3	90.3
4 设定学位要求	81.2	83.0	88.2

---

① Ronald G. Ehrenberg. 2004. *Governing Academia* [M]. New York: Cornell University Press. 199-200.

续表

	1970年教师控制平均数(%)	1970年教师控制(同类院校)平均数(%)	2001年教师控制(同类院校)平均数(%)
学术规划与政策			
5 提供的学位类型	71.3	72.4	73.5
6 各学科教师的相对数量	10.0	9.0	33.2
7 建筑与其他设施的建设规划	7.1	7.1	8.1
8 平均教学工作量的设定	23.7	24.0	38.6
管理者与系主任的选拔			
9 任命学院院长	13.5	13.3	29.7
10 任命系主任或领导	21.9	21.4	53.2
财政规划与政策			
11 确定教师工资水平	6.2	5.1	19.1
12 个别教师工资的确定	6.9	6.5	17.5
13 小范围预算规划	4.4	4.3	16.3
教师机构的组织			
14 校园治理中确立教师权力的决策	45.9	44.7	62.1
15 校级委员会、议会及类似机构成员的选拔	59.8	59.3	78.7

Source：Ronald G. Ehrenberg. 2004. *Governing Academia*. New York：Cornell University Press. 200.

注释：教师控制是联合行为和教师决定的总和。

表5.17提供了按照决策风格分类，教师在15个问题上的参与细目。这个表还比较了1970年与最近提供的预测。盖布里·卡普兰向接受调查者提供15个决策领域，请接受调查者预测他们所在院校教师参与决策的比例，其参与决策采取5种可能风格中的一种。5种决策风格从完全由教师决定到教师一点都不参与。在某些情况下，教师可能与董事会或管理者共享权力。在其他情况下，董事会或管理者在采取行动之前可能征求教师意见，或仅仅与专司某一事务的教师讨论同意的政策。

表 5.17 1970—2001 教师参与治理的对比

		教师决定（%）	联合行动（%）	咨询（%）	讨论（%）	无（%）
教师地位						
1 全职教师的任命	1970	4.5	26.4	27.7	29.5	11.7
	2001	14.5	58.2	24.2	2.3	1.0
2 终身教职的晋升	1970	5.7	30.2	30.7	17.1	16.4
	2001	13.2	57.7	26.1	1.4	1.5
教学运作						
3 确定课程内容	1970	45.6	36.4	11.4	5.6	1.0
	2001	62.8	30.4	5.4	0.9	0.4
4 设定学位要求	1970	48.1	33.1	11.4	5.2	2.0
	2001	54.6	36.6	6.8	1.5	0.6
学术规划与政策						
5 提供的学位类型	1970	20.8	51.1	15.6	7.1	5.2
	2001	22.9	54.0	17.6	4.0	1.5
6 各学科教师的相对数量	1970	1.4	8.7	19.5	31.2	39.2
	2001	6.2	30.5	40.2	17.5	5.6
7 建筑与其他设施的建设规划	1970	0.5	6.7	26.8	39.6	26.5
	2001	1.3	7.6	40.7	38.0	12.4
管理者与系主任的选拔						
8 平均教学工作量的设定	1970	4.7	19.3	23.7	29.8	22.5
	2001	6.7	34.0	30.8	22.4	6.3
9 任命学院院长	1970	0.7	13.0	33.0	24.6	28.7
	2001	2.8	29.7	53.7	9.1	4.7
10 任命系主任或领导	1970	6.5	15.5	28.0	26.5	23.5
	2001	16.5	37.5	36.2	6.3	3.5
财政规划与政策						
11 确定教师工资水平	1970	0.2	6.1	24.2	19.6	49.9
	2001	1.9	18.4	30.5	34.0	15.2
12 个别教师工资的确定	1970	1.3	5.7	15.7	26.0	51.3
	2001	2.8	15.3	24.0	30.0	28

续表

		教师决定（%）	联合行动（%）	咨询（%）	讨论（%）	无（%）
13 小范围预算规划	1970	0.5	3.9	21.5	30.5	43.6
	2001	2.1	16.3	37.9	31.2	12.4
教师机构的组织						
14 在校园治理中确立教师权力的决策	1970	9.3	37.4	27.9	7.8	17.6
	2001	12.6	50.6	22.2	11.1	3.5
15 校级委员会、议会及类似机构成员的选拔	1970	32.1	28.4	14.1	9.7	15.7
	2001	52.9	27.7	12.6	4.0	2.7

Source：Ronald G. Ehrenberg. 2004. *Governing Academia*. New York：Cornell University Press. 202－203.

注释：数字是平均百分比。由于四舍五入，数字加起来可能不是100%。

表5.17所揭示的模式为对接受调查者所提供的数据进行更为详细的分析所证实。在过去30年里，教师权力似乎增加了。栏目中的分类按照降幂的秩序排列，从左边的最大教师权力到右边的最小教师权力。从左边开始，总百分比至少达到50%的行被涂成阴影。即至少50%的教师参与多数阴影行所示的权力。

阴影行与白色行数量清晰地展示了一段时间以来这些问题领域的权力平衡。教师权力能够可视化为每一行白色区域的长度，管理者或董事会权力以每一行阴影部分的长度表示。比如2001年，教师在课程与学位要求方面拥有的权力相当重要；超过一半的教师在这些问题上拥有完全的决定权。

相应地，在财政规划问题上，教师权力相当弱小。灰色阴影部分显示了董事会或管理权力在这一领域的分布。在对1970年与2001年阴影部分的所有项目进行对比发现，2001年与1970年相比，教师参与权力达到了较高的水平。大多数教师被归为联合行动一类，意味着他们与管理者或董事会共享权力，或者是归为咨询一类，意味着在重要决策之前要征求教师意见，不过，决策或许反应或许不反应教师的观点。

在学术规划与财政规划事务上，两次调查均表明，教师似乎很少参与。关于教师地位与学术运行的决策似乎是2001年教师的主要责任，正如它们在1970年的调查一样。整幅图画相对稳定，在较大的教师权力方面有些许变化。这是否表明15年前，在20世纪80年代中期，教师权力的缩小尚不明确。但是通过长期观察,教师参与决策的权力似乎扩大了。①

(三)美国州立大学共同治理的展望

州立大学的共同治理结构在服务于美国高等教育的发展中发挥了很好的作用。但也存在许多问题,今天,它正面临着前所未有的挑战,它必须对信息革命、知识的爆炸、其自身内部与外部的可渗透性、社会对大学寄予的更多责任、透明性与效率的坚持等作出反应。正如维纳·赫斯与鲁克·韦伯所形象指出的:在寻求对共同治理的改进中,我们的工作类似于工程师在一条主要的河流上修固一座桥梁。必须查看桥梁自身的状况,河流两边的桥墩状况。对于大学的共同治理也是一样,需要在以下方面采取行动:加强董事、行政人员及教师三个利益相关者中每一方在共同治理中扮演有效角色的能力,加强三者之间的相互作用。②

对于共同治理在未来州立大学治理中的发展前景,多数学者表示了担忧,持批评态度,认为当前的共同治理已经不合时宜,甚至过时;但也有不少学者对共同治理表现出极大的乐观态度,认为共同治理将一如既往地在州立大学治理中发挥重要作用。

1. 对共同治理的消极观点

正如治理董事会协会在其"革新学术校长职位"的报告中所指出的:"共同治理的概念必须加以改革与澄清,以使学院与大学能够在面临挑战时作出迅速而有效的反应。共同治理必须简化并澄清以使得负有责任的人拥有相应的权力开展工作。董事会成员必须记住,他们的忠诚与责任都系于机构及公众利益,而不是把他们推向董事会的党派。校长行为依赖于董事会行为。校长与董事会应该为他们所服务的机构共谋发展"。③ 但是,对于共同治理的变革必须是渐进的而不是革命的,必须考虑到共同治理的急剧性变革可能造成的影响,比如终身教职的终止就有可能使所有高端教师离职。

---

① Ronald G. Ehrenberg. 2004. *Governing Academia*[M]. New York: Cornell University Press. 204.

② WernerZ. Hirsch&LucE. Weber. 2001. *Governance in Higher Education: The University in a State of Flux*[M]. London: Economica Ltd. 149.

③ WernerZ. Hirsch&LucE. Weber. 2001. *Governance in Higher Education: The University in a State of Flux*[M]. London: Economica Ltd. 22.

许多人认为高等教育变革的困难在于共同治理。本杰明(Benjamin)等人认为:当前的"治理系统实际上使得机构与系统在优先事项、聚焦使命、学术项目的选择上不可避免地变得无能"。①

詹姆斯·杜德斯达与弗瑞斯·沃马克认为,共同治理在很大程度上功能不良,它无法服务于大学。权力和责任之间的关系被故意模糊。共同治理倾向于保护现状,阻碍了对未来的严肃探讨。美国学校领导委员会指出:"当前的共同治理导致了发展的停滞。无论问题是因为校长缺乏领导变革的勇气,董事会成员支持足球队而忽视机构目标,还是教师不愿意改变现状,事实情况是每一方面都是发展的阻碍"。②

2. 彼得·艾克的观点:扮演支持性角色的共同治理

也有许多人对共同治理表现出极大的乐观态度。彼得·艾克就是其中的一位。彼得·艾克(Peter D. Eckel)认为,共同治理是不同治理群体谋求治理权力的场所。彼得·艾克的研究表明,共同治理在院校变革中扮演了支持性的角色,尤其是在像关闭学术计划这样的困难变革中。它以三种方式降低了终止程序的难度。③

首先,共同治理为管理者提供了平台,从那里,管理者能够得到承诺,并劝说校园各群体避免问题的严重性。在俄勒冈州立大学,校长与教务长仅仅通过对教师咨询团的组成提出要求的形式,象征性地表明由"无记名测验"所造成的问题的严重性。共同治理成为教师与管理者共同作出决策的地方,成为说明问题、传递情况的严重性以及定向的平台。

其次,共同治理将不同的利益群体聚集到一起,以法定的方式完成高风险任务。它成为建立支持性联合的地方。这些程序使他们能够慎重地建立具有校园合法性的治理群体,如俄勒冈州立大学的教师咨询团,肯特州立大学的学院咨询委员会和教育政策委员会,而不是新近建立的非正式结构。通过建立合法性,

---

① Peter D. Eckel. Fall,2000. The role of Shared Governance in Institutional Hard Decisions:Enabler or Antagonist? [J]. *The Review of Higher Education*,Volume24.1. p. 15 – 16.

② [美]詹姆斯·杜德斯达,弗瑞斯·沃马克. 美国公立大学的未来[M]. 刘济良,译. 2006. 北京:北京大学出版社. 121.

③ Peter D. Eckel. Fall,2000. The role of Shared Governance in Institutional Hard Decisions:Enabler or Antagonist? [J]. *The Review of Higher Education*,Volume24,No.1. 31 – 32.

学术领导人避免了有关代表、权力、决策领域及参与范围的辩论。在合法性与时间考验的舞台之外,关闭学术计划的努力可能会遭到怀疑。

再次,共同治理提供了一个纠正潜在错误的机制。管理人员认识到,他们没法拥有为大学作出最佳决策所需的所有信息。于是,他们将教师包括进来,教师拥有不同的视角与经验,能够帮助管理人员理解关闭某些学术计划意味着什么。在俄勒冈州立大学,教师的灼见使有些学术计划被从行将关闭的名单上去除,在肯特州立大学,通过教育政策委员会和教师评议会批准决策。管理人员请教师帮助他们理解关闭的效果并避免错误的步骤。共同治理提供了相互否决的机制,避免了拙劣的决策。

彼得·艾克的研究结果驳斥了两个关于共同治理的神话:第一,教师在院校决策中不能建设性地参与,特别是在对同事有负面作用的决策中;第二,教师对共同治理的有效性负责。彼得·艾克认为,在有些情况下,教师愿意且能够参与作出有利于院校的决策,并且他们的参与能够增值。[①]

治理董事会指出,共同治理削弱了校长的领导权,如果不是不可能,最起码它也使得院校富于反应性和适应性变得极其困难。其他一些高等教育评论家号召重新思考治理结构与程序,认为当前的治理模式已经过时,不能适应于今天的世界。彼得·艾克的研究结果不支持这些观点。[②] 当需要作出艰难决策的时候,教师与管理者及董事并肩工作完成这项艰难的任务。这项研究挑战了频频得到引用的观点,即教师不能也不愿意作出艰难的决策,更加关注保持现状,而不是作出有利于院校的决策,设法延缓而不是加速校园决策。

彼得·艾克的研究还驳斥了这样的观点:赋予管理人员更多的权力会导致更好的院化决策。彼得·艾克认为,恰恰是因为他们对机构有着不同的理解,教师能够作出管理者不能作出的重要贡献。比如马里兰大学帕克学院的教师调查了决策的意义并收集了信息,通过学术规划咨询委员会和学术计划与课程委员会的听证会,参与了决策过程。共同治理不一定是个瓶颈;它可以为校园决策增

[①] Peter D. Eckel. Fall, 2000. The role of Shared Governance in Institutional Hard Decisions:Enabler or Antagonist? [J]. *The Review of Higher Education*, Volume24, No. 1. 32.

[②] Peter D. Eckel. Fall, 2000. The role of Shared Governance in Institutional Hard Decisions:Enabler or Antagonist? [J]. *The Review of Higher Education*, Volume24, No. 1. 32 – 33.

值。

教师被典型地批评为保护现状、延缓或阻止校园决策,针对学校事务观点狭隘、不予关注或信息获取不良。彼得·艾克认为,这些批评没有准确定位共同治理中教师的责任。俄勒冈州立大学与肯特州立大学的教师理解学校面临的挑战,体认到建立良好程序的重要性,并帮助作出了有益的决策。

教师对挑战的认同与接受大部分缘于有效的管理者解释压力、以有意义的方式界定挑战、为教师建言献策设计程序。马里兰大学帕克学院的管理者通过学术规划咨询委员会把教师带入当下的讨论中。俄勒冈州立大学业已存在的教师批准终止程序勾画了有意义的教师角色。

管理者怎样对待教师决定了教师在治理领域的反应方式。当管理者以一贯的方式对教师表示信任,珍视教师的专业知识与见解时,教师就会在治理中扮演积极的与互补的角色。管理者必须认识到在共同治理中其自身的参与角色。[①]

俄勒冈州立大学与肯特州立大学的经验表明,建立良好的共同治理责任本身就是在教师与管理者之间共同分担的。教师负责使机构问题成为优先考虑对象,准备好讨论的问题,并获取信息,认识到决策必须达成的时间限制。管理者负责建立治理能够运行的良好氛围。在那些管理者不能以有意义的方式向教师界定挑战的地方,他们不能认可迫切任务的重要性,不能运用合法途径使教师参与,不能够利用教师的力量,共同治理就没望运行良好。

3. 盖布里·卡普兰的观点:共同治理依旧

尽管教师与高等教育观察家就共同治理的现状表示了大量关注,盖布里·卡普兰的研究所描绘的图景既不像一些批评所相信的那样沉重与不受欢迎,也不像一些拥护者所担心的那样具有威胁性与被取消。在许多院校的治理中,教师似乎扮演了重要角色,他们的参与似乎得到重视。很少管理者表明,教师治理给有效治理制造了重要障碍。数据表明,教师在其宣称的最具发言权的决策领域具有重要权力,教师倾向于在以下领域表述他们的发言权:课程、学位要求、任命与晋升以及共同治理的决定。预算决定、战略与建设计划似乎落在管理者与董事会的掌控中。

---

① Peter D. Eckel. Fall, 2000. The role of Shared Governance in Institutional Hard Decisions:Enabler or Antagonist? [J]. *The Review of Higher Education*, Volume24, No.1. 34.

盖布里·卡普兰研究的一个可能结论是，①一段时间以来，相对水平的权力已经发生了变化。调查数据表明，权力区域不是没有变动与转换。有些院校在行政管理岗位上出现了重要波动。在公立院校，权力中心似乎在朝董事会与行政办公室方向转移。2001年的调查数据与30年前的调查数据相比表明，在一系列决策领域，教师参与扩大了。而且，尽管存在大量有关政策领域变化的话题，共同治理的许多传统与实践仍然与过去一样。调查极少能够提供证据，证实在参与和发言权的治理及政策建议中有任何假想的变化。

美国大学校园的另一个趋势进一步复杂化了治理结构与实践。维纳·赫斯与鲁克·韦伯指出："在许多大学，共同治理权力被延伸到非教师专业人员。这包括大量正在增加的计算机与技术人员、学生服务人员、门卫、保洁人员及其他在使大学平稳运行并服务好学生中扮演重要角色的个体。"②的确，这些非学术人员的总数已经超过了教师总数，因此，当初的"教师治理"现在更多地为"共同治理"所广为解释。在教师与非教师职员之间的确存在不同观点，给校长与董事会提供了多样化建议，造成了更多需要协调的问题。

本章结语

21世纪初，美国州立大学日益面临各种各样的内外治理困境，包括资金的匮乏、政府的不当干预、州立大学系统面临的挑战、治理结构过时、董事会的恶化、内部治理群体的分裂。新的情况要求对美国州立大学的治理结构进行彻底的检视并做出重新安排。州立大学系统的治理需要调整，董事会需要重构，以校长为首的行政管理需要改进，教师组织需要做出变革。共同治理虽然面临着诸多挑战与非难，但它依然是美国州立大学治理的最佳选择，不管是过去还是将来，共同治理都能够较好地服务于美国州立大学的治理结构。

---

① Ronald G. Ehrenberg. 2004. *Governing Academia*[M]. New York：Cornell University Press. 205.

② WernerZ. Hirsch&LucE. Weber. 2001. *Governance in Higher Education：The University in a State of Flux*[M]. London：Economica Ltd. 23.

第六章 美国州立大学的治理特点

中国省属大学如何治理,这是一个非常复杂的难题。著名美国高等教育学家约翰斯通(D. Bruce Johnstone)指出,州立大学系统的概念"可作为一种手段将强有力的国家教育部高等教育管理权力转移。这样一种权力转移是中国中央政府所寻求的,因为他们的心态是期待大学管理更有效、更具有地区性责任。同时,在鼓励中国各省、自治区、直辖市都建立大而强有力的高等教育管理机构的问题上,存在着可以理解的不情愿的态度,因为这样做,只能进一步分散国家教育部的权力,也并没有给大学个体提供真正的自治。"①

约翰斯通认为,州立大学系统的治理模式可以给中国提供借鉴,对中国高等教育挣脱那种普遍存在的"平衡"困境提供借鉴。这个普遍存在的"平衡"困境是:"一方面是对自治的需求。自治对管理效率、教授积极性以及对当地需求的回应是如此的必要。另一方面是对公共责任的需求。当某院校非常重要又消耗着大量的来自人民的税款时,这两方面的需求是同等的重要"。②

一、美国政府的州立大学治理角色

从州立大学的发展历程可知,州立大学近 200 年的发展与美国各级政府的介入有着密不可分的关系,尤其是美国联邦政府与州政府,更是倾全力构建与打造美国高等教育,使州立大学成为美国公立高等教育中的奇葩。美国州立大学所取

---

① [美]杰拉德·盖泽尔.美国多校园大学系统:实践与前景[M].沈红,等,译.2004.北京:教育科学出版社.中文版序言:Ⅰ.

② [美]杰拉德·盖泽尔.美国多校园大学系统:实践与前景[M].沈红,等,译.2004.北京:教育科学出版社.中文版序言:Ⅰ.

得的一切辉煌成就都离不开美国各级政府的强力助推与支持。

（一）作为资源提供者与宏观立法者的联邦政府

美国联邦政府在州立大学发展过程中所扮演的最主要角色就是资源提供者与条件创造者，而直接的干预不多，这对中国中央政府治理省属大学极富启发意义。

联邦政府的高等教育治理权受限于美国殖民地时期对于强大的中央政府的疑虑。于是，美国独立后，联邦宪法第十修正案的权力保留条款明确宣布，一切没有赋予联邦政府的权力，又在州政府那里未被禁止的权力归州政府及其人民所有。宪法中未提及教育一事，于是教育从法律上成为州政府的事。然而，这一规定，并未阻止联邦政府很早就通过法律，为即将成为州的地方从某些地区划出公地用于捐助"文化机构"。这是联邦在"增进大众福利"的名义下进行的，赠地必须作为礼物提供，理论上各州可以拒绝接受。当然，那时与现在一样，各州没有拒绝联邦礼物，即便是后来附加了较多的责任条款。1787年带有这种土地礼物的"西北法令"为1862年的"毛里尔法案"所效仿，允许州政府将出售联邦赠地的收入资助授予传授农业与机械知识的机构。于是，即便缺少直接的宪法权力，联邦政府对于美国高等教育的多样化，不断增加的学生规模，以及不断增长的州税收资金的负担具有重要影响。[①]

作为州立大学发展的外部助推器，联邦政府在州立大学发展中所扮演的角色具体如下：[②]

1. 联邦政府在推进研究方面的角色

联邦立法在建立农业试验站与农业推广服务方面提供帮助，仅附加适度的责任条款。联邦政府在高等教育中的真正扩展出现在第二次世界大战期间，那时出现了大量用于资助研究与发展的联邦资金。国防部、原子能委员会、国家健康研究院，以及1950年的国家科学基金会均是联邦研究与发展资金的来源。在某种程度上，大学里的研究者发现，他们的优先研究领域为联邦资金的诱惑所转移，联邦资金专注于某些特别领域，有时候，这些特别领域并非是研究者感兴趣

---

① Dietmar Braun and Francois-Xavier Merrien. 1999. *Towards a New Model of Governance for University*? [M]. London:Jessica Kingsley Pubishers. 64.

② Dietmar Braun and Francois-Xavier Merrien. 1999. *Towards a New Model of Governance for University*? [M]. London:Jessica Kingsley Pubishers. 64-67.

的,但为了获取研究资金,只能以联邦资助的特别研究领域取代自己的优先研究领域。一些实质性的自治向联邦影响投降了,尽管是零碎地。然而,这些联邦资金是以合同的形式被接受的,而且联邦的优先领域不可能聚集到不愿意合作的院校。

近几十年来,一些联邦的程序性控制,如管理与预算论证办公室(美国政府账目与信息管理部 1996)要求提供与联邦合同有关的教师信息,这些信息要详细记录这些教师用于教学、研究与服务的时间。由于超出了合理的责任要求,联邦政府的这一要求激起了强烈的学术抗议。抗议已经迫使对某些联邦条款进行修改,这些条款对科学研究表达了明确的威胁。例如,在一项刻意保护主题的努力中,当时的联邦健康、教育与福利部制定条款,要求事前评估研究设计,即便是研究未被政府资助,联邦政府也要求事前对研究主题进行审核,即便是研究很少或没有潜在的害处。尽管这些条款被修改,相互妥协为校园层面的同行评议,但这种对州立大学实质性自治的威胁必须予以解决。

2. 联邦政府在推进入学机会方面的角色

除了资助研究,联邦政府卷入高等教育的第二个重要领域一直是扩大入学机会。在 20 世纪 30 年代大萧条的低谷期间,伴随着相对较少的联邦学生资助计划,联邦政府通过实施 1944 年退伍军人再适应法案大规模扩大了其活动,资助退伍军人的高等教育费用。这不仅导致了在较短的时间内,学生数增加 4 倍,而且大学也认识到,各种能力与背景的学生能够从高等教育中受益。然而,直到 20 世纪 50 年代晚期,与种族隔离和教会分离问题有关的政治问题与州一起阻止了联邦政府在学生入学机会领域的进一步行动。

1958 年,公众对俄国人造卫星成功发射的反应帮助艾森豪威尔总统通过了"国防教育法"。在国防教育法中,援引先例建立并使用了 20 世纪 60 年代早期民权运动的政治力量,约翰逊政府得以首次建立普通联邦学生奖学金,也就是 1965 年高等教育法案中的教育机会计划,现在称作佩尔助学金。从那时起,联邦计划已经扩展到补习教育助学金,工读计划,及几个大规模的国家贷款计划。今天,几乎不可想象,在缺少强大的联邦参与的情况下,美国高等教育还能如此卓越。从管辖权上讲,联邦政府没有直接监督高等教育的权力,但联邦政府"通过边门"进入高等教育,而且表现相当出色。

联邦政府附加在学生资助计划上的责任条款,除了非歧视性要求外,还与这样一些事情相关,各高等学校为了获得联邦政府的学生助学金,必须获得认证机构的认可,有时候,诸如退伍军人管理之类的政府机构出于他们的责任考虑,发起学术批评,要求各高校对退伍学生做好出勤记录,或对于退伍学生的课程教学,要求一定的课堂接触时间,这些程序性控制耗费极大,但几乎没有威胁到学术机构的完整性。

3. 联邦政府在推进社会公正方面的角色

联邦政府在高等教育的第三大活动领域与其过去四十年努力推进高等教育机会均等和肯定性行动有关。根据一系列宪法条款、行政号令、国家法令、政府规章制度及无数的法庭案例,联邦政府现在深度介入许多先前被认为是学术自治的领域。根据阿什比(Ashby)提出自治的重要组成部分,现在国家对大学学生的选择,教师与行政人员的雇用,甚至是将新的学术计划分配给一些特殊机构产生了影响。在早些时候,一所高校能够证明其消极地平等对待所有的人还不够,为了与联邦规定保持一致,许多高校须建立肯定性行动的主动计划以克服过去歧视做法带来的影响。

联邦政府在这一领域的过度控制已经导致了"去规则"的压力,以及肯定性行动的终结,并因此激起了许多抱怨。许多学术人员承认,假如联邦政府对学术机构的自治没有适当的介入,社会公正问题不可能得到如此彻底地解决。州立大学作为承担美国高等教育大众化的重要机构,必然深受联邦此项政策的影响,但从更广泛的社会意义上来说,联邦政府的这一项政策并没有什么不当之处,它反而发挥了积极的影响,为促进社会公正做出了重要贡献。

概言之,接受联邦资金的州立大学,要么直接要么间接地通过学生资助受到各种各样的影响,有些是程序性的,但许多政策影响了实质性自治的不同方面。州立大学作为州政府的工具,臣服于联邦宪法施加在州政府身上的宪法禁令。

(二)作为管理者、协调者与投资者的州政府

尽管存在联邦政府的介入,但自治/责任领域最严重的问题发生在州立大学与州政府之间的关系中。依据联邦宪法,州政府发挥着各种各样广泛的功能:①开办公私立高等教育机构的法律授权;公立机构的治理模式;主要用于公立院校

---

① Dietmar Braun and Francois-Xavier Merrien. 1999. *Towards a New Model of Governance for University?* [M]. London:Jessica Kingsley Pubishers. 67 - 68.

的州资金;建立州控制群体;建立协调权力(规划、预算评估、计划评估、资金花费评估、州学生资助计划);州对于公共开支的程序性控制;州建立财政激励系统的努力以使院校运行"去规则化"、"私营化"或引入更多的"市场力量"。

具体而言,美国州政府在州立大学发展中主要扮演了以下角色:[①]

1. 州政府的法律授权角色

除了几所联邦军事院校外,所有公私立院校都必须在州法律的背景下运行。州法律规定了大学与学院设置的最低门槛。不幸的是,在有些州,这种法律认可与授权简单到了荒唐的地步,一些几近于诈骗的"文凭工厂"在获取利润中蓬勃发展。这就是市场经济给高等教育市场化带来的恶果。当然,州立大学出现这种情况的可能性不大,"文凭工厂"毕竟少数,绝大多数美国高等教育机构都有一定的质量保证,得到地区性民间认证机构的认证,并适当地得到州法律的认可。州政府的一项重要功能就是批准建立州立大学,并维持必要的办学经费。

2. 州政府建立大学治理模式的角色

州立大学有州政府法律规定的法定结构与治理模式。尽管州政府对州立大学施加了诸多控制,但长期以来,许多州在所谓的"自我否定的法令"下运行,州立大学获得了较多的自治空间。伴随着高等教育大众化,这种情况已经发生变化,州政府开始建立治理州立大学的控制群体,这些控制群体就是今天州范围的高等教育董事会。

早期,州政府的要求可能直接来自州长办公室或州立法机构,但是最近以来,更为经常的是来自州范围的高等教育董事会。50个州有48个州建立了这种州立大学与州政府机构之间的控制群体,这些控制群体从强大的联合治理董事会,理论上他们通过协调董事会直接治理其管辖范围内的院校,到力量最弱小的形式——咨询性协调董事会,同时为州政府和高等教育机构提供建议。州控制多通过这些董事会进行。

通过州范围的协调董事会,州政府拥有如下权力:规划,通常包括机构角色与使命;预算评估;计划批准和偶尔的计划终止;资金支出评估;政策研究;州学生资助管理。显然,州立大学自治与州控制之间始终处于一种张力状态。

---

① Dietmar Braun and Francois-Xavier Merrien. 1999. *Towards a New Model of Governance for University?* [M]. London:Jessica Kingsley Pubishers. 69-71.

除了对州立大学的特殊控制外，许多州对州立大学施加了一般性的程序性控制，通常这种控制通过代理机构进行管理，而非州范围的高等教育董事会。这种控制包括：事前审计；事后审计；集中采购；中心人力资源控制；资金发展；资金从一条预算线向另一条预算线的移动；财政年末剩余资金向州政府的归还。在有些州，一两所州立大学被授权免除这种控制的一部分或大多数，比如马里兰大学。

对于州立大学，州政府提高了作为驱动美国高等教育主要市场力量的学生选择，州政府开始增加其他的市场特征，运用财政刺激来驱动州立大学贯彻那些更紧密反映州优先性的政策，比如技术转化、本科教育的改进、少数族群入学机会的改进。同样，"商业化"研究也已经作出反应，使得高等教育对于市场的力量更具反应性。当前，各种各样的社会运动，如"政府再造"、"全面质量控制"、"去集权化"、"去规则化"、"私营化"都共同强调了在运行层面上，州立大学需要博回更多的权力，以使其尽可能在市场环境下运行。

3. 州政府资助高等教育的角色

在资助州立大学方面，州政府承担着主要的责任，在有些州，合格的私立院校也能获得直接的和/或间接的公共资金。在 20 世纪 90 年代早期，州经济经受了迅速增长的联邦贷款以及每年不足的联邦预算，及健康、福利和监狱对有限的州公款支出的吸纳，否则这些钱就会供给高等教育或初等教育与中等教育。结果，州立大学便宜的学费迅速上涨以弥补州支持的减少，公众对于州立大学的批评也在增加。随着 20 世纪 90 年代国家经济的迅速好转，州公款对于州立大学的资助似乎更加明朗，但是在 2008 年全球经济危机的冲击下，州政府对于州立大学的财政支持再次走低，伴随着经济危机的持续发展，这种情况在短期内难以改观，而且，没有迹象表明州政府在放松对控制成本和注重效率的要求。

二、美国州立大学系统的治理特色

在美国州立大学系统的治理中，最值得我们借鉴的经验就是系统能够对各分校的资源进行协调和组合利用，鼓励各分校之间的相互合作。

（一）项目合作

近来的多校园系统规划一直强调分校间相互合作的重要性，尤其是远距离学习和分散式学习项目方面的合作。这主要是缘于资源的紧张，各校园试图通过建立联合体或项目合作来寻求节约。各分校能够通过合作来分担大型研究设施的资金开支和运行开支。如果各校园相距不远的话,各分校还可以达成课程互换协议。这种合作既减少了办学成本,又增加了入学机会。当各分校在不放弃知名度、声誉和控制的前提下,当所得利益足以证明调整的痛苦和学校的牺牲是值得的时候,合作成功的可能性最大。[①] 分校不仅探讨了分校之间合作的重要性,还强调要与科技公司、商业界和其他学习机构结成战略同盟。新一代的虚拟学习企业在这方面已经行动起来,密歇根虚拟汽车学院于1996年建立,它是密歇根大学、密歇根州立大学、密歇根州政府以及该州其他几所大学和学院与汽车大学合作建成的。它是高等院校、培训提供者和汽车产业相互联系的一个界面。

(二)资源共享

多校园大学系统的主要优势之一在于它能够对各分校的资源进行协调和组合利用。合办专业计划是指多个分校之间利用其教学资源联合开设学术专业。对于工程、保健、护理等高成本专业而言,资源的协调和杠杆作用更为明显。这一概念逐渐吸引了系统董事会和州议会的兴趣和注意力,因为他们正在努力满足人们日益增长的对高成本的职业性和技术性专业的需求,而又希望不用增加或只增加很少的额外资金。

威斯康星大学系统最近给这一模式提供了很好的范例,[②]该大学系统在它的5个分校之间联合开展了本科层次的护理教育专业。这一专业的教育对象主要是那些在职护士,他们已经完成了注册护士训练,希望获得护理学学士学位。这个专业开设了一系列综合性课程,这些课程既需要在医院进行临床教学,又需要通过远程教育技术以及课堂教学的方式在各分校进行教学。学生只需在5所分校中的任何一所注册,但是讲授课程的任课教师却来自5所分校。这种合办专业的最积极效果就是它能更合理地利用各种教学资源,而且成本效益相当明显。

20世纪20年代初,加州的克莱蒙特校盟(The Claremont Colleges)树立了

---

① [美]博德斯顿.管理今日大学[M].王春春,赵炬明,译.2006.桂林:广西师范大学出版社.212.

② [美]杰拉德·盖泽尔.美国多校园大学系统:实践与前景[M].沈红,等,译.2004.北京:教育科学出版社.127-128.

分校之间资源共享的典范。该校盟有 7 所学院和一个克莱蒙特大学中心，被其中一所学院正式录取的学生，可以使用其他几个学院的学术设施及其他设施。被其中一所学校聘任的教师也被要求关照其他学院在本学科的需要。校盟核心管理层为所有学院提供某些公共行政服务，还以校盟名义建立了一个计算机中心和一个中心图书馆。① 在美国，这种校盟还有许多，这种校盟既节约了办学成本，又提高了办学质量。

（三）合作采购

州立大学系统各分校之间的合作性采购对我们也颇有启发意义。因为大量订货可以降低单位成本，尤其是那些高成本或专业化的基础设施，如能够链接多所校园或在多所校园内伸展的卫星设备、异频雷达收发机或纤维连通设备等。

三、美国州立大学校长的治理经验

优秀的大学校长都是谨慎的。他们知道自己所控制的是一只黑箱，对其内部运行过程尚未完全了解。因此，他们遵循医生行医的三条法则："药有效，则继续使用；如药无效，则停止使用；如不知道什么药可用，那就什么药也不用。"② 组织同人体一样，是一个非线性系统。许多不可知因素都可能带来与初衷相反的、具有破坏性的结果。医生行医的三条法则就是为了避免因治疗不当而引起的疾病——也就是因医生的疏忽或误诊而造成的疾病。在高等学校，就是指要避免专制政治造成的问题——即学校的问题是由领导者不必要的干预造成的。

（一）美国州立大学校长的宏观引领

在州立大学治理中，校长应当集中精力做好宏观引领工作。郝兰德（Hollander）指出，对校长的领导持怀疑态度的人常常忽视学校没有发生的事情，殊不知，假如不是校长的有效引领，这些危机和破坏性问题将难以避免。

1. 为开拓性领导提供机会

州立大学校长要善于为开拓性领导提供机会。多数管理人员在多数时候只

---

① ［美］博德斯顿.管理今日大学［M］.王春春，赵炬明，译.2006.桂林：广西师范大学出版社.70.

② Robert Birnbaum. 1988. *How Colleges Work—The Cybernetics of Academic Organization and Leadship*［M］. San Francisco：Jossey-Bass Publishers.200.

能在大学治理结构所允许的范围内行事,不过,有时他们也能对州立大学治理结构进行重大变革。这种情形可能在下列几种学校中出现:①

(1) 学校处在危机状态,参与人员对学校漠不关心的情绪在增长。参与人员愿意接受那些消除学校生存威胁的过程和活动,人们期望校长能够指出新的方向。在这种情况下,如果校长不能采取果敢的行动,校长的职位就会受到威胁。

(2) 学校规模很小,管理人员,尤其是校长因居于高位,能够对学校施加巨大影响。当教师都是本地人,而不是来自世界各地的时候,当专业自主性和共享权力的传统很薄弱的时候,这种影响特别有效。

(3) 学校明显地落后于时代的需求,管理人员能够拿出具有可比性的学校与之对照,以此作为变革的合理基础。

(4) 学校的董事愿意支持独裁领导,而长期置教师和其他人员的反对于不顾。

在前三种情况下,管理人员在倡导重要的组织变革时,通过运用专长权和个人影响权能够得到参与人员的支持。在第四种情况下,校长可以运用强制权、奖励权和合法权进行重大的组织变革。校长的行为最初可能不会获得参与人员的支持,但是通过不断地调整人员,校长所推行的变革将成为学校文化的一部分,而人们也会逐渐淡忘为了实现这些变革所采取的措施。除了上述第四种情况外,极少有成功的开拓性领导。

2. 准确领会"领导"的丰富内涵

校长应当在学校实施宏观领导。校长往往认为领导就是决定学校的目标和为人们实现目标提供指导。事实证明,这种观点是幼稚的。因为,大学组织的某些特征使校长难以对他人进行直接的激励、指导和控制。例如,教师要求自主,而且有些教师不在意组织的奖励。他们能够从自己的工作中提升自我效能感,提取成就动机,因此,容易自我满足。他们还得到校外相关学术团体的支持。这些因素极大地限制了领导者对教师施加的影响。正如芝加哥大学原校长哈珀(William Rainey Harper)所说:"如能找到其他人来做某事,校长自己就不应当

---

① Robert Birnbaum. 1988. *How Colleges Work—The Cybernetics of Academic Organization and Leadship*[M]. San Francisco:Jossey-Bass Publishers. 205.

去做。"① 也如哈佛大学原校长洛厄尔(A. Lawrence Lowell)所说,校长的职责是思考,而不是日常事务。

校长的宏观引领是重要的,但是,如果认为只有"领导者"才能进行领导,那就错了。校长需要知道,他们对下级的影响十分有限;在有的大学,许多引领工作都源于参与人员的素质、任务性质及组织特征。校长的职责在于减少组织限制,使其他人能够发挥领导作用,而不是通过严格指导,增加组织的限制,因为各治理群体自己会制定出切实可行的目标。

传统的领导定义是,使日常行为富有意义和使学校的目的具体化。在州立大学,解释学校的作用与特征、认识和发展思维与行为模式以及寻求传输主流观点的沟通方式等方面的责任,在很大程度上是通过参与人员的社会化、专业习惯和学校的历史来完成的。校长应当牢记,许多事情都是模棱两可的,以校长为首的行政人员面临着大学治理目标、治理权力、治理经验以及成就的四大模糊性。② 很多解释组织目的的机会赋予了他们不同寻常的影响力,这使他们不至于因发号施令而与下属产生隔阂。管理人员知道,人们能够看到的事务很多,但是人们的注意力有限。因此,他们努力使人们把注意力集中到管理人员感兴趣的事务上来。

3. 成为优秀的管理者

在对州立大学实施宏观引领的过程中,校长应当成为优秀的行政管理人员。人们对管理人员的信任感以及管理人员影响他人的一贯能力,建立在人们对他所管理的学校的看法上。当管理人员不为他人所尊敬时,他是难以对其他人施加影响的。但是,当人们认为管理人员处事谨慎、才智过人时,即使最顽固的教师也会欣然接受管理人员对其施加的影响。

校长应当学会分辨矛盾的价值。大学里充满矛盾。卡梅伦(Cameron)把这些不能同时成立的要素称为"自相矛盾",并认为它们的存在是组织最有效的证明。这些自相矛盾表现为:组织既需要松散联合,又需要牢固联合;既要求稳定,又要求更新领导;既需专才,又需通才;既要放大反馈圈,又要稳定反馈圈;既要

---

① [美]科尔,盖德.大学校长的多重生活:时间、地点与性格[M].赵炬明,译.2008.桂林:广西师范大学出版社.136.

② [美]迈克尔(Michael.C.),詹姆斯(James.M.).大学校长及其领导艺术:美国大学校长研究[M].郝瑜,主译.2006.青岛:中国海洋大学出版社.213-220.

打破旧的模式,又要从历史中获取力量;既要保证决策所需的更多信息,又要保证学校不超负荷运行。①

当然,现今的校长要想成功实施宏观引领,需要极富创造性和开拓性。那种"绝不退缩!无须解释!照你的想法办,让他们去叫嚣!"的强势校长现在已不多见。多数校长把说服与外交手段作为最可靠的管理工具。他们一般并不把学校内部的冲突与争论看成是病态的表现。他们认为,持不同意见者其主观动机可能是诚恳的。对于反对意见,他们尽量不去攻击,而是创造性地加以利用。达到目的的途径多种多样,因此,对于任何一项提议或计划他都尽量做到不作最后决定。他们力求"稳而不僵";他们宁愿在方法上让步而不愿在目的上妥协。积极地促进对立面的广泛参与②。

林德·布鲁姆(Lindblom)指出,当今的校长要善于分析校内各种观点之间的差异,能针对其差异制定出具有共同基础的可选方案。通过对问题的分析和说服来解决各利益相关者之间的分歧。③ 应尽可能提出受到主流观点青睐的主张,以把分裂之势抑制到最低限度,最大限度地追求协作。

(二)美国州立大学校长治理方式的多元化

校长应当学会用多种方法而不是单一的方法实施治理。在一个复杂的世界中,任何一种情况都可以用许多观点或方法来解释,而每一种观点或方法都能够提供有益的管理见识。

1. 建立复杂的认知模式

科恩与马奇(Cohen&March)指出,仅用一种方法看问题的管理人员,对问题的理解往往偏狭,其行为方式往往局限于一种模式。这时候,如果其他人也是用一种方法来认识事物的话,那就会使组织出现功能紊乱。伯尔曼与迪尔(Bolman&Deal)发现,复杂的管理人员运用多种方法看问题,依赖各种理解和构想找到适合特定情境的行为。在一天的日程中,管理人员可以发现许多不同

---

① Robert Birnbaum. 1988. *How Colleges Work—The Cybernetics of Academic Organization and Leadership*[M]. San Francisco:Jossey-Bass Publishers. 223-224.

② [美]迈克尔(Michael. C.),詹姆斯(James. M.).大学校长及其领导艺术:美国大学校长研究[M].郝瑜,主译.2006.青岛:中国海洋大学出版社.228.

③ Robert Birnbaum. 1988. *How Colleges Work—The Cybernetics of Academic Organization and Leadership*[M]. San Francisco:Jossey-Bass Publishers. 148.

模式的价值。对他们来讲,重要的是要有适合各种情况的行为方式,并且知道什么时候采用什么方式。

对事物的简单理解会导致人们在各种情况下都只会应用几种普遍原理,而对事物的复杂理解则表明,情况不同了,硬套以往的经验可能会把事情弄糟。对领导者来讲,要获得对事物的复杂理解,最好的办法之一就是熟悉大学治理的各种概念模式,从而能够运用多种方法描绘不同情况,能够获得解决问题的多种办法。这就是比一种好理论更有用的唯一东西就是有许多好理论的原因。唯有对事物的复杂理解才能使人看到复杂情况下相互冲突的多种现实。巴特尼克(Bartunek)等人认为,这种复杂性能够导致更有效的组织行为和对事物更准确的认识。本西蒙与纽曼(Bensimon & Neumann)发现,当校长们的经历更加丰富时,他们同时也变得更加复杂了。运用多种方法,就是说校长可以把一个过程分解开来,在不同的阶段采用不同的方法。①

例如,在预算过程中,可以采用政党活动的方法制订有利的预算计划,采用行政方法进行审计,运用学会的方法召开决算会议,与此同时,运用象征性的方法使人们修正他们对现实的认识。这种权变思想在大学治理中有其一定的价值。

2. 发挥直觉的功效

优秀的校长还善于发挥直觉的特殊功效。伯恩鲍姆指出,最有效的管理人员都善于解释和设想问题,他们采用的方法能够通过运行中的组织结构和过程使问题得到解决。当校长获得了丰富的经验,并能够采用多种多样的方法理解组织的时候,他们应当增强对直觉的依赖感。当治理活动包含了非线性系统的人及其判断的时候,不能把成功的行为当作规范的原则去沿用。对于具有复杂思维的管理人员来讲,他们依靠直觉对问题作出的判断,与依靠理性和计划作出的判断至少是相近的。直觉似乎与认识复杂不定情况的能力相关联,很像一个棋手能够从双方棋子的布局中发现高招一样。经验老道的校长不能描绘出判断的形成过程,尽管经过进一步的思索之后,他们都能够找到支持其判断的理由。复杂的管理人员收集资料不是为了决策,而是为了证明和核定初步判断的可靠性。复杂管理人员研究信息资料的目的在于:一是为了保证计划在能够接受的

---

① Robert Birnbaum. 1988. *How Colleges Work—The Cybernetics of Academic Organization and Leadship*[M]. San Francisco:Jossey-Bass Publishers. 209-210.

限度内得到实施;二是为了控制需要注意的问题。

关于校长运用直觉的情况,人们知之甚少。一项对32位不同学校校长的研究表明,"较少有人注意信息资料与标准报告,而半数的校长都运用直觉——一种格式塔式的本能感觉——评价自己的工作成绩"。① 复杂的管理人员,由于掌握了大量信息,应当比简单的管理人员更容易作出正确的直觉判断与推理。直觉和经验还有助于复杂的管理人员形成权变观,他们认识到一种情况下行之有效的方法在变化了的情况下不一定仍然有效,使他们在遇到新情况时能够从平常的小事中分辨出其潜在的意义。

尼斯比特(Nisbett)等人指出:管理者不可能像科学家那样收集和分析数据。相反,他们却像科学家一样凭直觉来行动,更多地依据经验而不是数据。他们决策的时候,其感知和思维过程很可能受到许多有损"科学"理性因素的影响。

3. 建立深刻的自我认知与敏锐的批判性思维

在大学治理中,下级倾向于投上级所好,有意无意地迎合上级,往往报喜不报忧。因此,校长有必要通过深刻的自我认知养成怀疑的习惯和批判性思维。校长应当弄清产生认知错误的根源,养成怀疑资料来源及其解释的思维习惯。校长一旦发现所看到的东西正是其所希望看到的,就应该对这些信息进行认真细微的审核,尤其是对那些自己喜好的信息,更应如此。由于管理人员受到先入之见和知识结构带来的偏见,判断复杂关系所遇到的困难,以及组织生活的不定性等因素的影响,他们很容易发现自己满意的解释,并且还因能够轻而易举地解释它们,而产生能够纠正错误的信心。

校长可以通过使自己成为比较勤勉的怀疑者来纠正上述倾向。他们可以提出这样的问题,如资料是怎样收集到的,怎样解释的。在作出初步判断之后,校长还可以问一些其他的问题。如为什么相信它会导致某种结果?对于所出现的结果是否还有其他可能的解释?其他可能的解释有多大的合理性?有什么样的证据可以用来推翻最初的判断,或者可以用来支持它可能的解释?

校长还应当慎重评估自己对学校的真正影响。伯恩鲍姆(Birnbaum)指出,校长都倾向于认为成功的事情是他们促成的,而失败与自己无关。正确的认知依赖于准确的信息反馈,如果反馈受到限制或不准确,那么认知的正确性必然受

---

① Robert Birnbaum. 1988. *How Colleges Work—The Cybernetics of Academic Organization and Leadship*[M]. San Francisco:Jossey-Bass Publishers. 212.

到影响。沃克(Walker)发现,当校长的决策在各层级管理人员中传递时,他们都要过滤一遍,剔除那些不能实施的不合理成分,这样,校长的许多决策已发生了微妙的变化,而校长却常常不得而知。所以,校长要避免认知偏差,就要具备深刻的自我认知。

人们的认识、理解和推理往往会出现认知错误。在一个模棱两可的世界里,这种认知错误难以完全消除。不过通过适当的努力,校长能够把认知偏见对管理人员的影响减小到最低程度,以达到改进治理的目的。校长应当鼓励下属发表不同意见。下属一般报喜不报忧,易于形成与校长相同的偏见,而难以发现校长的错误。因此,下属若能帮助校长纠正错误则是难能可贵的。由于大学治理的有效运行依赖于准确的反馈,所以,校长必须鼓励人们在讨论和分析问题时畅所欲言,提出不同意见。通过搜寻有关证据以否定某项计划的正确性或因果关系的合理性,在一定程度上能减少管理人员的认知错误。

对于中国的大学治理而言,这种情况尤其明显,也就是中国高校的下层在上级面前更趋向于报喜不报忧,更难以在上级领导面前说出自己真实的想法。因此,要克服这一弊端,需要以校长为首的行政管理人员以相当大的勇气革除这种不利于提升大学治理绩效的文化。

校长实施治理的方法还有很多。他们可以运用角色转换方法。它是人们试图通过他人的眼睛来理解某种情况的一种方法。校长通过扮演教授会成员的角色,处理扮演校长角色的同事所提出的问题,可以更好地理解教师对管理的反应。校长还可以使用模式分析法考察那些运用不同模式看问题的人们是怎样解释某一事件或倡议的。校长可以通过采用循环理论考虑问题,使自己复杂化。[1]

(三)为治理群体的相互作用建立平台

校长要为学校治理群体频繁地相互交往建立一种开放的结构,设计信息管理系统,收集和传递信息。

1. 建立信息流通与反馈机制

在州立大学的治理中,建立信息流通与反馈机制尤为重要。因为它影响到治理群体感知问题与认识问题的准确性,进而影响到决策质量。校长感知问题

---

[1] Robert Birnbaum. 1988. *How Colleges Work—The Cybernetics of Academic Organization and Leadship*[M]. San Francisco:Jossey-Bass Publishers. 210.

的过程以及收集与传递信息资料的过程都将对他所了解的事物发生影响。不同的治理结构从相同的环境中能够得到不同的暗示,并导致不同的行为。在致力于不同子目标的单位看来是相同的问题,实际可能恰恰是不同的。校长可以通过资料的收集与分析系统、沟通系统以及向子单位布置问题,实施对大学的控制。

健全沟通渠道并增强沟通渠道的开放性是实施有效治理的必要条件。信息缺乏会妨碍管理人员收到负反馈;沟通渠道不健全则可能妨碍管理者向大学的其他层级反映失误信息。是否重视信息,是否在大学各组成部分之间建立开放的沟通渠道,是区分管理人员成功与否的一个要素。伯恩鲍姆发现,成功的管理人员重视沟通的重要意义,而"低效的管理人员则反其道而行之。当面临各方压力,而且问题又捉摸不定时,双向沟通的根基便发生动摇,于是,他们就把自己完全幽闭于少数几位值得信赖的顾问圈子里,而学校的其他人则还在等待着他们下一个注定要滑向危机的行动"。[①]

大学治理的公开透明有助于沟通。的确,不是每一件事情都公开。有时出于保护个人权利和组织利益的需要,应当保密。不过,在学术社区内,应当保持最大限度的开放性;保密只能适用于例外情况。对敏感事件有意无意的保密比不恰当的泄密更容易造成损害,这几乎是无可争辩的事实。管理人员通过公开的计划、公开的政策声明、公开的结论、公开的原因、公开的先例以及公开的正式和非正式程序能够促进大学内部的信息沟通。

在当代中国大学的治理中,虽然信息公开已经被提上议事日程,但这方面仍存在不少问题,在一些事关教职工权益的重要决策中,仍有需要进一步改进之处。

校长应当明确问题是通过收集信息反映出来的,因此,校长应当重视信息收集。配备监察员是必要的,但是要发现问题,仅仅依靠监察员还很不够。尽管监察员能够感觉到组织运行中的变化,但是其敏感性的强弱与信息的有效性是相互关联的。如果管理人员关心某一具体问题,那么,他就应当十分重视了解该问题的方法,以及有关信息应当如何收集与传递。

校长应当重视学校的信息传播过程。在许多学校,重要的信息是收集到了,

---

① Robert Birnbaum. 1988. *How Colleges Work—The Cybernetics of Academic Organization and Leadship*[M]. San Francisco:Jossey-Bass Publishers. 219-220.

但是却没有得到适当的传播。大多数信息都不可能在组织内自行传播。低效的管理人员极少会见教师领导人,极少书面或口头与教师沟通重要信息,或者要么不提供信息,要么提供大量不加说明的信息,从而抑制了人们对信息的理解。有效的校长通过信息交流与反馈系统,向学校参与人员报告重要信息。他们定期与教师领导人碰头;书面向教师阐述出现问题的要点,要求教师提出意见和建议;出席教授会议,回答教授们的质疑,并定期非正式地与校内各团体的代表碰头。也就是保证他们既有机会向其他人传播重要信息,又有机会听到其他人的意见。在某种意义上,校长其实是在经营一个信息交流中心,像中介者那样活动,是许多平等成员中的第一人。①

2. 治理群体的相互作用

相互作用是管理行为产生效果的根本保证。校长应当为治理群体的相互作用创造条件。韦达夫斯基(Wildavsky)曾经描述过一个公式:"有效地制定政策=1/3 的信息资料+2/3 的相互作用"。② 在大学系统中,等式右边的任何一方面都不能孤立地作为有效制定政策的基础。把信息资料运用到相互作用过程中,就能够发现问题、解决问题,从而作出基于现实的决策。

因此,管理人员不仅要保证信息流通与反馈系统畅行无阻,而且应当为对这些信息感兴趣的治理群体提供相互作用的条件。有的通过设立特别委员会、校务委员会、评议会或聚会等提供相互作用的机会;有的通过建立临时任务团体,设置休息室或座谈会等满足某些具体的要求。

校长应当保证各治理群体能够相互作用。作为校务委员会成员之一的教授会主席、出席教授会的系主任和学生、教师以及协调委员会的管理人员通过相互作用,能够统一认识。管理人员还应当重视社会活动中非正式的相互作用,这种相互作用有助于使人们的喜好、相互交往和态度保持和谐,并有助于人们形成共同的价值观和理想。

由于一些限制性因素的影响,学校往往难以实施战略计划。但制定战略计划的基本目的不在于制定出一份战略计划,而在于为信息资料在人们的相互作

---

① [美]科尔,盖德.大学校长的多重生活:时间、地点与性格[M].赵炬明,译.2008.桂林:广西师范大学出版社.98.

② Robert Birnbaum. 1988. *How Colleges Work—The Cybernetics of Academic Organization and Leadship*[M]. San Francisco:Jossey-Bass Publishers. 220.

用中发挥作用提供一个机会。其重点也不在制定出的计划本身,而在于制定计划的过程。制定计划的主要功能应当是为已掌握必要信息的人们提供一个相互作用的机会。增进人们之间的相互理解与信任。良好的人际关系有助于消除争议与不和。

校长还要与底层雇员保持必要的相互作用。领导者常常都受到其下属强加给他们的束缚。如果管理人员的行为超越了其下属所赋予的限制,那么他的地位将会遭到削弱,领导权威也将丧失。所以,权威性和坚决果敢的领导行为往往都是没有成效的,尤其在学校中,教师和下级管理人员都要求参与管理,所以更是如此。要成为领导者,管理人员必须根据人们的希望行事。领导者必须做下属所要求的事情,即便下属根本就不知道那是他们所要求的。校长和管理人员要意识到自己权力的限度,牢记在大学治理中,最强势的应该是教师,而不是校长与管理人员,因为校长与管理人员可能干一阵子就走,而教师则保持相对稳定。正如一位校长所说:"校长是租来的,教师是买来的"。①

领导者大都具有意会他人的能力。要想知道下属需要什么,就要鼓励公开的沟通,然后倾听下属的意见十分重要。领导者采取行动容易,洗耳恭听则不是那么简单,尤其是那些自认为领导就是告诉他人如何行动的领导者,要倾听下属意见难度更大。但是,倾听和施加影响是相辅相成的——如果管理人员越能够倾听他人的意见,那么他人也会更愿意听从他的意见。事情往往就是这样,让别人对我们施加影响的时候,我们也向别人施加了影响。

四、美国州立大学行政人员的治理经验

美国州立大学的行政人员既不是教学人员,不受教授会控制,也不是州教育厅的人员,不受其指挥。在招生、保管档案、人事政策、设施管理、图书馆管理、预算、公共关系、校友事务和大学计划方面成为专家,组成行政机构,按照校长、副校长、财务主任和事务主任的旨意工作。他们的特殊作用和所受的特殊训练使他们容易形成不同于董事、教授和学生的观点。他们一般集中于一个行政大楼

---

① [美]科尔,盖德.大学校长的多重生活:时间、地点与性格[M].赵炬明,译.2008.桂林:广西师范大学出版社.100.

里,以加强他们的相互联系和相互了解。①

由于在州立大学治理中的重要作用,而且队伍庞大,美国州立大学行政人员也存在行政化倾向,但他们已经意识到,要想真正发挥教师的积极性,激发教师的实干家精神,就必须首先清除治理过程中的官僚作风和表面文章之类的制约因素,改变行政人员的工作态度和工作作风。② 通过召集会议,管理人员能够对人们的认识和理解产生重要影响,而不至于产生疏远感。③

(一)责任与权力的平衡

大学的领导,无论是校长、院长还是系主任,都没有足够的权力以应对高等教育强大的变化所引起的巨大责任。

在州立大学治理中,责任与权力的失衡表现为一定的行政责任却没有同等的权力去完成这些任务;许多不承担责任的人,却有很大的权力去阻止决定性的行动。这种权力和责任的失衡由许多因素引起,例如抵制强权领导或者大学行政官员较短的任期等。但最终,所有这些原因都可以追溯到政治本质和大多数公立大学董事会有限的经验。从法律上来讲,董事会对公立大学的整体负有责任。它既对大学的财政管理负信用责任,又对其福利负法律责任。然而这种责任很大程度上只是存在于理论而非实践,因为董事会成员很少对其决策和行动负个人责任。而且,董事会作为管理团体,难以从其在金融事务中的能力和行为对其进行评价。

许多州立大学降低了中层领导人的权力及其吸引力。这一方面是因为不断增加的责任制对州立大学治理结构的要求越来越高,另一方面是因为对教师治理群体的顺从,这些群体往往对所有的管理岗位都持怀疑态度。结果,许多州立大学的治理机制笨拙无效,系主任和院长基本上没有什么治理权力,更不用说去领导好他们的单位了。同样,由于底层教师缺乏发展途径和机制,中层管理受到严重破坏。大多数州立大学都有这种权威和责任之间的失谐现象,直到这种现象出现在校长办公室,从而达到了它的最极端。

---

① [加]约翰·范德格拉夫.学术权力——七国高等教育管理体制比较[M].王承绪,等,译.2001.杭州:浙江教育出版社.117-118.

② [美]詹姆斯·杜德斯达,弗瑞斯·沃马克.美国公立大学的未来[M].刘济良,译.2006.北京:北京大学出版社.45.

③ Robert Birnbaum. 1988. *How Colleges Work—The Cybernetics of Academic Organization and Leadship*[M]. San Francisco:Jossey-Bass Publishers. 207-208.

一份关于大学校长职务的研究报告指出,"大学校长的权力正在被他所有的伙伴——董事会成员、教师以及政党领导等——减弱,有时也是因为校长自己缺乏勇于变革的愿望和决心。"① 研究报告指出,大多数大学校长目前不能有效地领导其机构。治理董事会和教师都有权否决校长的行动提案。

以大学校长为首的行政官员应该拥有与其责任相称的权力以采取行动、选择领导、承担风险。对于校长的这种大权旁落,哈佛大学原校长洛厄尔指出,人们感觉到校长是一位独裁者,其实他没有权力决定任何事或命令任何人,实际上他只是对行政人员有些权力,但对教授和教师来说,校长没有任何权力。② 州立大学有必要在中层进行领导力量的重建,通过重新设计职位以改善权力与责任之间的平衡,提供领导发展规划。为了更有效地应对责任、挑战和机遇,需要一定程度的机构重组。人们必须尽最大努力将"管理"视作更宽泛的团体,而非仅仅由院长、系主任和处长等组成的行政官员,要让这一宽泛的组织成员意识到他们本身就是大学。

80多年前,就有人注意到,当教师和管理人员都丧失了把握和控制学校运行能力的时候,就会出现治理的混乱。③ 教师控制能力的丧失,与学校规模的扩充、复杂化和教师分属于不同的系、委员会及其他单位有着密切的关系。教师的分散化阻碍了全局观念的形成。管理人员控制能力的丧失与校外资金管理和控制机构的出现密切相关,它们架空和削弱了学校的管理。由于教师和管理人员都不能完全理解复杂的学校组织或不能充分地控制学校资源,所以教师和管理人员都无法担当起治理学校的全部责任。

(二)在线性思维与非线性思维之间

线性思维的管理者倾向于认为管理是一门科学,依赖于数据资料基础上的理性决策;而非线性思维管理者倾向于认为管理是一门艺术,善于对问题做出有意义的理解与主观建构。伯恩鲍姆指出,最有效的大学管理者是那些能够综合运用线性思维和非线性思维看待问题、分析问题的人,并能够从每一种框架选出

---

① [美]詹姆斯·杜德斯达,弗瑞斯·沃马克.美国公立大学的未来[M].刘济良,译.2006.北京:北京大学出版社.120.

② [美]科尔,盖德.大学校长的多重生活:时间、地点与性格[M].赵炬明,译.2008.桂林:广西师范大学出版社.138.

③ Robert Birnbaum. 1988. *How Colleges Work—The Cybernetics of Academic Organization and Leadship*[M]. San Francisco:Jossey-Bass Publishers. 15-16.

一种有效行动方式的管理者。

1. 线性思维及其影响

线性思维管理者试图通过更加严密的控制使系统更加理性化,努力纠正组织的错误。这样做的结果往往适得其反。不过,由于学校组织生活过于模棱两可,虽然事情在朝着更坏的方向发展,线性思维管理者可能还误以为事情已经开始改观。鉴于此,管理人员不应试图使学校具有更大的可知性,而应以非线性思维,在可知性较差的情况下,增强自身的有效性。虽然大学治理的有些方面是可以明确测评的,但更多的方面是不确定的、模糊的。①

线性思维管理者认为,组织就是有助于人们在能够理解的世界中开展符合逻辑的活动科层系统。他们通过制定复杂的计划和预算制度来使决策理性化,他们希望审慎地实现组织目标。理论上,纯理性的管理者应当了解所有情况,考虑所有可选方案,对所有可能的结果作出评估与比较,最终选择出最佳方案。但是实践中,纯理性的管理者是不存在的。原因是:大学组织过于复杂;个人精力有限;信息传递的过滤与歪曲;大学内外可变因素的相互作用错综复杂,加之松散联合,可选行动方案常常是不确定的;在一定情况下,可选行动方案太多,管理人员不可能全都考虑到,那些真正被考虑到的往往只是所有方案的一部分,通常还只是很少的一部分。

线性思维管理者生活在一个可见的客观世界中。他们往往是从许多可选方案中挑选一个能够最大限度地实现组织目标的方案,然后,按照选出的方案去建立治理结构和程序。他们特别重视数据资料的收集与分析、费用与效益比率的计算以及建立能向决策实施人员传达指令的正式系统,重视从其他人那里收集工作进度的信息,以及经常比较行为结果与组织目的之间的差距。大学具有复杂性、不确定性、不可预料性等属性。我们需要用非线性思维来理解大学的治理,以弥补线性思维方式的不足。②

佩罗(Perrow)指出,当人们所执行的任务能够得到很好的理解,是可以预测的,又属于常规性的,并可以重复的时候,线性思维较为有效。线性思维依赖于信息收集与传递,但由于科层结构阻碍了各层级间信息的充分传递。所以线性思维管理者必然会面临难以克服的障碍。科茨与科亨(Katz and Kahn)指出,

---

① 胡建华.2005. 高等教育新论[M].南京:江苏教育出版社.419.
② 余承海,程晋宽.2013.论"无为而治"的大学治理理念[J].现代大学教育,(1).110.

由于下级认识到,向上级传递消极信息可能给他们带来不利影响,就会把那些反映他们成绩不佳或可能使上级不满的信息扣押不报。最高决策者需要的信息恰恰是那些可能失真或被扣押的信息,因为它们反映了组织存在的问题。信息失真或传导阻滞意味着下级很难弄清混乱或含糊的指令。下级就只能根据法律文件,在最低程度上按上级的指示办事①。这里充分暴露了线性思维在大学治理中的局限性。

线性思维管理者获得的资料总是有限的,而且常常是零散的。这对线性思维的管理者来说是致命的缺陷。因此,他们的决策并非完全依靠审慎的分析,更多的是依靠他们的先入之见和期望。如果他们的行为很快就产生了积极影响,他们会认为其行为是成功的,但事实上,由于松散联合的原因,他们的行为在更大范围的消极影响可能要等到他们离职后才会显示出来。因为他们没有见到其行为的消极影响。所以,待他们到新的学校任职后,还会以线性思维行事。

线性思维的管理者通过其破坏性活动"使学校扭转了局面",从而获得了名不副实的荣誉。殊不知,所谓的扭转了局面只不过是一种短期效应,其破坏性行为种下的长期恶果留待继任者品尝。那些导致线性思维管理者错误地评价其成功的因素,也可能使他们错误地把成功当成是失败。他们在离任前也许只能看到消极结果,其行为所产生的积极影响可能在他们离任后才能表现出来。这就是老子所说的"不知知"的弊病。睿智的领导应该避免"不知知",追求"知不知"的认知境界。"不知知"就是不知情却自认为无所不知,"知不知"就是知情却不认为自己无所不知。②

洛克与布鲁克斯(Rourke and Brooks)指出,以大量数据资料为基础的线性决策,即使所用的资料只具有某种象征性意义,也被看成是较为理性的。尽管那些资料对学校的实际管理工作毫无用处,但却迎合了人们的线性思维。迪兰(Diran)发现,由于决策的实际效果越来越难以评价,更深入地收集资料对于保证决策质量就显得越来越重要了。计算机管理信息系统似乎为线性思维的管理者带来了福音。随着计算机管理信息系统的建立,人们对学校经营无效的指责

---

① Robert Birnbaum. 1988. *How Colleges Work—The Cybernetics of Academic Organization and Leadship*[M]. San Francisco:Jossey-Bass Publishers. 122.
② [魏]王弼注. 老子道德经注[M]. 楼宇烈,校释. 2011. 北京:中华书局. 186.

逐渐减少了。① 这是以计算机信息系统为基础的线性思维对人们的现代蒙蔽。

僵化的线性思维创造了一种统一的、但在许多方面却是肤浅的文化，这种文化虽然保证了学校活动的开展，但是许多参与人员却并不能全心全意地投身其中。多数人都是以线性方式参与学校的工作，他们按照工会规定的时间上下班，并谨慎地评估可能对个人产生不利影响的变革。

2. 非线性思维的优势

以增进理解为己任的非线性管理人员生活在一个主观世界中。他们的职责与理性管理人员大不相同。他们的工作重点在支持组织成员的活动上。他们舍得花时间努力使组织成员的观念世界更趋一致。这意味着，他们要为组织成员提供相互作用的场所，使他们之间那些决定现实的"谈判"得以进行；要向组织成员明确地说明组织活动的预期目标；他们能够接受或反对这些组织活动；他们还特别重视使某些活动引起他人的注意。由于领导者的职责就是为学校活动提供经验基础，他们采用的方法可以是修订目的，说明和解释以前含混不清或未曾说明的事物，创造某种形象并解释其意义，给人们提供新的注意焦点，以及强化、反对或改变流行的明智行为等等，所以，领导者的作用是十分突出的。从文化的角度看，在很大程度上，管理就是一系列的象征性活动。

线性思维管理者认为，学校应当以一种常规的、稳定的方式运行。波动和例外都是出现问题的征兆，应当注意并予以纠正。非线性思维管理者认为，系统的许多行为往往都是随意的。他们清楚，短期的、不稳定的，甚至奇怪的结果未必意味着长期的不良结果，而且在复杂系统中，这种情况是常见的。人为的干涉只会使事情更糟；如果听任其自行发展，这种不良结果常常会自行消失。线性观的管理人员重视理性决策，非线性观的管理人员更关心对问题的理解。线性观的管理人员认为他们知道系统是如何运行的，应当如何去改变它；而非线性观的管理人员在他们的推测和期望上显得更为谨慎些。②

我们能够以非线性思维对收集的资料进行一种有意义的主观建构，这种主观建构对于达成共识、分清什么是重要的以及形成共同的价值观等都是有益的。

---

① Robert Birnbaum. 1988. *How Colleges Work—The Cybernetics of Academic Organization and Leadship*[M]. San Francisco:Jossey-Bass Publishers. 79.

② Robert Birnbaum. 1988. *How Colleges Work—The Cybernetics of Academic Organization and Leadship*[M]. San Francisco:Jossey-Bass Publishers. 55.

这种主观建构有助于大学治理群体理解自己的行为,有助于证明大学治理的合理性。

(三)无为而治的治理理念

"无为"是老子管理哲学的最高原则,他把深邃的哲学思想与高超的治理理念有机地融合在一起,孕育了博大精深的治理哲学。"无为而治"体现了自然主义的治理理念,强调使事物的运行过程自然发生,不加干涉。也就是"我无为而民自化,我好静而民自正,我无事而民自富,我无欲而民自朴。"[①]这种治理模式能够最大限度地减少对人的刻意束缚,以最小的管理行为来取得最大的管理效果。"无为而治"的治理理念蕴藏着丰富的治理智慧,为大学治理开启了另一扇"芝麻"之门。

老子的"无为而治"也不是无所作为,而是在"无为"与"有为"之间做出选择,在于区别何为与何不为。作为大学的领导,应该识大局抓大事,使整个大学治理顺应高等教育发展的内在规律,注重发展战略谋划、重大决策选择、重要人事任用以及大学制度建设,而非"事必躬亲",事无大小巨细,亲自抓,亲临第一线,亲自指挥,亲自发号施令。对下属不放心,不放手,不授权,不借力。对下属声色俱厉,动辄发火训斥,损伤部属的积极性。

托马斯(Thomas)认为:"管理的功能在于保证经费用得其所,杜绝浪费;保证校园空气清新,场地整洁,仅此而已……希望上层干预,力图寻求、尝试和改变工作方式,幻想每天早晨上班时满脑袋令人振奋的主意,能使全校焕发出活力等种种企图都是魔鬼的诱惑,需要管理者用个性的力量予以抵制。"[②]托马斯的观点印证了无为而治的治理理念。无为而治的理念与理性所要求的积极管理和创造性领导相悖。

1. 顺其自然

人们通常认为,优秀的管理人员能够成功地调解各种疑难问题,干预模棱两可的问题。殊不知,由于大学的复杂性,管理人员的干预常常适得其反。管理人员不仅常常陷入干预那些具有自我调节、组织和自我修正倾向的活动,而且由于

---

① [魏]王弼注.老子道德经注[M].楼宇烈,校释.2011.北京:中华书局.154.
② Robert Birnbaum. 1988. *How Colleges Work—The Cybernetics of Academic Organization and Leadship*[M]. San Francisco:Jossey-Bass Publishers.180.

扰乱了运行中的控制系统,他们的干预还可能加剧而非缓解已经出现的问题。他们干预的范围越大,造成的问题越复杂,解决时就越有可能引发其他的问题。在这种情况下,管理人员获取的是失真信息。他们往往把那些被他们恶化了的情况作为是否需要进一步干预的依据,并错误地认为,如果不是他们的干预,事情可能会变得更糟。

当出现不正常情况时,管理人员显然都是迫于压力而采取行动。有时,这种情况下的明智之举就是任其自然。当然,在实践中,管理人员要什么都不做,也不可能。不过,管理人员必须注意矫枉过正。一般来讲,管理人员通过减少对较小问题的反应可以把破坏性冲突限制在最小范围内。威廉姆·雷尼·哈珀(William Rainey Harper)曾经指出,仓促行动比拖延不问带来的问题更多。这说明无视某些问题并非坏事。管理人员应该尊重医生的亘古信条:"首要的是保证没有害处!"能推到第二天的事情,校长绝不要当天做。不成熟的行动是错误之源,往往比延误造成的错误更多。①

当然,顺其自然不是放任自流,撒手不管。作为州立大学的管理人员,校长以及其他子单位的管理人员的职责就是维持大学内部各子单位的平衡。如果某一子单位弱化到了不可接受的程度,管理人员就要扶植它;如果某一子单位过于强大,以至于对其他单位造成了威胁,管理人员就要加强对它的制约。管理人员的职责,不是对管理过程实施最大限度的控制和影响,而是保证组织结构、信息流和决策能力至少维持在最低水平上。把共同的价值和奉献精神维持在一定的水平上。管理工作的精妙之处可能就在于持续不断地协调并维持内部单位的适当的平衡。

2. 自运行的大学组织

"万物作焉而不辞"②表明宇宙间一切事物各自按照自身的规律默默地、不停地运行,即不依赖于外力,也不听命于他人。"道常无为而无不为,侯王若能守之,万物将自化。"③这揭示出遵守自然规律就能无所不为,管理者坚守"无为而治"的治理理念,一切都能自我规制、自我运行,而无需外力强行介入。大学组织

---

① [美]科尔,盖德.大学校长的多重生活:时间、地点与性格[M].赵炬明,译.2008.桂林:广西师范大学出版社.136.
② [魏]王弼注.老子道德经注[M].楼宇烈,校释.2011.北京:中华书局.7.
③ [魏]王弼注.老子道德经注[M].楼宇烈,校释.2011.北京:中华书局.95.

存在着复杂性和两难性,依靠组织的负反馈能够进行自我调整和自我修正。

对于大学来讲,其优点就在于,尽管大学的运行机制并非总是可见的或能够事先知道的,但是大学却能够正常工作。这就是人们通常所说的模糊的优势所在。当出现不正常情况,且原因不明时,大学的治理尤为有效。众所周知,大学不易改变,那些使其成功运行的力量也使其难以获得改进。在州立大学,相互影响的放大、组成要素之间复杂的相互作用,也使改革特别难以实现。借助于管理干预,情况可能得到改善;不借助管理干预,情况可能更加恶化。但是在许多情况下,所产生的结果与所采取的行动之间并无必然的内在联系。外部政治力量指出学校的明显缺陷,要求学校予以改正。但是,它们却不明白,就当前的情况而言,成败的机会均等。

伯恩鲍姆认为,由于学术组织具有不同寻常的特征,试图改进大学"管理"的尝试只会削弱其有效性,不可能增强其有效性。这倒不是说草率的管理与审慎的管理都是可以接受的,或者任何努力都无济于事。但是,如果"好的"管理是学校正常运行的一个重要方面,那么,按照传统的理解,"较好的"管理也许不会带来额外价值。彼得斯与沃特曼(Peters & Warterman)指出,在各种有效组织中,管理者必须容忍管理中存在的漏洞;容忍失误,正确对待秘密行为,应付未曾预料的变故。[①] 如果管理者把大学杂乱无章的现象看成是"病症",而不是非线性系统预料之中的正常现象,那么他们采用新管理技术便不可避免。校长、董事及其他管理人员都应当谨防滋生视较好的管理为灵丹妙药的思想。事实上,立竿见影、快刀斩乱麻式的解决问题的方法在大学中的局限性尤为明显。

管理人员面临的矛盾压力不是一种有待鉴别和纠正的不正常现象,而是组织自我修正属性的基本要素。管理工作的一个难题就是控制这些压力的对峙状态,从而使对峙的每一方都不致取得支配地位。管理人员通过最大限度地减弱或消除同时存在的某一个对立面来解决自相矛盾的问题,只会使管理工作遭到削弱,而不是加强。正如中国古代伟大的思想家老子所言:"为者败之。执者失之。是以圣人无为,故无败;无执,故无失。"[②]它的意思是说,人为的干涉只会使事情更糟;如果听任其自行发展,这种不良结果常常会自行消失。

---

① Robert Birnbaum. 1988. *How Colleges Work—The Cybernetics of Academic Organization and Leadship*[M]. San Francisco:Jossey-Bass Publishers. 202.

② [魏]王弼注. 老子道德经注[M]. 楼宇烈,校释. 2011. 北京:中华书局. 170.

3. 领导的有限性

领导者总是以为他们的领导行为对下级管理人员产生了重要影响。但是实际上,在州立大学的治理中,领导者的领导行为对下级管理人员产生的影响极其有限。校长及其他管理人员难以对学校进行重大变革,而只能通过认识学校的组织特征领导学校工作。管理人员是在各种复杂的相互作用中履行其职责的,他们的责任不是"操纵"学校,而只是使学校维持适当的平衡状态。

伯恩斯(Burns)指出,近年来,人们重视开拓性领导激励下属、指导下属,在追求变革中养成新价值观方面所起的作用。但是,在州立大学的治理中,这种理想的结果从未真正实现过。在大学治理活动中,人类行为依然遵循哲学的律令,一切外在的强制,其最终的效果是有限的,真正改进人类行为,依然需要被管理者自己从内心深处认识到改进的重要性与必要性,而不是上级领导的强制与高压,尤其是来自外部的管制缺乏人性与道德属性的时候更是如此。

要真正实现无为而治,管理者还需要处理好管理不足与管理过度的问题。人们通常认为管理人员的干预、决策、推行计划及其他一些管理行为,都是优秀领导必须采取的行动。应当说在某种情况下,管理人员的上述行为是重要的。但是,维克(Weick)认为,管理过度的问题,也就是过分的干预而非干预不足,才是造成许多组织问题的根源。为控制混乱所采取的任何武断的干预,都会潜在地破坏系统内部的控制关系,并导致大量新的混乱。因此,管理人员必须准确认识领导行为的限度。

伯恩鲍姆认为,大学的管理过程与文化就像个人的习惯和信念一样,难以改变。管理并非无所不能,实际上它的功能极其有限。学校成功地恢复生机与其说是必然规律,倒不如说是一个特例。对于大学校长来说,认为他的作为对大学的长远发展及其个人声誉的巨大影响,很可能是一种错误。[①] 虽然校长可以进行某些变革,但是只有在一所学校任职一段时间,人们建立起了对校长的信任感之后,才能尝试进行最低限度的变革。而这些变革也并不必然会取得成功。

治理良好的州立大学主要依靠自我修正,而不是依赖于"强力型领导"来解决问题。治理的主要目的不是决策,而在于使组织成员在什么是真实的和重要的问题上达成能够接受的共识。对于州立大学而言,重要的不是管理人员对目

---

① [美]迈克尔(Michael. C.),詹姆斯(James. M.).大学校长及其领导艺术:美国大学校长研究[M].郝瑜,主译.2006.青岛:中国海洋大学出版社.222.

标的选择,而在于人们对现实属性达成的共识。这也是无为而治的要旨所在。

本章结语

美国州立大学治理结构经历了一个复杂的历史演进过程,对大学治理结构的研究和实践起步较早,取得了很多值得我们借鉴的成果,比如政府角色定位、政府－大学伙伴关系、共同治理的理论与实践等。美国政府在州立大学发展中所扮演的主要角色是资源提供者、条件创造者、管理协调者以及顾客支持者。同时,美国州立大学校长的宏观引领、治理方式的多元化以及善于为治理群体建立相互作用的平台值得中国大学校长学习。美国州立大学行政人员责任与权力的平衡、集线性思维与非线性思维于一身的治理艺术、无为而治的治理理念也值得国内同行借鉴。

结论与反思：迈向共同治理的学术"王国"

一、研究结论

通过对美国州立大学治理结构的深入分析，本研究得出以下两个结论：

（一）美国政府对州立大学的实质性行政干预不多

尽管美国州立大学治理中存在一些政府不法行为的例子，但美国政府大体上还是理性地尊重学术自由与机构自治的重要领域，诸如课程内容、评价方法、研究行为、教职任命、观点与意见的自由表达等方面，机构享有最基本的自由，而不受政府干涉。在强调学术自由与机构自治的同时，也须接受政府对高等教育的法定权限。全世界没有哪一个国家不对其大学实施某种控制。问题不是政府是否应该对大学实施控制，而是政府应该实施多少控制，在哪些方面实施影响。[①] 政府能够轻而易举地扼杀教育的创造力和活力。[②] 因此，美国政府在建立与州立大学的伙伴关系中也力戒这种现象的发生。

（二）美国州立大学内部治理的权力共享与制衡

美国州立大学的内部治理具有悠久的分权传统。美国州立大学治理结构中最出色的部分是它能够在教师、管理人员及董事会之间就最基本的问题与同事分享观点。

---

① Olaf C. McDaniel. 1996. The Paradigms of Governance in Higher Education Systems [J]. *Higher Education Policy*, Vol. 9, No. 2. 140.

② [美]德里克·博克. 走出象牙塔：现代大学的社会责任[M]. 徐小洲，陈军，译. 2001. 杭州：浙江教育出版社. 43.

通过治理权力在教师、托管人、全体职工和行政人员之间的共享,实现不断变化着的权力制衡。这种把权力、原则性和灵活性有机结合的作风使得州立大学的内部治理更富成效,更加卓越。

二、启示与反思

对比美国州立大学的治理结构,反观中国省属大学的治理结构,我们认为:

(一)中国政府对于省属大学的行政干预依然过多

《国家中长期教育改革和发展规划纲要(2010—2020年)》提出,要以简政放权和转变政府职能为重点,推进中央向地方放权、政府向学校放权,明确各级政府责任,落实和扩大学校办学自主权,但这仅仅是一个规划纲要而已,难以与美国联邦和州政府规范的立法相比,而且,即便把这个美好的愿望上升到法律的高度,也不是说就万事大吉了,因为,我们素有有法不依、有法不行的不良传统。① 美好的愿望在实践中能够落实到哪一步,让我们拭目以待。

政府对省属大学进行过多干预的同时,却对省属大学发展的重要助推作用发挥得不够充分。中央与省级政府的功能还有待于进一步拓展,中央与省级政府对省属大学的功能不能局限于监管与控制,中央政府在资源提供与条件创造上要扮演更加关键的角色,发挥更加积极的作用,适当平衡中央部委所属高校与省属高校之间的利益,中央对一些部委所属高校的投入少则几个亿,多则十几个亿,而对省属大学的投入却极其有限。中央对省属大学没有常规的资助项目,主要通过学生资助及转移支付。这与美国联邦政府对州立大学的大范围、高强度、多方位资助一比,差别就出现了。在这种情况下,我国省级政府在省属大学的发展上就任重道远了。要转变治理理念,拓展政府功能,在资源提供、条件创造、管理协调上要发挥主导作用。因为省属大学毕竟姓"省",而不姓"国"。它们也难以在同一个起点上与部委所属大学公平竞争。

(二)中国省属大学治理的集权与行政化

笔者以为,对照美国州立大学,我们最需要反思的就是中国省属大学的内部治理。中国省属大学的内部治理要比外部治理存在的问题更多,更严重。一些省属大学在泛行政化的强力控制下,从学校到院系,其治理结构均缺少权力的共享与

---

① 张士高.2010.提高法律执行力的思考[J].中国城市经济,(12).215.

制衡,重要权力在学校层面主要集中在少数人手中,一般的教职员工无缘问津。在院系,重要权力集中在一两个人手上,根本就听不见普通教师的声音。

比如,中国省属大学的院长或系主任的任命是以学校组织部的名义进行的,但执行的是学校领导的意志,这些院长或系主任要么升迁,要么永远任职下去。这与美国州立大学的院长与系主任的治理就明显不同了。美国州立大学的院长与系主任多是选举产生,假如是行政任命也必须征得学院或学系教师的同意,并且有固定的任期。而我们的院长、系主任不仅没有选举,就连任命也可以置广大教师的声音于不顾。虽然,我们也走考察与公示的过场,但在打击报复的威胁下,无人敢说这些准官员的不是,何况说了也没用。

因此,建设高等教育强国,建设现代大学制度,必须切除我国省属大学治理行政化这颗"最大的毒瘤",否则,它会摧毁大学的独立品格和大学人的独立人格,使大学屈从于政府意志,学者屈服于官员权威;颠覆大学的本性和逻辑,使得权力本位取代学术本位,行政逻辑淹没学术逻辑;使对真理的推崇蜕变为对权力的崇拜;使学术权威沦为附庸,行政权威成为主宰,使学术至上沦为口号,权力至上成为"正本"。

切除这颗毒瘤的一个切入点就是实施共同治理,实现治理权力的共享与制衡。因为共同治理能够使教师、管理人员等各类治理群体就最基本的问题与同事分享观点;它能够实现在教师、全体职工和行政人员之间力量不断变化的平衡;它提供了一个多元化场所,其中治理群体的外部成员、行政管理及学术界的声音必须都能够听到;它囊括了不同人群,为通过协商、对话达成新的价值观与观点建立了平台,为异议与辩论创造了平台。

正如王英杰所言:"共同治理是对不断膨胀的行政权力的制约。在当前大学官僚化和商业化势不可挡的潮流中,共同治理有特殊重要的现实意义,是解决校园腐败的一剂良方,因为它搭建了限制绝对权力的制度框架,绝对的权力绝对导致腐败。"① 成就伯克利辉煌的最重要因素有二,第一是州宪法赋予的宪法自治地位,第二就是共同治理。加州大学前校长理查德·R·阿金森(Richard C. Atkinson)认为,使加州大学成为著名大学的一个重要传统是共同治理,大学治理重在"教师、行政和董事的伙伴关系,加州大学迈向辉煌的第一步始于75年前

---

① 王英杰.2011.论共同治理——加州大学(伯克利)创建一流大学之路[J].比较教育研究,(1).7.

引入共同治理制度"。① 共同治理成为加州大学治理的主旋律,始终是加州大学的核心治理制度。

共同治理有利于减缓校园行政与学术间的文化矛盾,构建和谐大学文化。加州大学伯克利分校的一位华裔校长田长霖认为:"我相信伯克利的优势和活力在于与教师一道共同决策。回眸过去 75 年,给我们以深刻印象的是学术评议会在减缓那些撕裂大学的爆炸性冲突中的关键作用。我们要感谢共同治理,感谢我们的教师不懈地致力于大学使命,我们才从每一次冲突中走向更强。"②

共同治理在教师之间,在教师与行政人员之间搭建了重要的交流平台,大学文化与企业和政府文化显著的不同之处就在于大学的决策形成于教师和行政之间广泛的、永无止境的交流与沟通。共同治理可能会减缓决策,也可能会出现波折,但是很少会有未经过深思熟虑的政策出台,因为大学教师最擅长于思考、质疑和批评。教师是大学的心脏,摒弃共同治理,贬损共同治理的价值会使大学付出沉重代价。教师与行政人员之间相互理解,相互尊重,营建和谐的大学文化,通过制度保证相互间的沟通,共同做出学校重大决策,是现代大学制度的根本。③

综上所述,中国的省属大学治理,在享有必要的机构自治的前提下,必须实施权力的共享与制衡,否则,就不单单像阿克顿所说的"权力趋向腐败,绝对权力绝对腐败",它还会滋生无数的学术乱象。

(三)美国州立大学治理的政治化及其启示

虽然相对于中国大学治理而言,美国政府对于大学的干预相对较少,但近年来,美国政府对州立大学的干预呈现上升趋势,美国州立大学治理的政治化不断加强,对美国州立大学的发展产生了深远的影响。

大学从产生的那天起就面临着国家和教会的控制问题。今天,大学已经成为国家的重要组成部分,受到政治权力的广泛影响,政治化成为大学改革所面临的主要压力之一。高等教育政治化,就其最根本的意义而言,意味着高等教育作

---

① President Richard C. Atkinson, Tradition at the University of California. Http://www. UCOP. EDU/pres/comments/tradition. htm.

② Reflections on Shared Governance. http://www. university of california. edu/aboutuc/governance. html.

③ 王英杰.2011.论共同治理——加州大学(伯克利)创建一流大学之路[J].比较教育研究,(1).7.

为国家头等重要的事业,其活动原则必须符合国家需要和广泛接受的社会标准。就其狭义而言,政治化不仅指政党、政治家和政府官员参与高等教育决策的合法化,而且也指大学内外以前从未卷入的群体参与决策的合法化。① 进入21世纪,高等教育政治化引起高等教育观察家的广泛关注。但此前,"在所有的国家,对高等教育管理中政治权力的作用都缺乏仔细的研究。"②

1. 美国州立大学治理政治化的表现

虽然相对于其他国家而言,美国州立大学受到的政府干预相对较少,拥有非同寻常的自主权,但高等教育观察家发现,州立大学正处于严密的政治控制之中,面临着越来越大的政治压力。它所面对的很多危机是由政治引发的,政治力量正在介入州立大学,在塑造州立大学方面发挥着越来越重要的主导作用,成为控制州立大学命运最强大的力量。州立大学甚至成为政治争论场所和政治动乱场所,是政治权利的另一个"角逐场"。

(1) 美国州立大学治理政治化中的联邦政府。美国素有大学自治和教育领导地方分权的传统,但在国家利益面临挑战的情况下,联邦政府会毫不犹豫地介入州立大学,尽管在介入过程中会遇到各种阻碍,但它依然在州立大学治理的政治化中扮演了重要角色。比如在苏联卫星的冲击下,在不到1年的时间里,国会议员们就以疯狂的热情提出了近一千五百个涉及教育的议案,至少通过了几十个涉及教育的法令。③ 这些议案与法令对州立大学的治理产生了重要的影响。大学与联邦政府之间的"伙伴关系",在各自利益的猛击和政府命令与大学自治之间极度紧张的情况下,已经消失了。④ 二战以后,联邦政府倾向于对高等教育施加更多的政治控制。

联邦政府政治化大学治理的一个重要领域是科学研究。阿特巴赫(Philip G. Altbach)等人指出,政治参与到大学科研中已不是新鲜事了。政治干预能够颠覆研究过程,使之服务于党派或意识形态目的。一方面,国会制定研究经费的

---

① [美]约翰·范德格拉夫,等. 学术权利——七国高等教育管理体制比较[M]. 王承绪,等,译. 2001. 杭州:浙江教育出版社. 12.
② [美]约翰·范德格拉夫,等. 学术权利——七国高等教育管理体制比较[M]. 王承绪,等,译. 2001. 杭州:浙江教育出版社. 196.
③ 王英杰. 2001. 美国高等教育的发展与改革[M]. 北京:人民教育出版社. 35.
④ [美]伯顿·克拉克. 探究的场所[M]. 王承绪,译. 2001. 杭州:浙江教育出版社. 177.

用途；另一方面，意识形态左右着研究内容和研究对象。① 联邦政府的政治力量甚至介入了大学的微观治理。"国会已采取了措施，旨在影响大学的课程编制。"②联邦政府的第九号令以及法院对此令的解释，改变了大学开设体育课程、配备相关设施及运动员的招生方式等。在研究资金的竞争中也存在政治的影响。很多大学充分利用其政治影响力，通过游说避开例行的围绕研究资助所进行的充满竞争的审核过程，说服议会代表专门提出联邦法规来为自己的项目提供直接的经费资助。

（2）美国州立大学治理政治化中的州政府。在过去几十年里，政治力量逐渐介入了高等教育事务，使得州立大学以次政府部门的形式成为州公共行政的一部分。一届新的州政府的成立、州高等教育委员会的改革、新的立法、法院的裁决，都有可能改变州立大学的管理活动。进入 21 世纪，在大部分州，管理者和立法者审查学位课程，创设或取消州管理委员会，迫使院校调整招生和科研方向，将重点转移到工程、教师培养或其他州级重点发展项目上。不当的政治不断介入学术事务，如评估学生学习、增加教师工作量、制定英语水平标准等。③ 一所院校，不论是拥有法律还是宪法上的地位，也不论是公立的还是私立的，都在逐渐移入政府的势力范围内。州财政官员已经通过实施审查或评价将其长臂伸向学术事务。

杜德斯达（James J. Duderstadt）发现，州立大学必须在激烈的政治环境中运行，政治领导人经常对大学管理者施加政治压力，干涉本该是独立的决策。它不断受到州政府、联邦政府以及管理董事会等众多政治派别的影响。州政府和政党出于政治原因，迫使董事会免除州立大学校长或教师的职务。当一次选举改变了管理董事会政治格局的时候，校长就成为这次政党竞争的牺牲品，新当选的董事会和校长会采用不同的管理哲学，清除机构的管理层，更换大批长期的、经验丰富的、敬业的管理者，这在大学里带来了重大的灾难，因为大学依靠这些忠诚的人来平衡学术领导者在管理上的不成熟和天真。④

---

① ［美］菲利普·G. 阿特巴赫，等. 21 世纪的美国高等教育[M]. 施晓光，等，译. 2007. 青岛：中国海洋大学出版社. 97.
② ［美］德里克·博克. 走出象牙塔：现代大学的社会责任[M]. 徐小洲，等，译. 2001. 杭州：浙江教育出版社. 42.
③ ［美］菲利普·G. 阿特巴赫，等. 21 世纪的美国高等教育[M]. 施晓光，等，译. 2007. 青岛：中国海洋大学出版社. 109.
④ ［美］詹姆斯·杜德斯达，等. 美国公立大学的未来[M]. 刘济良，译. 2006. 北京：北京大学出版社. 119.

许多州努力废除在州立大学的入学、雇用和财政资助等方面对少数民族和弱势群体的照顾政策。录取政策的政治化不仅破坏了历史上大学服务于社会所有成员的职责,而且在一个日益多样化的民族中,也不利于未来公民具备多样化的教育经历。政治不仅影响到录取政策,还影响到教师的雇用、课程设置和学术研究。州立大学常常受到政治家错误想法的干涉,他们试图影响大学所有的事务,从能够教授什么科目到谁适合来教和应该让谁来学习。① 伯恩鲍姆(Robert Birnbaum)指出:"有些州当局或立法机关参与学校规划、管理程序、预算和计划的审议。"②埃伦伯格(Ronald G. Ehrenberg)认为,州政府的控制已经扩大到实质性领域的校园功能,如学术计划上更大的校园权威和整个治理或协调系统的重构。③

由于各州的传统不同,政治和行政机构不同,各州州立大学政治化的程度存在很大的差异。在有些州,州政府对大学预算中较细的项目也负责批准,如:教师旅行、购买打字机等,而有些州,宪法规定大学有自治权并采取总付拨款的办法为其提供经费,④这种情况下,大学的政治化程度就较低。

2. 美国州立大学治理政治化的影响

美国州立大学治理的政治化妨碍了它服务于一个不断变化的社会的能力,导致了教育的平庸,在教育公平与民主、大学自治与学术自由等方面产生了深远的负面影响,美国人民为此付出了高昂的代价。

(1)学生资助政策的政治化损及了教育公平。当前,不管是资助政策,还是税收政策都偏离了学生资助的需要原则,损及了教育公平与公正,侵犯了弱势群体的教育利益。以贷款为主的资助体系破坏了补助与贷款之间的平衡,税收政策已经偏离中下收入家庭,转向减轻中上等收入家庭的经济压力。

虽然学生资助主要是帮助那些没有资助就可能上不了大学的学生,给每一

---

① [美]詹姆斯·杜德斯达.21世纪的大学[M].刘彤,等,译.2005.北京:北京大学出版社.52.

② Robert Birnbaum. 1988. *How Colleges Work—The Cybernetics of Academic Organization and Leadship*[M]. San Francisco:Jossey-Bass Publishers. 16.

③ Ronald G. Ehrenberg. 2004. *Governing Academia*[M]. New York:Cornell University Press. 52.

④ [美]约翰·范德格拉夫,等.学术权利——七国高等教育管理体制比较[M].王承绪,等,译.2001.杭州:浙江教育出版社.120.

位有学习愿望和学习能力的人提供受教育的机会,但联邦的资助政策是"让负担不起大学学费的人去缴税资助那些能负担得起大学学费的人——以牺牲穷人为代价为富人谋取福利"。① 因为那些能够负担昂贵学费到私立大学上学的富裕学生去了州立大学,占去了贫困学生的名额,致使他们无缘接受公立大学教育。

20世纪70年代后期和20世纪80年代早期,《中产阶级资助法》(Middle Income Assistance Act)使中层和中上阶层学生也有资格接受联邦教育资助。虽然大学对来自中低收入家庭学生的无偿资助迅速增加,但是联邦政府对低收入家庭学生的资助在学费中所占的百分比却下降了。"希望奖学金"(Hope Scholarship)和"终身学习的税收信用"(Life-time Learning Tax Credit)也是基于政治上的考虑,而不是基于需要的原则,成为中产阶级的特权项目。

1997年的《预算平衡法》将400亿美元的税收作为广大中等阶层的补贴,虽在政治上是受欢迎的,但却不是针对国家的需要。联邦政策明显具有收买中上阶层选票的政治意图,而不是为那些最需要资助的人群提供更多的教育机会。州和联邦政府都把学生资助定位在为了中上阶层的利益,忽视那些没有帮助就将失去接受大学教育机会的贫困学生。资助政策从资助那些需要资助的人转到资助那些拥有政治权力的人。这是在使用税收政策减轻中上收入家庭的高等教育费用负担。结果,大学成为特权阶级的享乐之所,享尽大学教育所带来的各种好处,而贫困阶层或弱势群体将无缘获得优质的大学教育。

许多政治力量损害了学生资助的需要原则,1986年和1992年,国会的"联邦方法论"立法终结了过去的支付能力原则。20世纪90年代,司法部的反垄断调查行动在很大程度上破坏了人们对学生资助需要原则的共识。

像联邦政府一样,许多州政府也立法规定学费税收返还,设立很多不是基于需要原则的卓越奖学金以及高等教育储蓄计划和预付计划,向中上收入家庭的利益倾斜。高校也日益转向卓越奖学金,而且预先就明确指出这不一定是基于需要原则。

由此可见,美国政府的资助政策由于政治化的影响,违背了教育公平与公正原则,在社会上产生了一系列不良影响和负面效应,需要我们引以为戒。

(2)政府控制的政治化减少了大学的自治。近年来,扩大政府在大学治理中

---

① [美]詹姆斯·杜德斯达,等.美国公立大学的未来[M].刘济良,译.2006.北京:北京大学出版社.104.

的作用,减少大学的自治已经成为一种趋势。政府不断增加对州立大学的控制,削弱其自治权,很多州立大学陷于州的法规、条文和官僚机构所编织的罗网中。例如,在州立大学努力为少数群体服务时,它们遭遇了肯定性行动和"种族偏好"的政治战争。有选择性入学政策的州立大学经常面临公共官员的压力,当选民的孩子没能进入州立大学时,这些官员代表选民作出反应。①

政治性的委任会导致灾难的发生,因为具备政治素质的大学领导者虽善于取悦于政党决定的董事会或选举产生的国家领导人,但他们没有领导一个学术机构所需要的智力技巧,缺乏管理当代大学的复杂性所需要的行政技巧。通过政治委派或选举产生的董事会,无视师生的需要和校长的远见,积极要求校长执行某种政治观念或支持者的政策。

在确定高等教育课程方面,州政府的作用有加大的趋势,州政府的干预削弱了宪法赋予大学的自治权。州协调机构施加在州立大学头上的权力远远大过从前。无论州协调委员会可能起的作用有多好,都毫无疑问地限制了许多州立大学的学术自治。

(3)政府干预的政治化侵犯了学术自由。政府不断加大对州立大学的干涉,践踏学术价值,使州立大学一个个沦为平庸。例如州立法机关在出现危机的时候,强迫教授作忠诚宣誓的政治行为就损及了学术自由。康马杰(Commager H. S.)指出,不忠诚测验不仅是劳而无功的,而且也是危害严重的。这些测验分散了人们对真正不忠诚活动的注意力,压制了由真正忠诚所激发的批评。当政府试图搜查隐藏的卖国贼的时候,笼罩在教师头上捉摸不定的阴云使那些从事社会敏感问题研究的人感到胆怯和不安,进而止步不前,这远比那些隐藏的卖国贼所能做的更有害,造成的损失更大,因此,运用学术自由的对手最坏的方法来保护学术自由,是不可能有好结果的。②

宾夕法尼亚大学对斯科特·宁(Scott Neaning)的解聘表明,对美国资本主义直言批判的学者很难被美国高校聘任。在麦卡锡时代,有近170位终身聘任或有望获得终身聘任的教授被解聘,多是被怀疑有无据可查的不忠诚。许多对教师自由的损害并不是以即刻解聘的方式,而是采取缓慢的甚至是有意加害的

---

① [美]詹姆斯·杜德斯达,等.美国公立大学的未来[M].刘济良,译.2006.北京:北京大学出版社.139.
② [美]约翰·S.布鲁贝克.高等教育哲学(3版)[M].王承绪,等,译.2001.杭州:浙江教育出版社.55.

方式解聘的,如强行要求说"不赞成之类"的忠诚宣誓。在20世纪50年代初,当加州大学全体教授被要求签字表示忠诚时,那些出于良知坚持原则不签字的人只能离开教师队伍,虽然他们没有什么可隐瞒或隐藏的动机。①

近来,政治对学术自由的侵犯越发明显,而且在课堂里显现出来。大学校园的政治化已经导致很多否定来自校外的演说家的自由演说事件和强迫教师事件。不断增加的政治化损害了州立大学的学术自由,虽然表面上运行正常,但是许多州立大学的教师和学术项目却由于政治性而经常处于危险之中。

3. 美国州立大学治理政治化的原因

导致美国州立大学治理政治化的因素复杂多样,但主要可以概括为以下三个方面。

(1) 来自政府和公众的信任危机。大学曾经享受了历时很长的自治,部分地因为它们得到人们的信赖,以合乎道德的方式管理自己,而现在,作为三大危机之一的信任危机正威胁着大学,被人们视为突然降临大学的一场风暴。鲍尔德斯顿(Balderston F. E.)与韦瑟(G. B. Weatherby)将信任危机列为美国高等教育的一个重要危机。这种危机被罗伯特·伯恩鲍姆界定为长期性危机。特罗(Trow)指出,在过去几十年,责任逐渐取代了信任,强化责任的努力通常包含了削弱信任的平行努力。信任危机强化了州对州立大学的评估以及对教学、研究与开支等学术活动的控制。② 很多州开始怀疑,当远程学习能够提供更便宜的选择时,是否还需要在以校园为基础的设施上投资。政府对州立大学的成本、效率、生产率和效能等提出各种质疑,试图限制其规模与资助,削减其自主权,加强管制,并要求其承担更多的责任与义务。

公众对大学的解释不理解也不信任,几乎大学的所有方面都引起了公众的不满,公众对大学的信任严重地瓦解了。在1964—1992年间,对大学校长非常信任的比例从61%下降到了25%。③ 有人认为,如此高昂的学费已经使大学教育物非

---

① [美]菲利普·G.阿特巴赫,等.21世纪的美国高等教育[M].施晓光,等,译.2007.青岛:中国海洋大学出版社.73.

② Alberto Amaral, Glen A. Jones & Berit Karseth. 2002. *Governing Higher Education: National Perspectives on Institutional Governance*[M]. USA: Kluwer Academic Publishers. 291.

③ [美]菲利普·G.阿特巴赫,等.为美国高等教育辩护[M].别敦荣,等,译.2007.青岛:中国海洋大学出版社.53.

所值。人们感到大学失去了它昔日的可靠性,对大学产生了怀疑,开始痛苦地担心大学教育无法满足他们的期望,在失望地谈论大学的各种危机。① 新闻工作者对整个社会越来越采取一种敌对政策,对一切都持有某种怀疑态度,一切都成为他们新闻调查的必要部分,大学也不例外。

(2)绩效与问责。由新管理主义催生的问责制是美国州立大学治理政治化的推动力。由于资源短缺,政府日益加强对效率和责任的关注。随着州立大学规模的扩展和成本的日益高涨,政府向州立大学施加巨大压力,要求州立大学降低经济成本,同时承担更多的绩效责任,证明自己拥有更高的生产率。20 世纪 80 年代之前,州政府主要关注资源的分配和利用,很少卷入大学教育产出。到了 80 年代末,产出问题成了州政府的主要议事日程,政府要求大学评估学生的学习,并向政府和公众提供相关信息。州政府广泛推行将拨款用在"刀刃上"的理念,实施竞争性拨款、激励性拨款和业绩拨款等。州政府进入了大学治理的实际自治领域。② 绩效审计是州立法机关评估高校履行责任、达成目标业绩表现的主要手段。关注教育途径与机会的公共政策,已被关注教育成本、质量和绩效的公共政策所取代。业绩拨款(performance funding)主要依据学生的学分、教师的面授课时和毕业率来衡量。这些衡量标准常常由州立法机构制定,与教学质量基本无关。在美国,除了四个州外,其他各州都在实施业绩拨款与业绩预算,推行业绩报告。

(3)新管理主义。20 世纪 60 年代以来,高等教育大众化、院校结构功能的复杂化、政府教育经费的紧缺等问题,是新管理主义渗入高等教育领域的现实基础和直接动力。新管理主义强调经济、效率和效能,其要旨在于:政府将私营机构的经营理念以及成功的管理工具和技术,运用到对大学的管理之中,并形成绩效评估、成本控制、财务管理、质量保障等一套完善的保障机制。政府通过质量保障、审计、绩效评价和拨款等方式"遥控"大学。新管理主义对高等教育的影响全面、根本而剧烈,这种影响超越了大学日常管理工作的技术操作层面,已作为一种意识形态渗透进大学中。新管理主义意味着政府试图扭转其与大学之间既有的信任关系。政府对大学的内在价值丧失信心,用绩效问责取代了旧有的信任,大学身处不

---

① [美]约翰·S.布鲁贝克.高等教育哲学(3 版)[M].王承绪,等,译.2001.杭州:浙江教育出版社.2.

② [美]菲利普·G.阿特巴赫,等.21 世纪的美国高等教育[M].施晓光,等,译.2007.青岛:中国海洋大学出版社.155.

被信任的环境中,政府怀疑大学的自治能力。① 但是大学的内在价值不能丢弃,其自治必须继续,而不是取消大学的自治。

4. 美国州立大学治理政治化的启示

美国州立大学治理的政治化表明,大学的治理与国家管控之间必须保持必要的张力,这有两个层面的含义。一是指大学的治理必须与国家政治保持必要的距离;二是指大学的治理在保持必要自治的前提下,也需要接受政府必要的约束。

(1)大学治理与政治保持必要的距离。大学与政治保持必要的距离,社会将从中获得最大的利益。政治操纵会使大学更糟糕而不是使社会变得更好。② 因为政府能够轻而易举地扼杀大学的创造力和活力。一旦政治斗争侵入了大学,遭殃的只会是大学自身。大学治理的政治化是毁灭大学的愚蠢之举。因为只有在非政治化的大学里,学者才能充分地思考和观察而没有偏见,批评而没有恐惧,学术生活的这些品质应该加以爱护,因为没有无私和无畏的批评,社会将丧失它自我更新的力量。对政治承诺的追求是大学自我毁灭的过程。大学为了在它的围墙之外获得权力所付出的代价是自由的丧失。③

由于学习和研究的错综复杂性与不可预测性,大学要有效地运作,需要具备高度的自由,限制外力的介入与控制。知识主要是一种个人财产,它不能依靠政令的形式从一个人转移到另一个人身上。创造性基本上是个体的,它只能在很有限的范围内被上级领导所协调和控制。④ 自治是专业人员有效工作必要的前提条件。

为了社会的利益,除了出于紧急的原因和有明确的令人信服的理由,政治力量必须避免介入学术活动。⑤ 即使绝对避免政治化不可能,我们也必须清醒地

---

① 张银霞.2012.新管理主义背景下西方学术职业群体的困境[J].高等教育研究,(4).106.

② [美]克拉克·克尔.大学之用(第5版)[M].高铦,等,译.2008.北京:北京大学出版社.101.

③ [美]克拉克·克尔.高等教育不能回避历史[M].王承绪,译.2001.杭州:浙江教育出版社.246.

④ [美]菲利普·G.阿特巴赫,等.21世纪的美国高等教育[M].施晓光,等,译.2007.青岛:中国海洋大学出版社.54-55.

⑤ [美]德里克·博克.走出象牙塔:现代大学的社会责任[M].徐小洲等,译.2001.杭州:浙江教育出版社.41.

意识到，政治任命在大学领导人的挑选中没有地位。实践表明，政治干预的局限性很大，付出的代价也很大。由于对大学认识的不足，制定和解释法规的官员会经常犯错误，他们会把适用于企业的规定不切实际地强加在大学身上，也可能迫于政治压力做出令人置疑的决定。

大学治理的政治化将摧毁学术精神，导致"学术的贬值"。"政治化永远不要发展到教育和权力不分的地步。"①政治应该远离那些会威胁教学与研究人员的学术自由事情。德国大学由于在纳粹时期的政治化而遭到重创，从此永远地失去了它在科学上的卓越地位。我们应该引以为戒，避免重蹈德、美大学的覆辙。当前中国大学治理政治化的一个突出表现就是泛行政化与官僚化，不痛下决心割除泛行政化与官僚化的毒瘤，就难以彰显学术的尊严，建设高等教育强国就只能是一句悲壮的口号，更不用说建设世界一流大学了。

（2）大学接受政府必要的约束。教育史上最著名的教育哲学家都是把教育作为政治的分支来看待的，如柏拉图的《理想国》、约翰·杜威的（John Dewey）《民主主义与教育》。克拉克·克尔（Clark Kerr）和伯顿·克拉克（Burton R. Clark）认为，大学无可争议地就是政治性组织。福兰克·纽曼（Frank Newman）认为院校自治与政府介入都很重要。政府理所当然有兴趣关心学术如何回应社会主流之需。与此同时，对社会和学术界来说，重要的是大学能够追求自己的价值和目的，最终使大学与政府之间的关系更具建设性。罗伯特·波达尔（Robert Berdahl）指出："自治的真正问题……不是说是否将会受到政府的干涉，而是那些必要的干涉是否会被限制在适当的主题上，并通过灵活适用的机制表达出来。"②

在强调学术自由与大学自治的同时，大学也须接受政府对高等教育的法定权限。全世界没有哪一个国家不对其大学实施某种控制。问题不是政府是否应该对大学实施控制，而是政府应该实施多少控制，在哪些方面实施影响。③ 为了维护公众的利益，政府必须对大学进行适当的约束，但政府的限制不能妨碍学术

---

① ［美］约翰·S.布鲁贝克.高等教育哲学（3版）[M].王承绪，等，译.2001.杭州：浙江教育出版社.29.

② Robert O. Berdahl. 1971. *Statewide Coordination of Higher Education* [R]. Washington, D. C. : American Council on Education. 9.

③ Olaf C. McDaniel. 1996. The Paradigms of Governance in Higher Education Systems [J]. *Higher Education Policy*,(2).140.

自由,否则有违社会发展的根本利益。政府应在高等教育制度问题上具有权威性,而在具体的课程方面给予大学足够的自由。必要的政府约束不仅能够保护大学,而且能够确保大学迅速地对公众利益作出反应。

(四)当代美国大学共同治理的困境、变革与反思

自 20 世纪早期以来,美国高等教育一直倚重于共同治理(shared governance)的治理模式。二战后,共同治理成为美国州立大学普遍采用的治理模式,成为大学与学院的心脏,它帮助铸就了美国高等教育的卓越。然而,20 世纪末以来,美国高等教育界掀起了对共同治理的激烈批评,它成为美国高等教育界争论不休的热点话题,要求改革共同治理的呼声不断。

1. 当代美国大学共同治理的困境

尽管共同治理是美国大学历史悠久的传统,但同时充满挫折。[①] 在 19 世纪后半期,共同治理在美国被广泛认可的同时,只是为许多院校断断续续地执行,而非坚决奉行。在过去的十几年里,大量的文章批评了美国大学的共同治理,认为它已经是个过时的神话,不能适应今天的世界。由于对不断产生的新问题及其变化的回应措施不力甚至无能为力,美国大学的共同治理正在遭受各方的质疑与责难,处于两难境地。[②]

(1)共同治理中教师参与的降低。美国大学教授协会治理委员会(AAUP' Committee on College and University Governance)主席拉里·格柏(Larry Gerber)认为,全职教师数量的持续下降,兼职教师数量的不断增加对共同治理产生了巨大的压力:共同治理的最大问题在于兼职教师。兼职教师的增长损及了共同治理的效果和学术自由。寻找适当的途径吸收兼职教师参与治理成为非常棘手的问题,这既是缘于兼职教师比全职教师更容易臣服于管理者的压力,也是因为全职教师不愿意向兼职教师割让权力。[③] 当教师不愿意有效地分享共同治理的责任的时候,教师自身就可能成为共同治理的障碍。大量聘用兼职教师,

---

[①] Joan V. Gallos. 2009. Reframing Shared Governance Rediscovering the Soul of Campus Collaboration[J]. *Journal of Management Inquiry*,(2). 136 - 138.

[②] 于杨,张贵新. 2007. 美国大学"共治"的两难处境及发展趋势[J]. 高等教育研究,(8). 100.

[③] Matthew A. Crellin. Fall. 2010. The Future of Shared Governance[J]. *New Directions for Higher Education*,151. 71 - 81.

逐渐取代全职教师,最终减少了教师在治理中的声音。

另一方面,教师似乎不再对参与大学管理具有强烈的责任感了,一些大学的教师评议会(Faculty Senate),有时竟然召集不起法定的人数来。[①] 教师评议会面临着教师对治理事务兴趣的下降,它在共同治理中的影响遭受了侵蚀。教师评议会在教师中间拥有较低的尊敬度,而且也不像先前那样富有效率。现在,越来越少的教师愿意把时间花在教师评议会委员上。比如,在一所研究型大学,请求教师评议会成员担任委员会委员,结果只有4%的人感兴趣。[②]

在效率的名义下,美国的大学治理出现了对教师参与的排斥,出现了教师传统控制的消失。有关共同治理的批评和变革的潜在意图是减少教师在大学决策中的参与。对于共同治理最具代表性的批评是教师群体决策过于缓慢。有人声称,由于教师的阻碍,当前的共同治理不能够做出适当的反应。董事会协会(AGB)1998年有关治理的声明指出,美国大学的内部治理已经变得如此笨重,以至于很难做出及时的决策,一小撮人常常能够阻碍决策进程。为了提高大学治理的效率,董事会协会建议改变教师参与的共享结构。一些大学的董事和校长贬低教师的价值,丑化教师决策,诬陷教师吹毛求疵,解散教师评议会。教师被看成是官僚化的最大障碍。行政权力不断膨胀,决策层级不断上移,共同治理陷入困境。[③]

(2)教师与管理者对共同治理截然不同的理解。加里·奥尔森(Gary Olson)指出,一些教师认为,作为大学心脏的学术必须由教师主宰,管理者只需安分守己地做好乏味的管理工作即可。董事和管理者却以大异其趣的方式看待共同治理,将教师看作是对话的重要贡献者,认为决策是管理者的事情。即便共同治理预先假定所有各方拥有平等的话语权,用乔治·奥威尔(George Orwell)的话来说,"一些人比另一些人拥有更多的话语权"。

董事更喜欢从学校的结构和权力模式方面思考问题,支持由上到下的垂直管理,董事很少理解与支持学术自由原则,董事认为某些学术决策无须教师参

[①] 菲利普·G.阿特巴赫,等.为美国高等教育辩护[M].别敦荣,等,译.2007.青岛:中国海洋大学出版社.254.

[②] WernerZ. Hirsch&LucE. Weber. 2001. *Governance in Higher Education: The University in a State of Flux*[M]. London:Economica Ltd. 152.

[③] 王英杰.2011.论共同治理——加州大学(伯克利)创建一流大学之路[J].比较教育研究,(1).6.

与,而教师的看法则与之相反。教师对大学治理的认识与大学管理者完全不同。两者对教师的权力和责任、大学面对的挑战和机遇的认识及理解的差别越来越大。

在共同治理中,教师能够为变革提出建议,甚至是蓝图,但最终,对于管理者而言,教师只有建议权。正如拉克斯(Lachs)所指出的,管理者能够"自由地接受、拒绝或实质性地更改教师的建议"①。显然,在这种情况下,共同治理已经失去了其最核心的元素,而不能够被称作共同治理了。

(3)共同治理的功能蜕变。二战后,共同治理在服务于美国高等教育时发挥了很好的作用。今天的共同治理面临网络革命、知识的爆炸、其自身内部与外部可渗透性、社会对大学更多责任、透明性与效率的坚持等诸多挑战。② 托德·比丁斯基(Todd Pittinsky)指出了人们在共同治理中能够轻易发现的经典张力。一些事情显然是某一特别群体的势力范围,而另一些事情则充满竞争难以聚焦。面对变化了的世界,共同治理的运行暴露出了一些不足与缺陷,共同治理的功能发生蜕变。

杜德斯达(James J. Duderstadt)等人认为,共同治理在很大程度上功能不良,它无法服务于当今的大学,权力和责任之间的关系被故意模糊,共同治理倾向于保护现状,妨碍了对未来的严肃探讨,导致了发展的停滞。③ 校长的决策常常受到终身教职(tenured faculty)的严重束缚,校长的领导仅限于激励教师与行政的合作。共同治理削弱了校长的领导权,使大学富于反应性和适应性变得极其困难。

许多人认为大学变革的困难在于共同治理,它使大学在决定优先事项、聚焦使命以及学术项目的选择上变得无能。④ 由于共同治理固有的缺陷,加之学术问题在不断地发生变化,但治理结构依然保持着相对的稳定,美国大学面临更为复杂与激烈的挑战,要求采取行动,改革共同治理的呼声在增加,共同治理的变

---

① Mary Mcaleer Balkun. 2011. Making Shared Governance Work:Strategies and Challenges[J]. *Pedagogy*,11(3). 562 – 569.

② WernerZ. Hirsch&LucE. Weber. 2001. *Governance in Higher Education:The University in a State of Flux*[M]. London:Economica Ltd. 149.

③ [美]詹姆斯·杜德斯达,等.美国公立大学的未来[M].刘济良,译.2006.北京:北京大学出版社.138.

④ Peter D. Eckel. Fall,2000. The role of Shared Governance in Institutional Hard Decisions:Enabler or Antagonist? [J]. *The Review of Higher Education*,24(1). 15 – 16.

革势在必行。

2. 当代美国大学共同治理的变革路径

为了回应对美国大学共同治理的批评，摆脱大学治理的困境，美国大学实施了一系列旨在改进和完善共同治理的变革。

(1)通过工会化改进共同治理。比尔·莱恩(Bill Lyne)认为，改进共同治理的最佳选择是实施工会化。美国大学治理的历史表明，集体谈判带来了更多的共同治理。在工会化模式里，教师与管理者能够相互倾听对方的意见，去除托词、相互妥协、相互尊重，增进彼此之间的理解与合作。

集体谈判不是在"咨询"的烟幕下一方向另一方的强加，它改善了教师与管理者之间的关系，使得教师更具反应性并对自己负责。工会领导人把自己看作是教师的代表，与教师保持密切的联系，对教师的关切做出反应。教师相信工会能够不惜一切代价保护教师。工会不为表现不好的教师掩饰错误，但工会确保他们受到公正的对待。工会领导人确保工会的工作聚焦于教师与教育。在这种制度安排中，教师与管理层建立了最强大的联系。例如，在西华盛顿大学(Western Washington University)，有效的共同治理是建立在集体谈判之上的。在教师评议会力量薄弱的大学，教师工会在维护教师权益、保护学术自由、平衡学术权力与行政权力方面发挥了一定的作用。集体谈判对共同治理有直接的肯定性影响，这些影响能够加强、巩固、保护共同治理。[①]

西华盛顿大学的治理实践表明，工会的社会资本使其在维护教师的权益上拥有更灵活的机制与效力。在华盛顿州教师联盟(United Faculty of Washington State)，西华盛顿大学工会与9万成员和100多万的政治活动资金建立了联系。工会促成的联盟有助于学校在困难时期避免变得更糟，这种联合也使工会获得了额外的支持。在华盛顿州首府，工会与管理层强大的工作关系被传回校园，促进了相互尊重的氛围。[②] 西华盛顿大学的共同治理曾经是最好的，这其中最大的原因是教师因集体谈判而拥有了全州的力量和校园影响力。

(2)通过在院校类型和治理风格之间建立联系改进共同治理。美国大学的

---

① Edwin Deas. 1998. *Shared governance in the British Columbia Post-secondary Education System：The Board's Role in Desion-making*[D]. University of San Diego. 23.

② Bill Lyne. Fall, 2011. Campus Clout, Statewide Strength：Improving Shared Governance through Unionization[J]. *Pedagogy*,11(3). 558-562.

多样化已被广泛认可,但人们对大学治理方式的多样化却缺乏足够的认识。不同院校的文化、结构、学科专业、人力资源和技术均影响到参与者的治理结构,影响到院校的决策如何做出以及权力应该如何分配,对院校的治理机制产生深刻的影响。因此,有关"共同治理"的讨论应该考虑到院校的类型及其特征。在不同类型的院校合理调配"软"治理(soft governance)与"硬"治理(hard governance)是改进共同治理的一个重要途径。一般而言,以学术为本的院校应该偏重于"软"治理,而以市场为导向的院校则应该偏重于"硬"治理。

"硬"治理是一种以理性为基础的治理,指那些通过界定权力关系、描述特定组织程序、鼓励遵守既定政策与程序的结构、规则及组织中的批准系统。"软"治理是以人的相互作用为基础的治理,"软"治理包括组织中有助于发展与维持个体与群体规范的社会连接与相互作用系统。"硬"治理与"软"治理建立在相当不同的理论基础之上。硬治理的理论依据是理性选择理论。[1] "软"治理的理论基础存在于如何通过人们之间的相互作用来创造组织文化的概念中,存在于人们聚在一起分享看法与理解他们的所作所为的认知过程之中。

"软"治理是回溯性的,其本质体现在参与者的社会化与期待之中,它依据建立于过去的一贯的程序、角色及使命。"软"治理的正式问题很少被关注,部分是因为"硬"治理常常否定"软"治理的重要性,部分是因为没有人知道如何处理"软"治理的变通问题。通过澄清角色改进治理的建议就如通过明确规定产出结果而使院校变得更有效率一样是有问题的。两者都有可能增加官僚化的影响力,以及基于可行性而非重要性的数据选择。两者都有可能在牺牲"软"治理的情况下强化"硬"治理。[2] 对于以学术为本的大学来说,"软"治理才是真正的法宝。

(3)采取措施,加速共同治理的决策进程。为了使教师与行政之间更加有效地相互作用,快速解决问题,第一,要审慎地界定决策相关问题的标准,而这些是教师有权被告知、征求建议或意见,或赋予决策的代表权。这样,以较少的教师评议会委员和会议,就能够迅速地做出决策。第二,要更加审慎地界定教师行政联席会议的原因,以及教师在这种会议上的角色。第三,要通过达成一致,减少

---

[1] Robert Birnbaum. Fall, 2004. The End of Shared Governance: Looking Ahead or Looking Back[J]. *New Directions For Higher Education*, 127.5-22.

[2] Robert Birnbaum. Fall, 2004. The End of Shared Governance: Looking Ahead or Looking Back[J]. *New Directions For Higher Education*, 127.5-22.

既定年份需要由教师评议会和行政联合提出重要问题的数量。① 这些措施对共同治理有有益的影响。它们不仅能够提高征求意见的有效性及其结果的时限性，而且有助于评议会向外界证明其与行政一起有效工作的能力，使重要学术事务尽快达成满意的结果。

对于如何改进共同治理，董事会协会(AGB)的建议是，董事会应该重申他们的最终责任与权威，清楚地阐明谁有权力就某一特殊领域进行决策或参与决策，建立截止时间以加速决策，明确模糊领域或重叠领域利益相关者的权力。

(4)通过增进理解与合作改进共同治理。改进共同治理的核心方法或许是在教师与管理者之间增进理解，并培育深厚的和更加全面的合作。美国大学教授协会治理委员会主席格柏指出，教师和管理者均需要努力改进内部合作，通过为决策设定时间框架改进教师评议会的功能，为内部合作开发更多的渠道，加强教师、董事和行政三者之间的相互作用。任何形式的治理都不是缺乏耐心或部分参与的游戏。

董事会与校长之间应该存在事前通知的合作。校长可以自由地在董事会会议召开前非正式地就突围性和有争议性问题向其他董事会成员咨询。教师评议会主席或副主席是董事会投票成员有助于信息向评议会流动，能够提高董事会决策的合法性与可接受性。校长应该出现在董事会定期与评议会召开的会议上。② 有效的共同治理建立在参与治理的各方之间的相互理解与合作之上。

除了上述改进共同治理的策略，学者们还提出了以下改进措施：通过共享的分类系统重新界定治理的概念，在内部领导中引入新的原则；托德·比丁斯基强调了轮岗和积极的态度在缓解共同治理的张力中所扮演的角色；罗德里克·克雷默(Roderick Kramer)建议，以分布式领导充实共同治理，能够使人们就分配与主导产生不同的想法。可见，对共同治理的变革不是一蹴而就的，变革是一个持续的过程，变革只能在原有的基础上使其更加完善，而不可能完美无缺。

3. 对当代美国大学共同治理变革的反思

美国大学的共同治理代表了西方大学治理的历史发展方向，揭示了大学治

---

① WernerZ. Hirsch&LucE. Weber. 2001. *Governance in Higher Education*: *The University in a State of Flux*[M]. London: Economica Ltd. 153.

② WernerZ. Hirsch&LucE. Weber. 2001. *Governance in Higher Education*: *The University in a State of Flux*[M]. London: Economica Ltd. 150-151.

理的内在必然性。共同治理在美国高等教育中一直是作为一种值得称道的制度设计而建立的,对于学术文化而言,它是不可或缺的。它根植于古老的学术传统,在美国高等教育机构中已经根深蒂固,不可能被彻底抛弃。

(1)重新认识共同治理的独特价值。共同治理作为"美国高等教育推向全球的一个最有价值的出口",[①]是美国高等教育独步全球的一个关键因素,是支撑美国高等教育的核心价值观,对于大学功能的发挥极端重要,是美国大学不断迈向辉煌的核心治理制度,是大学治理的主旋律,它较为完整地体现了《独立宣言》所奠定的民主的建国精神:分权与制衡。用考利(W. H. Cowley)的话说,"学术治理过于重要,以至于不能完全置于教授的手上,也不能完全置于董事的手上。它要求双方的共同参与。"[②]共同治理不是一种障碍,而是一种建设的过程。

那些给予大学的理想优先权的学术机构,将一如既往地珍视共同治理的独特价值。要想保存真正的学术机构,并使其功能尽可能充分地得到发挥,那么共同治理是我们的一个重要前提。共同治理在许多地方依然发挥作用,它是各利益相关者应该在治理中发挥重要作用的一种表达方式。它提高了变革制度的可能性,为异议与辩论创造了平台,允许政策与学术计划的修改,鼓励承担责任及教师参与,支持彻底的讨论。缺少教师支持与认可的变革多半不会持久,也不会产生重要影响。[③] 1966 年,AAUP、ACE(美国教育委员会)和 AGB 的联合宣言所阐明的共同治理原则继续适用于大学,它是大学达至其无限目标的最有效的途径。

(2)合理平衡决策效率与决策质量。尽管针对共同治理的批评具有一定的合理之处,但其中也不乏谬论。一方面,美国大学的共同治理在具体的运行实践中确实遇到了一些难以回避的问题,这些问题对于大学功能的发挥产生了一定的负面影响,降低了大学的治理绩效,这需要人们在持续的改进中不断地予以完善。另一方面,有些针对共同治理的批评有不当之处。比如批评今天的大学对

---

① Paul E. Pitre, etc. *The Globalization of Shared Governance*: *Implications of the International Study of HigherEducation Governance* (ISHEG)[EB/OL]. http://ednet.kku.ac.th/~edad/research_globalization% 20governance. pdf. 2008 - 10 - 21.

② Robert Birnbaum. Fall, 2004. The End of Shared Governance: Looking Ahead or Looking Back[J]. *New Directions For Higher Education* ,127.5 - 22.

③ Peter D. Eckel. Fall, 2000. The role of Shared Governance in Institutional Hard Decisions: Enabler or Antagonist? [J]. *The Review of Higher Education* ,24(1).16.

外部世界反应不够;过于强调决策速度在学术机构中的价值。

实际上,在高等教育市场化的强力推动下,在剧烈的竞争环境中,美国的大学在许多方面对外部环境反应出众,满足了不断变化的社会期望。在此意义上,一部美国高等教育史就是一部美国高等教育机构不断满足社会需求的历史。大学的治理绩效不取决于速度,而是取决于可靠性与信任。任何使好的决策以更快的速度成为可能的行动也同时存在以更快的速度做出拙劣的决策的可能。共同治理中的教师参与或许放慢了决策过程,但它确保了深入的讨论,为大学提供了一种秩序和稳定感。大学的最大危险或许不在于反反复复的征询而导致的决策速度太慢,而是决策速度太快,忽视了大学的核心价值观。

正如德里克·博克(Derek Curtis Bok)所评论的,"创业型大学必须动作迅速,它没法依赖教师翻来覆去的辩论而行事,以免在我们所生活的迅速变动的商业世界中错失良机。事实上,支撑这种观点的证据相当罕见。审视校园五颜六色的商业活动历史,人们能够很容易地指出由缺乏耐心的管理者所做出的单方面决策所带来的惨重损失的案例,比如互联网项目或浮夸的运动计划,这种损失远远超过通过过度的教师拖延所丧失的有价值的机会。"①博克的批判印证了罗伯特·伯恩鲍姆(Robert Birnbaum)的洞见。那种立竿见影、快刀斩乱麻式的解决问题的方法在各种组织中都有其局限性,在大学治理中难以发挥重要作用。

当然,为了有效地适应变化剧烈的社会环境,我们也需要避免为了形式上的民主而导致的无休无止、议而不决的拖延,不可一味地强调民主和程序而走向另一个极端。我们需要适当地兼顾决策质量与决策效率,在效率与质量之间有一个较为合理的平衡。

(3)背离共同治理的负面影响。美国大学治理的运行实践表明,良好的治理建立在开放的原则与公正的程序之上。任何没有遵循共同治理程序并得到教师认可的旨在改变教师在共同治理中角色的单方面行动都可能被看作是程序不公,都会对大学的治理绩效产生深远的负面影响。背离教师参与的共享结构,不仅影响教师的学术自由,降低教师的身份,使教师与管理者之间的信任和合作水平降低,大学的执行力受到影响。减少或限制教师在共同治理中的作用使治理"更富成效"的建议往往会降低大学的治理绩效。

---

① Robert Birnbaum. Fall, 2004. The End of Shared Governance: Looking Ahead or Looking Back[J]. *New Directions For Higher Education*, 127.5-22.

减少共同治理的机会还可能阻止社会关系的发展,减少大学的社会资本。教师自治、松散连接、学术机构无政府状态的本质常常意味着大学社会资本贫乏,共同治理是创造社会资本的一个重要途径。社会资本重要是因为它能够带来信任与合作,社会资本的减少不仅弱化大学里各组成部分的影响力,也减少大学领导的有效影响力。① 抛弃共同治理就是否认大学的学术性质,而无视大学的学术性质就会背离大学的核心价值观,步入没落之途,丧失大学的核心竞争力。

4. 美国大学共同治理对当代中国大学治理的启示

美国高等教育界对于共同治理的争论表明,大学治理的制度安排是利大于弊的权衡,没有完美无缺的制度设计。共同治理依然是众多治理模式中最具学术魅力的制度设计。否则就不会有 90% 以上的美国高校践行共同治理制度。② 对于共同治理的变革不是对传统学术治理原则的全面颠覆,而应考虑到变革所带来的可能影响,比如终身教职的终止,可能导致高级教师的离职。因此,变革必须是渐进的,而不是革命的。

我们认为,共同治理的理念与制度设计对于当下官僚化色彩极其浓厚的中国大学治理来说,具有相当重要的借鉴价值,是化解愈演愈烈的泛行政化治理的一剂良方。正如王英杰所言,共同治理是大学健康发展的基本保障,是对不断膨胀的行政权力的有效而又必要的制约。因为它搭建了限制绝对权力的制度框架,将其弃之不用,贬值和羞辱终会使大学乃至他们自身付出重大代价。③ 在当代中国大学治理中,"权力"意味着霸权主义,意味着控制、强权以及等级尊卑。④ 我们需要以共同治理的理念解构霸权意识与等级尊卑思想。正如程晋宽教授所说,真正高水平的管理应该是从教育的真实场景中发现问题并提出可能的解决办法,而不是以身份和职位的权力来威慑和控制。管理的任务就是要为他人发表意见提供和创造一定的社会政治条件,在教育组织生活中为人们提供平等对

---

① Robert Birnbaum. Fall, 2004. The End of Shared Governance: Looking Ahead or Looking Back[J]. *New Directions For Higher Education*, 127.5 – 22.
② 甘永涛.2008.美国大学共同治理界说及制度演进[J].外国教育研究,(6).23.
③ 王英杰.2011.论共同治理——加州大学(伯克利)创建一流大学之路[J].比较教育研究,(1).7.
④ 程晋宽.2012.西方教育管理理论新视野:一种批判的后现代视角[M].北京:教育科学出版社.317.

话的平台,而不是行政长官的命令。①

共同治理中蕴含的协商对话精神,多元主体参与的民主管理机制,追求公共利益最大化的治理目标,公开透明的共同治理决策过程,权责明晰的大学章程治理规定,②对于我们解构家长制与等级制的大学治理结构有着重要的借鉴价值。实施共同治理是切除我国大学治理官僚化这颗"最大的毒瘤"的一个重要切入点,是实现治理权力的共享与制衡的一个有效路径。

在建设现代大学制度,完善大学治理结构的努力中,如何借鉴美国大学共同治理的理念,让广大的教职工参与决策,发出声音,破解"大学教师在大学重大事务的决策中处于边缘地位"③的突出问题,对于充分调动广大教职员工的积极性和主动性,挖掘广大教职员工的创造潜能,进而提升大学的治理绩效具有重要的意义。正如博克所说,大学治理的最大技巧在于实施共同治理,在于认识到教师是大学治理中必不可少的人物。否则,教师就会缺乏一种主人翁的归属感、责任感、荣誉感及主动性。④ 这会抑制大学的学术生产力,降低大学的治理绩效。

---

① 程晋宽.2012.西方教育管理理论新视野:一种批判的后现代视角[M].北京:教育科学出版社.360-361.
② 刘军仪.2011.民主、协商、合作:来自美国明尼苏达大学共同治理模式的经验[J].外国教育研究,(12).60-61.
③ 郭卉.2012.如何增进教师参与大学治理——基于协商民主理论的探索[J].高等教育研究,(12).27.
④ 曲铭峰,龚放.2011.哈佛大学与当代高等教育——德里克·博克访谈录[J].高等教育研究,(10).15-16.

参考文献

一、中文文献

（一）著作

1. [英]埃德蒙·金.别国的学校和我们的学校——今日比较教育[M].王承绪,等,译.2000.北京:人民教育出版社.
2. [西班牙]奥尔特加·加塞特.大学的使命[M].徐小洲,等,译.2001.杭州:浙江教育出版社.
3. [美]伯顿·克拉克.建立创业型大学:组织上转型的途径[M].王承绪,译.2003.北京:人民教育出版社.
4. [美]伯顿·克拉克.探究的场所——现代大学的科研和研究生教育[M].王承绪,译.2001.杭州:浙江教育出版社.
5. [美]伯顿·克拉克.高等教育新论——多学科的研究[M].王承绪,等,译.2001.杭州:浙江教育出版社.
6. [美]布鲁姆.走向封闭的美国精神[M].缪青,等,译.1994.北京:中国社会科学出版社.
7. [美]查尔斯·维斯特.一流大学-卓越校长:麻省理工学院与研究型大学的作用[M].蓝劲松,主译.2008.北京:北京大学出版社.
8. 陈洪捷.2006.德国古典大学观及其对中国的影响[M].北京:北京大学出版社.
9. 程晋宽.2005.从象牙塔到知识工厂再到超级市场:大学管理问题的比较研究[M].哈尔滨:黑龙江教育出版社.
10. 陈学飞.1989.美国高等教育发展史[M].成都:四川大学出版社.
11. [美]达雷尔·R.刘易斯,詹姆斯·赫恩.美国公立研究型大学——为新时代公共利益服务[M].杨克瑞,译.2007.保定:河北大学出版社.
12. [美]德里克·博克.美国高等教育[M].乔佳义,译.1991.北京:北京师范大学出版社.
13. [美]德里克·博克.走出象牙塔——现代大学的社会责任[M].徐小洲,等,译.2001.杭州:浙江教育出版社.
14. [美]戴维·T.康利.谁在管理我们的学校[M].侯定凯,译.2005.上海:华东师范大学出版社.
15. [美]大卫·沃德.令人骄傲的传统与充满挑战的未来——威斯康星大学150年[M].李曼丽,李越,译.2007.北京:清华大学出版社.

16. [美]弗雷德·赫钦格,格雷丝·赫钦格.2000.美国教育的演进[M].北京:美国驻中国大使馆文化处印.

17. [美]弗兰克·H.T.罗德斯.创造未来—美国大学的作用[M].王晓阳,蓝劲松,等,译.2007.北京:清华大学出版社.

18. [美]菲利普·库姆斯.世界教育危机[M].赵宝恒,译.2000.北京:人民教育出版社.

19. [荷兰]弗兰斯·F.范富格特.国际高等教育政策比较研究[M].王承绪,译.2001.杭州:浙江教育出版社.

20. 葛守勤,周式中.1993.美国州立大学与地方经济发展[M].西安:西北大学出版社.

21. 谷贤林.2008.美国研究型大学管理——国家、市场和学术权力的平衡与制约[M].北京:教育科学出版社.

22. 贺国庆.2003.外国高等教育史[M].北京:人民教育出版社.

23. 胡建华.2005.高等教育新论(2版)[M].南京:江苏教育出版社.

24. 黄建如.2008.比较高等教育——国际高等教育体系变革比较研究[M].北京:社会科学文献出版社.

25. [美]亨利·埃兹科维茨.麻省理工学院与创业科学的兴起[M].王孙禺,袁本涛,等,译.2007.北京:清华大学出版社.

26. 黄志成,程晋宽.2001.教育管理理论[M].上海:上海教育出版社.

27. [美]杰拉德·盖泽尔.美国多校园大学系统:实践与前景[M].沈红,等,译.2004.北京:教育科学出版社.

28. [美]克拉克·克尔.大学之用[M].高铦,等,译.2008.北京:北京大学出版社.

29. [美]克拉克·克尔.高等教育不能回避历史——21世纪的问题[M].王承绪,译.2001.杭州:浙江教育出版社.

30. 康宁.2005.中国经济转型中高等教育资源配置的制度创新[M].北京:教育科学出版社.

31. [美]丽贝卡·S.洛温.创建冷战大学——斯坦福大学的转型[M].叶赋桂,罗燕,译.2007.北京:清华大学出版社.

32. [美]罗伯特·伯恩鲍姆.大学运行模式[M].别敦荣,译.2003.青岛:中国海洋大学出版社.

33. [美]罗伯特·波恩鲍姆.高等教育的管理时尚[M].毛亚庆,等,译.2008.北京:北京师范大学出版社.

34. [美]罗伯特·M.赫钦斯.美国高等教育[M].汪利兵,译.2001.杭州:浙江教育出版社.

35. [美]罗伯特·M.洛森茨威格.研究型大学及其赞助者[M].张弛,译.2008.保定:河北大学出版社.

36. [美]罗伯特·M.罗森茨威格.大学与政治——美国研究型大学的政策、政治和校长领导[M].王晨,译.2008.保定:河北大学出版社.

38. 吕达,等.2004.当代外国教育改革著名文献(美国卷)[M].北京:人民教育出版社.

39. 罗杰·L.盖格.研究与相关知识——第二次世界大战以来的美国研究型大学[M].张斌贤,译.2008.保定:河北大学出版社.

40. 罗杰·L.盖格.增进知识——美国研究型大学的发展[M].王海芳,译.2008.保定:河北大学出版社.

41. [美]劳伦斯·A.克雷明.美国教育史[M].洪成文,等,译.2002.北京:北京师范大学出版社.

42. 林玉体.2002.美国高等教育之发展[M].台北:高等教育文化事业有限公司.

43. 林玉体.1984.西洋教育史专题研究论文集[M].台北:文景出版社.

44. [美]莫顿·凯勒,菲利斯·凯勒.哈佛走向现代——美国大学的崛起[M].史静寰,等,译.2007.北京:清华大学出版社.

45. [美]迈克尔·D.科恩,詹姆斯·G.马齐.大学校长及其领导艺术——美国大学校长研究[M].郝瑜,译.2006.青岛:中国海洋大学出版社.

46. [美]玛丽·奥沙利文.公司治理百年——美国和德国公司治理演变[M].黄一义,等,译.2007.北京:人民邮电出版社.

47. 马万华.2004.从伯克利到北大清华—中美公立研究型大学建设与运行[M].北京:教育科学出版社.

48. 潘懋元.2002.新编高等教育学[M].北京:北京师范大学出版社.

59. 潘懋元.2001.多学科观点的高等教育研究[M].上海:上海教育出版社.

50. 沈红.1999.美国研究型大学形成与发展[M].武汉:华中科技大学出版社.

51. 滕大春.1994.美国教育史[M].北京:人民教育出版社.

52. [英]托尼·比彻,等.学术部落及其领地:知识探索与学科文化[M].唐跃勤,等,译.2008.北京:北京大学出版社.

53. [英]托尼·布什.当代西方教育管理模式[M].强海燕,译.1998.南京:南京师范大学出版社.

54. [日]藤田英典.走出教育改革的误区[M].张琼华,译.2000.北京:人民教育出版社.

55. 教育部国家教育发展研究中心.2005.美国加利福尼亚州高等教育总体规划[M].北京:人民教育出版社.

56. 王廷芳.1995.美国高等教育史[M].福州:福建教育出版社.

57. 王晓辉.2008.全球教育治理——国际教育改革文献汇编[M].北京:教育科学出版社.

58. 王英杰.2001.美国高等教育的改革与发展(2版)[M].北京:人民教育出版社.

59. 谢安邦.2002.比较高等教育[M].桂林:广西师范大学出版社.

60. [美]休·戴维斯·格拉汉姆,南希·戴蒙德.美国研究型大学的兴起——战后年代的精英大学及其挑战者[M].张斌贤,译.2008.保定:河北大学出版社.

61. 徐辉.1990.高等教育发展的新阶段——论大学与工业的关系[M].杭州:杭州大学出版社.

62. [美]希拉·斯特劳,等.学术资本主义:政治、政策和创业型大学[M].梁骁,等,译.2008.北京:北京大学出版社.

63. 许迈进.2005.美国研究型大学研究——办学功能与要素分析[M].杭州:浙江大学出版社.

64. 谢文全.1996.比较教育行政[M].台北:五南图书出版公司.

65. [美]亚伯拉罕·弗莱克斯纳.现代大学论——美英德大学研究[M].徐辉,等,译.2001.杭州:浙江教育出版社.

66. 于富增.2001.国际高等教育发展与改革比较[M].北京:北京师范大学出版社.

67. [美]约翰·S.布鲁贝克.高等教育哲学[M].王承绪,等,译.2001.杭州:浙江教育出版社.

68. [美]约翰·布伦南.高等教育质量管理[M].陆爱华,等,译.2005.上海:华东师范大学出版社.

69. [加]约翰·范德格拉夫,等.学术权利——七国高等教育管理体制比较[M].王承绪,等,译.2001.杭州:浙江教育出版社.

70. [英]约翰·亨利·纽曼.大学的理想[M].徐辉,等,译.2001.杭州:浙江教育出版社.

71. 杨汉清,韩骅.1997.比较高等教育概论[M].北京:人民教育出版社.

72. 俞可平.2000.治理与善治[M].北京:社会科学文献出版社.

73. 杨克瑞,王凤娥.2007.政治权利与大学的发展——国际比较的视角[M].北京:中国言实出版社.

74. [德]雅斯贝尔斯.大学之理念[M].邱立波,译.2006.上海:上海人民出版社.

75. 杨晓波.2008.美国公立高等教育机制研究[M].太原:山西教育出版社.

76. 姚云.2004.美国高等教育法治研究[M].太原:山西教育出版社.

77. [美]真理子·西尔弗.大学与经济发展:美国公立大学校长的视角[M].曾诚,译.2006.成都:四川大学出版社.

78. [美]詹姆斯·杜德斯达,弗瑞斯·沃马克.美国公立大学的未来[M].刘济良,译.2006.北京:北京大学出版社.

79. [美]詹姆斯·杜德斯达.21世纪的大学[M].刘彤,译.2005.北京:北京大学出版社.

80. 赵曙明.1992.美国高等教育管理研究[M].武汉:湖北教育出版社.

(二) 论文

1. 程晋宽.1995.美国90年代高等教育改革的新策略[J].外国教育研究,(4).

2. 程晋宽.1996.欧美高校学生事务管理评介[J].高等教育研究,1996(5).

3. 程晋宽.2004.美国教育部及其教育政策的变化[J].比较教育研究,(5).

4. 程晋宽.2006.从"象牙塔"到"知识工厂"再到"超级市场"——论大学管理模式的转变[J].教育与现代化,(4).

5. 程晋宽.2007.试论作为"超级市场"的大学管理[J].大学教育科学,(4).

6. 程晋宽.2007.后现代背景下美、澳教育行政制度的权力分配[J].当代教育论坛,(12).

7. 程晋宽.2009.当代美国学校管理人员职前培养制度论析[J].大学教育科学,(1).

8. 陈蕾.2006.美国高等教育的州级管理[J].世界教育信息,(1).

9. 查卫平.2008.美国联邦教育部强制要求接受政府资助的大学开展社区服务活动[J].世界教育信息,(4).

10. 樊钉.2005.高校问责制:美国公立大学权责关系的分析与借鉴[J].中国高教研究,(3).

11. 房东波.2007.美国公立大学学杂费政策[J].世界教育信息,(4).

12. 冯增俊.1994.现代高等教育发展模式的探讨[J].教育研究,(6).

13. 郭卉.2006.美国大学"联合治理"制度的历史发展及其价值意蕴[J].高教探索,(2).

14. 葛守勤.1993.美国州立大学的办学经验[J].中国高教研究,(4).

15. 谷贤林.2007.在自治与问责之间:美国公立研究型大学与州政府的关系[J].比较教育研究,(10).

16. 甘永涛.2007.大学治理结构的三种国际模式[J].高等工程教育研究,(2).

17. 甘永涛.2008.美国大学共同治理界说及制度演进[J].外国教育研究,(6).

18. 甘永涛.2008.美国大学教授协会:推动大学共同治理制度的重要力量[J].大学教育科学,(5).

19. 甘永涛.2008.论伊恩·迈克尼有关解释大学治理形态变迁的文化模型[J].比较教育研究,(12).

20. 甘永涛.2009.美国大学共同治理制度的演进[J].清华大学教育研究,(3).

21. 韩筠.2003.美国高等教育管理体制及院校设置[J].中国高等教育,(12).

22. 胡建华.2007.关于彰显学术权利的若干问题[J].高等教育研究,(10).

23. 和震.2005.美国州立大学自治的两种类型及其边界[J].教育学报,(12).

24. 和震.2006.美国大学自治制度的特征与主题[J].学术研究,(1).

25. 蒋桂仙.2007.美国教育部加大大学问责力度[J].比较教育研究,(1).

26. 蒋洪池.2006.21世纪美国大学治理面临的挑战及其对中国的启示[J].比较教育研究,(1).

27. 李慧清.2005.美国公立大学教职工民意调查[J].比较教育研究,(9).

28. 刘凡丰.2007.美国州立大学科研组织模式变革[J].高等教育研究,(5).

29. 刘俊萍.2006.美国公立大学会计和财务报告准则的变革[J].财会通讯,(6).

30. 马世青.1993.美国州立大学的管理系统[J].比较教育研究,(2).

31. 马万华.2004.美国公立研究型大学管理机制分析[J].中国高等教育,(13,14).

32. 潘潮玄.2006.它改造了大学,改变了社会——美国州立大学发展及其社会效应[J].人才开发,(9,11).

33. 乔兴,蔚蓝,译.2010.美国改进教育管理体系,推动教育重回发展轨道——美国教育部2009年度报告(节选)[J].中国教育技术装备,(5).

34. 盛冰.2003.高等教育的治理:重构政府、高校、社会之间的关系[J].高等教育研究,(3).

35. 吴慧平.2005.美国公立大学学费急剧攀升[J].比较教育研究,(4).

36. 王景枝.2009.美国公立高等教育分权改革述评[J].现代教育管理,(3).

37. 王浒.1993.美国州立大学掠影[J].中国高等教育,(1).

38. 王晓辉.2007.关于教育治理的理论构思[J].北京师范大学学报(社会科学版),(4).

39. 王占军.2008.20世纪90年代以来美国公立大学终身教职制度发展的趋势分析[J].大学教育科学,(5).

40. 杨晓波.2003.美国州级高等教育管理机构的形成及其特点[J].国家教育行政学院学报,(4).

41. 杨晓波.2006.试析美国公立高等教育的政府财政政策[J].外国教育研究,(11).

42. 杨晓波.2007.试析美国州级高等教育管理机制[J].高教探索,(6).

43. 于杨.2007.美国大学"共治"的两难处境及发展趋势[J].高等教育研究,(8).

44. 周保利.2007.美国公立大学学生家庭高等教育费用的结构和特点[J].教育与经济,(3).

45. 张东海.2007.美国联邦政府大学科研资助政策的演变及启示[J].研究与发展管理,(3).

46. 张荷皎.2007.实用主义与美国公立研究型大学的成长[J].成都大学学报(社科版),(3).

47. 张乐天.2005.美国高等教育发展的文化底蕴——访问美国的见闻与感受[J].复旦教育论坛,(5).

48. 张乐天.2008.对我国高校内部管理体制改革的政策回顾与反思[J].复旦教育论坛,(5).

49. 诸梅峤.1998.教育优先:创造美国未来——美国教育部长赖利发表国情咨文[J].上海高教研究,(9).

50. 张苏.2008.责任与效益——美国高等教育新问责制的兴起、发展与趋势[J].比较教育研究,(7).

51. 张少华.2007.大学自治与问责:美国的经验[J].大学教育科学,(4).

52. 张婷姝.2008.权利与责任的平衡——论美国大学的自治与社会服务[J].比较教育研究,(5).

53. 张晓红.2007.美国公立大学学费政策及经济资助措施[J].教育财会研究,(1).

54. 张新平.2008.校长角色转型研究——基于伯恩斯变革型领导理论的思考[J].教育发展研究,(Z2).

55. 张新平.2007.巨型学校的成因、问题与治理[J].教育发展研究,(1).

（三）学位论文

1. 黄莹.2006.美国州立大学总校管理体制研究[D].厦门大学硕士论文.
2. 黎海鹰.2007.略论当代美国州立大学师资管理[D].东北师范大学硕士论文.
3. 王芳.2008.美国州立大学社会服务功能研究[D].黑龙江大学硕士论文.

二、外文文献

（一）著作

1. Alberto Amaral, Glen A. Jones & Berit Karseth. 2002. *Governing Higher Education：National Perspectives on Institutional Governance*. USA：Kluwer Academic Publishers.

2. Alexaander, Kern & Alexander, M. David. 1992. *American Public School Law*. MN：West Publishing Company.

3. Alberto Amaral, V. Lynn Meek & Ingvild M. Larsen. 2003. *The Higher Education Managerial Revolution?*. The Netherland：Kluwer Academic Publishers.

4. Andrew Abbott. 2002. "The Disciplines and the Future," in *The Future of the City of Intellect：The Changing American University*, ed. Steven Brint (Stanford：Stanford University Press).

5. Aims C. Mcguinness. 1997. *The Changing Structure of State Higher Education Leadership*, *Public Policy and Higher Education*, edited by Lestb F. Goodchild, Simon & Schuster Custom Publishing.

6. Amy Scott Metcalfe. 2006. *Knowledge Management and Higher Education：A Critical Analysis*. USA：Idea Group Inc.

7. Arild • Tjeldvoll. 2007. Concepts of a service university. *Higher education and national development—Universities and societies in transition*. Edited by David Bridges. New York：Routledge.

8. Åse Gornitzka, etc. 2005. *Reform and Change in Higher Education：Analysing Policy Implementation*. Dordrecht, The Netherlands：Springer.

9. Božana Knežević. 2005. *Programme Evaluation in Higher Education：Theoretical Reflections and Practical Experiences*. Germany：Peter Lang GmbH.

10. Carl A. Raschke. 2003. *The Digital Revolution and the Coming of the Postmodern University*. London：Routledge Falmer.

11. Chris Duke. 2002. *Managing the Learning University*. USA：SRHE and Open University Press.

12. Christopher J. Lucas. 1994. *American Higher Education:A History*. New York: St. Martin's Press.

13. Cicely Watson. 1987. *Governments and Higher Education—the Legitimacy of Intervention*. Toronto, Ontario: The Higher Education Group, The Ontario Institute for Studies in Education.

14. Cordelia Bryan and Karen Clegg. 2006. *Innovative Assessment in Higher Education*. London:Routledge.

15. Corson. J. J. 1960. *Governance of College and University*. New York:McGraw-Hill.

16. Dietmar Braun &.Francois-Xavier Merrien. 1999. *Towards a New Model of Governance for University?* London:Jessica Kingsley Pubishers.

17. David Bridges etc. 2007. *Higher Education and National Development—Universities and Societies in Transition*. New York:Routledge.

18. David B. Grusky, etc. 2007. *Stratification in Higher Education:A Comparative Study*. USA:Stanford University Press.

19. David P. Baker, Alexander W. Wiseman. 2005. *Global Trends in Educational Policy:International Perspectives on Education and Society*. Elsevier Ltd, vol. 6.

20. David Pollak. 2005. *Dyslexia, the Self and Higher Education:Learning Life Histories of Students Identified as Dyslexic*. UK:Trentham Books.

21. Dressel, Paul. 1980. *The Autonomy of Public Colleges, New Directions for Institutional Research* No. 26. San Francisco:Jassey-Bass.

22. E. De Corte. 2003. *Excellence in Higher Education*. London:Portland Press.

23. Frederick Rudolph. 1962. *The American College and University:A History*. New York:Alfred A. Knopf.

24. George Keller. 2008. *Higher Education and the New Society*. Baltimore:The Johns Hopkins University Press.

25. Global University Network for Innovation. 2006. *Higher Education in the World 2006*. New york:Palgrave Macmillan.

26. G. R. Evans. 2002. *Academics and the Real World*. UK: SRHE and Open University Press.

27. Ivar Bleiklie and Mary Henkel. 2005. *Governing Knowledge:A Study of Continuity and Change in Higher Education - A Festschrift in Honour of Maurice Kogan*. Dordrecht, The Netherlands:Springer.

28. James JF Forest &. Kevin Kinser. 2002. *Higher Education in the United States:an*

Encyclopedia. Santa Barbara, CA.

29. Janh. Blits. 1985. *The American University: Problems, Prospects and Trends*. New York: The University of Delaware.

30. John C. Smart. 2004. *Higher Education: Handbook of Theory and Research*. Dordrecht, The Netherlands: Kluwer Academic Publishers.

31. J. Robert Oppenheimer. 1959. "Science and the Human Community," in Charels Frankel, ed., *Issues in University Education*. New York: Harper.

32. John S. Brubacher, Willis Rudy. 1997. *Higher Education in Transition: A History of American Colleges and Universities*. 4thed. New Brunswick, N. J. ; Transaction.

33. Jürgen Ender, Oliver Fulton. 2002. *Higher Education in a Globalising World: International Trends and Mutual Obervations*. Dordrecht, The Netherlands: Kluwer Academic Publishers.

34. Jr. Reutter, E. Edmund Jr. 1982. *The Supreme Court's Impact on Public Education*. USA: Phi Delta Kappa and National Organization on Legal Problems.

35. Kevin Robins and Frank Webster. 2002. *The Virtual University? Knowledge, Markets, and Mnangement*. Oxford University Press.

36. Kaplin, William A. 1995. *The Law of Higher Education: A Comprehensive Guide to Legal Implications of Administrative Decision Making*. San Francisco: Jossey-Bass Publishers.

37. Lotus D. Coffman, 1934. *The State University: Its work and Problems*. Minneapolis: University of Minnesota Press.

38. Louise Archer, etc. 2003. *Higher Education and Social Class: Issues of Exclusion and Inclusion*. London: Routledge Falmer.

39. Lorraine McILrath, etc. 2007. *Higher Education and Civic Engagement International Perspectives*. USA: Ashgate Publishing Company.

40. Marc Cutright. 2001. *Chaos Theory and Higher Education: Leadership, Planning and Policy*. New York: Peter Lang Publishing, Inc.

41. Michael Fullan, Geoff Scott. 2009. *Turnaround Leadership for Higher Education*. San Francisco: Jossey-Bass A Wiley Imprint.

42. Moturi Ravi Kumar. 2004. *Information Technology for Higher Education*. India: Sonali Publications.

43. Nigel Tubbs. 2004. *Philosophy's Higher Education*. Dordrecht, Netherlands: Kluwer Academic Publishers.

44. Nira Hativa, etc., 2002. *Teacher Thinking, Beliefs and Knowledge in Higher*

Education. Dordrecht, Netherlands: Kluwer Academic Publishers.

45. Paul Ashwin. 2006. *Changing Higher Education: The Development of Learning and Teaching*. UK: Routledge.

46. Paul T. Gibbs. 2004. *Trusting in the University: The contribution of Temporality and Trust to a Praxis of Higher Learning*. Dordrecht, The Netherlands: Kluwer Academic Publishers.

47. Peter Blaze Corcoran and Arjen E. J. Wals. 2004. *Higher Education and Challenge of Sustainability—Problematics, Promise and Practice*. The Netherlands: Kluwer Academic Publishers.

48. Philip G. Altbach, Patricia J. Gumport, D. Bruce Johnstone. 2001. *In Defence of American Higher Education*. Baltimore: The Johns Hopkins University Press.

49. Philip G. Altbach, Robert O. Berdahl, and Patricia J. Gumport. 2005. *American Higher Education in Twenty-First Century*. Baltimore: The Johns Hopkins University Press.

50. Philip G. Altbach. 2002. *Internationalization of Higher Education in the United States of America and Europe: A Historical, Comparative, and Conceptual Analysis*. USA: Hans de Wit.

51. Peter Hartley, etc. 2005. *Enhancing Teaching in Higher Education: New Approaches for Improving Student Learning*. New York: Routledge.

52. Peter Ninnes, etc. 2005. *Internationalizing Higher Education: Critical Explorations of Pedagogy and Policy*. Dordrecht, The Netherlands: Springer.

53. Richard C. Richardson, Jr. Kathy Reeves Bracco, Patrick M. Callan and Joni E. Finney. 1999. *Designing State Higher Education Systems for a New Century*, American Council on Education, Oryx Press.

54. Renée Davies, etc. 2006. *Authentic Learning Environments in Higher Education*. USA: Idea Group Inc.

55. Richard Taylor, etc. 2002. *For a Radical Higher Education: After Postmodernism*. UK: SRHE and Open University Press.

56. Robert Clark, Jennifer Ma. 2005. *Recruitment, Retention and Retirement in Higher Education—Building and Managing the Faculty of the Future*. Cheltenham, UK • Northampton, MA, USA: Edward Elgar.

57. Robert Birnbaum. 2004. *Speaking of Higher Education—The Academic's Book of Quotations*. Westport, CT, USA: Praeger Publishers.

58. Robert Birnbaum. 1988. *How Colleges Work—The Cybernetics of Academic*

Organization and Leadship . San Francisco:Jossey-Bass Publishers.

59. Robin Barrow & Patrick Keeney. 2006. *Academic Ethics*. Burlington, VT, USA: Ashgare Publishing Company.

60. Ronald G. Ehrenberg. 2004. *Governing Academia*. New York:Cornell University Press.

61. Roger L. Geiger. 2005. *History of Higher Education Annual*(2003—2004). Brunswick, New Jersey:Transaction Publishers.

62. R. Nata. 2005. *New Directions in Higher Education*. New York: Nova Science Publishers, Inc.

63. R. Nata. 2005. *Issues in Higher Education*. New York:Nova Science Publishers, Inc.

64. Savita Rastogi. 2001. *Teacher's Development in Higher Education*. New Delhi: Classical Publishing Company.

65. Stephen Fallows and Rakesh Bhanot. 2005. *Quality Issues in ICT-based Higher Education*. New York:Routledge Falmer.

66. Vaneeta D'Andrea, David Gosling. 2005. *Improving Teaching and Learning in Higher Education—A whole institution approach*. New York, USA: Society for Research into Higher Education & Open University Press.

67. WernerZ. Hirsch&LucE. Weber. 2001. *Governance in Higher Education: The University in a State of Flux*. London:Economica Ltd.

68. Yell, Mitchell L. 1998. *The Law and Special Education*. N. J. ;Merrill.

（二）论文

1. Arild · Tjeldvoll. winter, 1998/1999. The service university in the global marketplace. *European Education*.

2. Arild · Tjeldvoll&Kristine Holtet. 1998. The service university in a service society:The Oslo case. *Higher Education*.

3. Bruce Gunn. 1995. The paradigm shift in university management. *International Journal of Educational Management*, Vol. 9No. 1.

4. Daphne Pan, etc. 2009. Profiling Teacher/Teaching Using Descriptors Derived from Qualitative Feedback: Formative and Summative Applications. *Research in Higher Education*, (50).

5. EBSCO Research Starters. 2008. Academic Freedom . *EBSCO Publishing Inc*.

6. Edward A. Blackwell, Peter J. Cistone. 1999. Power and influence in higher education:the case of Florida. *Higher Education Policy*12.

7. Egon Franck and Christian Opitz. 2006. Incentive Structure for Professors in Germany and the United States: Implications for Cross-National Borrowing in Higher Education. *Comparative Education Review*, Vol. 50, No. 4.

8. Executive Office of the President Council of Economic Advisers National Economic Council. September, 2009. *Simplifying Student Aid: The Case for an Easier, Faster, and More Accurate FAFSA*.

9. George S. McClellan, etc. Spring, 2005. Where We Have Been: A History of Native American Higher Education. *Wiley Periodicals*, Inc., No. 109.

10. Glenys Woods. 2007. The "Bigger Feeling": The Importance of Spiritual Experience in Educational Leadship. *Educational Management & Leadship*, Vol. 35(01).

11. James C. Hearn, etc. 2008. Accounting for Student Success: An Empirical Analysis of the Origins and spread of State Student Unit-record System. *Research in Higher Education*, (49).

12. Jan De Groof, Guy Neave. 1998. Democracy and Governance in Higher Educatuin. Boston: Kluwer Law International.

13. John C. Schneider. spring, 2007. Foundations and Higher Education: Whose Agenda? *New England Board of Higher Education*.

14. John F. Welsh & Jeff Metcalf. November, 2003. Administrative Support for Institutional Effectiveness Activities: responses to the new accountability. *Journal of Higher Education Policy and Management* Vol. 25, No. 2.

15. Joyce Coleman Nichols, etc. fall, 2005. Educational Pluralism: A Compelling State Interest. *Journal of College Admission*.

16. John R. Thelin. Winter, 2002. Higher Education's Best-Made Plans: A Historical Perspective. *The Review of Higher Education*, Vol. 26, No. 2.

17. Kevin Carey. 2007. Truth With: The Myth of Higher-Education Accountability. *Change*, Sep. and Oct.

18. Michael Gibbons. 1998. "Higher Education Relevance in the Twenty-first Century" (paper presented at the *UNESCO World Conference on Higher Education*, Paris, October 5—9).

19. Michael N. Bastedo. Winter, 2009. Convergent Institutional Logics in Public Higher Education: State Policymaking and Governing Board Activism. *Review of Higher Education*, Vol. 32.

20. Matthew R. McGrail, etc. February, 2006. Publish or perish: a systematic review of interventions to increase academic publication rates. *Higher Education Research & Development* Vol. 25, No. 1.

21. Meechai Orsuwan, etc. 2009. Merit-Based Student Aid and Freshman Interatate College Migration: Testing a Dynamic Model of Policy Change. *Research in Higher Education*, (50).

22. Martin Trow. 1998. Governance in the University of California: the Transformation of Politics into Administration. *Higher Education Policy* Ⅱ.

23. Olaf C. McDaniel. 1996. The Paradigms of Governance in Higher Education Systems. *Higher Education Policy*, Vol. 9, No. 2.

24. Peter D. Eckel. Fall, 2000. The role of Shared Governance in Institutional Hard Decisions: Enabler or Antagonist? *The Review of Higher Education*, Vol. 24, No. 1.

25. Philip A. Trostel and Justin M. Ronca. May, 2009. A Simple Unifying Measure of State Support for Postsecondary Education. *Research in Higher Education*.

26. Stephen P. Heyneman, Kathryn H. Anderson and Nazym Nuraliyeva. 2008. The Cost of Corruption in Higher Education. *Comparative Education Review*, 52 (1).

27. Suzanne E. Eckes, etc. 2006. Legal Issues and Statistical Approaches to Reverse Pay Discrimination in Higher Education. *Research in Higher Education*, (47).

28. The United States Law Week, Reports and Documents. 21, February, 1984. Academic Self-Government and Trade Unions. *The Constitution, Academic Self-Government and Academic Trade Unions in American State Universities and Colleges: A Decision of the United States Supreme Court*. 52 LW, 4204-4218.

29. William K. Cummings. 1998. The service university movement in the US: searching for momentum. *Higher Education*, 35(1).

30. William R. Doyle, etc. 2009. Does Institutional Aid Compensate for or Comply with State Policy? *Research in Higher Education*, (50).

（三）电子文献

1. Jerry Corcoran. Affirmative Action Must Survive. www. university business. com. 2003, June.

2. White House Task Force on Middle Class Families Staff Report: Barriers to Higher Education. http://www. ed. gov/index. jhtml

3. http://www. ed. gov/index. jhtml

4. http://www. aascu. Org

后　记

　　2008年,经过艰辛的努力与争取,我终于得到了这次来之不易的求学机会,师从程晋宽教授,学习比较教育。

　　多年来,程老师以博大的胸怀,海纳百川的气概,宽厚的气度,接纳并包容了学生的不才,并时时提携与鼓励学生。我虽已至不惑之年,然多年来,在做人与学术上,从程老师身上受益匪浅。老师不善言语,但浓缩的一句句话都饱含了巨大的激励与鞭策力量,催人奋进。

　　本书是在本人博士论文的基础上修改而成。本人的博士论文从选题到框架的厘定,都凝聚了程老师大量睿智的思考与灼见。在学生的论文撰写期间,程老师远隔重洋,在美国从事紧张繁重的研究与学习之余,还惦记着学生的学习,经常通过电子邮件关注学生学位论文的撰写进度,并拨冗为学生从美国收集到了大量在国内没法获取的宝贵英文资料,这为学生的论文撰写奠定了坚实的基础。论文初稿形成后,程老师不厌其烦地为学生提出修改意见,指出一些缺陷与不足,从语句表达到最细小的文字斟酌与疏漏。因此,没有程老师的无私帮助,这篇博士论文是没法完成的。

　　感谢答辩老师华东师范大学黄志成教授,南京大学汪霞教授,南京师范大学胡建华教授、程晓樵教授、王建华教授的指点与帮助。

　　感谢安徽师范大学姚本先教授、王守恒教授、葛明贵教授、桑青松教授、龙文祥教授、金维才教授多年来对学生学业的关心与支持。

　　谨以本书献给我九泉之下的双亲,余茂生先生与郑吉英女士。也以本书献给我的哥哥姐姐余成山、余成学、余成玲。没有二十多年前他们的鼎力资助,也就没有我的今天。

　　感谢南京师范大学出版社崔兰女士在本书出版中所付出的辛勤劳动。

　　感谢妻子王凤梅女士给予的大力支持,是她承担了女儿的养育工作和繁重的家务,使我得以把主要精力用在工作与学习上。

余承海
2014年10月于安徽芜湖